DERNIERS SOUVENIRS
ET PORTRAITS

PAR

F. HALÉVY

PRÉCÉDÉS D'UNE NOTICE PAR P.-A. FIORENTINO

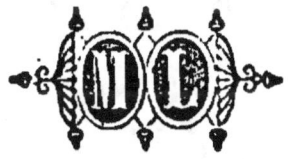

PARIS

MICHEL LÉVY FRÈRES, LIBRAIRES ÉDITEURS

RUE VIVIENNE, 2 BIS, ET BOULEVARD DES ITALIENS, 15

A LA LIBRAIRIE NOUVELLE

—

1863

Tous droits réservés

DERNIERS
SOUVENIRS
ET PORTRAITS

CHEZ LES MÊMES ÉDITEURS

SOUVENIRS

ET

PORTRAITS

ÉTUDES SUR LES BEAUX-ARTS

PAR

F. HALÉVY

UN BEAU VOLUME GRAND IN-18

Paris. — Impr. de Pillet fils aîné, rue des Grands-Augustins, 5.

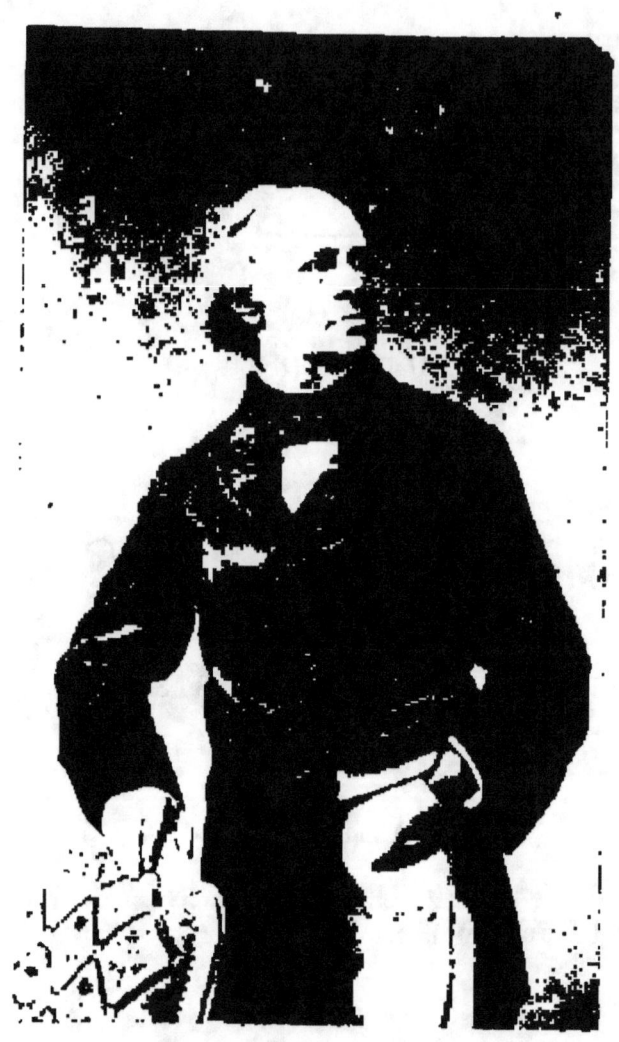

F. HALÉVY

La France vient de perdre un de ses deux grands compositeurs, un maître illustre, un théoricien savant, un écrivain d'un rare mérite, enfin, l'un des hommes les plus considérables de notre temps, M. F. Halévy. Rien ne pouvait faire prévoir l'imminence de ce malheur; on savait que l'auteur de *la Juive* s'était ressenti, l'été dernier, d'un peu de fatigue et de malaise, suite naturelle des travaux de toute sorte qu'il s'était imposés. Son médecin, moins par nécessité que par précaution, lui avait conseillé de passer l'hiver sous un climat plus doux, et de s'éloigner, pour quelques mois, de ce tourbillon de la vie parisienne, où il était mêlé forcément par tant de côtés. Il partit donc pour Nice, avec sa femme et ses enfants, serrant la main à ses amis sans leur dire adieu, comme on part pour la campagne. Au bout de quelques jours, il se portait déjà mieux; les nouvelles étaient excellentes; dans quelques semaines, il aurait entièrement recouvré ses forces. Il se prodiguait peu, il travaillait modérément; il était entouré des plus douces affections; il était heureux! Il allait revenir, et ce retour, hélas! eût été pour lui une joie et un triomphe.

Son Excellence le ministre d'État, qui s'était informé sans cesse de la santé de l'éminent compositeur, de ses projets, de ses vœux, avait donné l'ordre de jouer le plus tôt possible, à l'Opéra, un ouvrage en trois actes d'Halévy, presque entièrement achevé et destiné à une autre scène. Cependant la direction de l'Opéra-Comique revenait aux mains d'un homme qui a commencé sa fortune par le succès du *Val d'Andorre*, qui s'est montré, en toute occasion, l'ami le plus reconnaissant, le plus dévoué de l'auteur des *Mousquetaires*, de *la Fée aux Roses*, de *l'Éclair*, de tant d'autres partitions populaires et charmantes, et qui aurait sans doute remis en honneur un répertoire trop négligé par une déplorable incurie. Ainsi tout souriait à ce pauvre Halévy; tout lui était propice; on le désirait, on l'attendait, on pressait son retour; jamais peut-être l'avenir ne lui était apparu sous des couleurs plus brillantes; lorsque, soudain, le bruit se répand qu'il est à la dernière extrémité; et presque en même temps on apprend qu'il est mort.

Il n'était âgé que de soixante-trois ans, et peu de carrières ont été mieux remplies, plus laborieuses et plus fécondes que la sienne. Je donnerai tout à l'heure le catalogue de ses ouvrages à peu près complet. Ceux qui savent ce qu'il faut de temps et de peine pour écrire un si grand nombre de partitions, — je ne parle que du travail matériel, — seront déjà étonnés qu'il ait pu y suffire. Mais on est effrayé quand on songe que c'est la moindre partie de ses veilles qu'il donnait à la composition; que sa vie a été toujours partagée entre des occupations multiples et diverses, dont chacune eût exigé la somme totale des facultés d'un homme ordinaire; qu'il a été tour à tour ou simultanément directeur de la partie musicale à l'Opéra, professeur au Conservatoire, où il a formé d'excellents élèves (tout ce qui s'est fait remarquer depuis, soit dans l'enseignement, soit au théâtre); académicien des plus actifs et des plus autorisés; écrivain didactique d'un profond savoir, d'une lucidité, d'une précision merveilleuses, et sachant se mettre à la portée de tous; enfin, secrétaire perpétuel de l'Institut, fonctions très-élevées, très-littéraires et très-absorbantes, auxquelles je ne crois pas qu'avant lui aucun musicien ait été porté par le libre suffrage de ses collègues.

On sait comment il a rempli cette place, dont il était si digne. Outre une correspondance très-vaste, des rapports continuels, une assiduité constante aux séances de l'Institut, une bienveillance et une affabilité inaltérables pour tout ce qui venait à lui, un accueil empressé, une patience à toute épreuve, il excellait dans ses notices, qu'il lisait tous les ans à l'Académie des beaux-arts. C'étaient des modèles de goût, d'observation, de finesse. Il relevait par d'ingénieuses allusions, par des anecdotes piquantes, par les agréments d'un récit très-vif, mais toujours naturel, l'aridité, la simplicité et souvent l'extrême indigence des faits dont il était forcé d'entretenir son auditoire.

Ajoutez à tout cela les soins, les soucis d'une famille qu'il chérissait et dont il était adoré; les relations du monde qui le tenait par tant d'attaches, et qui le saisissait au moment même où il croyait lui échapper; les devoirs de position, de société, de convenance auxquels aucun homme bien élevé ne saurait se soustraire, et, moins qu'un autre, F. Halévy, recherché partout, assiégé et forcé pour ainsi dire dans ses derniers retranchements. Il avait l'esprit le plus distingué et le plus cultivé, le commerce le plus aimable et le plus sûr; une conversation charmante, une bonté rare, jamais de haine ni de fiel contre ses détracteurs les plus acharnés. Sa physionomie était toujours franche et ouverte; son regard affectueux, son sourire engageant et sympathique, et cependant, malgré sa grande égalité d'humeur, à travers sa gaieté même et son courage, on voyait qu'il fléchissait sous le fardeau d'un travail énorme ou de secrètes et profondes amertumes.

Il produisait sans trêve et sans relâche, et plus il produisait, plus le public se montrait difficile et exigeant. C'est le sort de tous ceux qui s'élèvent et règnent par l'intelligence. Il faut aussi tenir son rang, marcher de pair avec ses égaux, faire face aux besoins croissants d'une société qui juge sur les apparences, et qui estime le talent moins d'après ce qu'il vaut que d'après ce qu'il rapporte. Souvent la mode, le caprice, le parti pris s'en mêlent. Plus l'injustice est grande, plus on s'en indigne, et on la repousse par un redoublement d'efforts et d'énergie. L'homme de mérite n'a qu'un moyen de lutter, c'est de payer hardiment de sa personne. Autrefois, les compositeurs et les gens de lettres ne s'appartenaient guère; ils vivaient de pensions, de libéralités, souvent du fruit de leurs flatteries et de leurs bassesses. Ils étaient les hôtes et les commensaux d'un prince ou d'un grand seigneur qui les logeait dans un coin de son palais, les nourrissait, les cajolait comme des levrettes et des épagneuls. A l'abri des besoins matériels, ils ne s'occupaient que de leur art, et ils ne livraient leur chef-d'œuvre que lorsqu'ils l'avaient poli et repoli, selon les préceptes d'Horace et de Boileau.

Aujourd'hui, grâce à Dieu, le génie et le talent sont émancipés; ils ont leurs lettres de noblesse; les musiciens, les savants, les artistes jouissent d'un des plus grands biens de ce monde : l'indépendance. Ils sont reçus sur le pied d'une égalité parfaite chez leurs anciens protecteurs, qui, tout en les admirant et en les caressant, les traitaient un peu en obligés et en subalternes. La dignité y gagne; mais il faut payer chèrement les frais — dirai-je la rançon? — de cette émancipation intellectuelle. Tous les ressorts de la machine humaine sont tendus jusqu'à se briser. De là ce labeur écrasant, cette production démesurée, hâtive, incessante; cet ouragan qui nous enveloppe tous et nous froisse et nous roule comme des grains de sable emportés par le vent. Le siècle a la fièvre; pourquoi voulez-vous que les compositeurs, les artistes et les écrivains ne l'aient pas?

Halévy (Jacques-Fromental) était né à Paris le 27 mai 1799. A l'âge de dix ans, il entrait au Conservatoire comme élève de solfége. Il se fit bientôt remarquer par son esprit pénétrant et par son ardeur à l'étude. Il eut Berton pour maître d'harmonie; Chérubini lui donna pendant cinq années des leçons de contre-point. On sait quelles étaient l'aménité et la douceur de Chérubini : ce maître rigide et bourru, qui ne passait pas pour gâter ses élèves, avait une affection véritable pour le jeune Halévy. Il le rudoyait sans doute, il lui faisait des sorties étranges; mais une sorte d'indulgence, de partialité pour cet élève favori, perçait au milieu des reproches les plus durs et de ses plus violentes algarades. Aussi Halévy avait-il gardé un souvenir plein de reconnaissance et de sincère estime pour son terrible professeur. Il ne tarissait point lorsqu'on le mettait sur le chapitre de Chérubini; il le savait bien par cœur; il en racontait les anecdotes les plus amusantes; les mots les plus curieux, les traits qui peignaient le mieux son caractère, en rendant toutefois justice à son grand talent et à son vaste savoir. On riait des bizarreries et des travers de ce vieillard original et quinteux; mais, au plus fort de l'hilarité générale excitée par le récit de quelque boutade du maître, l'élève ne pouvait cacher un certain air d'attendrissement.

Halévy eut son premier prix de composition en 1819. Il paraît que le sujet du concours était une cantate intitulée *Herminie*.

> Erminia intanto in fra le ombrose piante
> D'antica selva dal cavallo è scorta.

L'heureux lauréat partit pour Rome l'année suivante, et il passa deux années en Italie; il fit un assez long séjour à Naples, dont il paraissait enchanté; il s'y était lié avec la jeunesse la plus distinguée du royaume, et, il y a à peine quelques mois, M. le marquis de Gargallo, dînant à l'Institut, rappelait à M. le secrétaire perpétuel plusieurs circonstances qui se rapportaient à cette époque, et qui semblaient faire aux deux interlocuteurs le plus sensible plaisir. Halévy parlait fort couramment l'italien; il avait eu un instant l'idée de se fixer à Naples et de n'écrire que pour les théâtres d'Italie; il me semble même que ce projet eut un commencement d'exécution. Si je ne me trompe, Halévy composa un ouvrage en deux actes pour le Fondo ou le Teatro-Nuovo. Ou j'ai rêvé ce détail, ou je le tiens d'Halévy lui-même, qui me dit quelque chose d'approchant lors de son voyage à Londres, où il se rendit avec Scribe pour y assister aux répétitions de *la Tempesta*.

Ce qui est certain, c'est qu'en partant pour l'Italie il avait dans sa malle un opéra qui n'a jamais été joué : *les Bohémiennes*. De retour à Paris en 1822, il commença ces pérégrinations de théâtre en théâtre, ces stations douloureuses à la porte des directeurs invisibles, qui sont la *Via crucis* de tous les jeunes compositeurs, surtout des prix de Rome. Ce privilége singulier est consacré par la tradition. Il semble que les directeurs les mieux disposés pour ces lauréats en peine, les évitent comme des créanciers importuns dont la présence est toujours désagréable, même quand on a la ferme intention de payer ses dettes.

Chaque fois que Halévy présentait à l'Opéra son *Pygmalion*, et ses *Deux Pavillons* à l'Opéra-Comique, on le priait de repasser l'année suivante. Et il repassait! il ne se rebutait pas, il ne perdait point courage. L'un des traits les plus saillants de son caractère a été la persévérance. Le bonheur ne lui est jamais venu en dormant. Après cinq ans d'épreuves, de sollicitations vaines, de refus persistants, il fit représenter enfin *l'Artisan* au théâtre Feydeau. La première pièce et le dernier poëme que Halévy a mis en musique sont de M. de Saint-Georges. Il y a peu d'exemples d'une collaboration plus suivie et d'une plus inaltérable fidélité.

L'Artisan n'eut qu'un succès d'estime. Il fallait vivre cependant. Halévy, qui était déjà professeur de solfége, fut nommé, dans cette même année 1827, professeur d'harmonie et d'accompagnement. Il accepta aussi la place de maître accompagnateur (*maestro al cembalo*) au Théâtre-Italien ; ce qui lui fit connaître et approcher madame Malibran. Le projet de se vouer exclusivement à la musique italienne lui revint à l'esprit avec plus de force, car il voyait sans cesse grandir les obstacles qui lui fermaient les scènes françaises. Madame Malibran lui conseillait de prendre un parti décisif, avec l'ardeur qu'elle portait en toutes choses. Elle n'admettait ni hésitation ni réflexion; il fallait changer sur-le-champ de genre et de nationalité. M. Halévy composa pour cette grande artiste un opéra italien en trois actes, intitulé *Clari*; mais là se bornèrent, pour le moment, ses excursions dans le répertoire étranger; il resta Français, et il fit bien.

Je passe rapidement sur une pièce de circonstance, *le Roi et le Batelier*, de la même année, et je m'arrête au *Dilettante d'Avignon*, le premier opéra-comique d'Halévy qui ait eu un vrai et franc succès. L'œuvre demeura longtemps au répertoire; elle était pleine d'esprit, de gaieté, de verve; il y avait des morceaux d'un comique excellent; ce qui m'a toujours fait penser que, si Halévy avait écrit plus souvent de la musique bouffe, il n'y aurait pas moins réussi que dans le genre dramatique et élevé.

En 1829, il fut nommé chef de chant à l'Opéra, et il remplit cette place avec un zèle, une conscience, un succès qui lui valurent les remerciments de tous les grands compositeurs dont il faisait interpréter les ouvrages. En 1830, on donna de lui un ballet en trois actes, intitulé *Manon Lescaut*. Le programme était de Scribe et Aumer. *La Tentation*, opéra-ballet en cinq actes, fut représentée le 20 juin 1832. C'était un enfant de plusieurs pères : M. Cavé pour les paroles, M. Coralli pour la danse, MM. Halévy et Gide pour la musique. Il y a de fort beaux chœurs dans *la Tentation*; mais, par son origine même et par le trop grand nombre de collaborateurs qui y avaient mis la main, l'ouvrage n'était pas destiné à un succès durable.

L'année précédente, Halévy était tombé sur un mauvais livret, *la Langue musicale*, et les auteurs des paroles l'avaient entraîné dans leur chute. Il fut plus heureux avec M. Carmouche. *Les Souvenirs de Lafleur*, écrits pour la rentrée de Martin à l'Opéra-Comique, renfermaient de charmants morceaux, et seraient encore au répertoire; mais quelle est aujourd'hui la basse qui pourrait chanter un rôle de Martin?

Le Shérif, opéra-comique en trois actes, est de la même époque et de la même manière. Sur ces entrefaites, l'auteur, de *Marie*, de *Zampa*, du *Pré aux Clercs*, mourut, fort jeune encore, d'une maladie de poitrine, et des fatigues extrêmes qui l'avaient accablé pendant les répétitions de son dernier ouvrage. Il laissait une partition en deux actes, intitulée *Ludovic*, dont il n'avait écrit que quelques morceaux; Halévy l'acheva pour rendre un pieux hommage à la mémoire d'un confrère et d'un ami. *Ludovic*] fut joué avec succès en 1834, un an après la mort d'Hérold.

Nous voici arrivés à *la Juive*, le chef-d'œuvre du maître. A partir de ce moment, Halévy se place au premier rang des compositeurs dramatiques; son œuvre capitale, représentée pour la première fois le 23 février 1835, a fait le tour du monde; elle a eu autant de représentations que *Guillaume Tell*, *Robert le Diable*, *les Huguenots*; car, à l'exemple de Rossini et de Meyerbeer, Halévy possédait au plus haut degré le sentiment du drame et l'entente scénique, qualités indispensables pour qu'un opéra réussisse et se maintienne au théâtre. Il ne se laissait point séduire par le côté extérieur d'un sujet, par la couleur locale, par l'effet des masses; il cherchait le côté humain, la passion, la vie. Il savait que les œuvres d'art qui ne frappent que l'imagination sans aller au cœur sont des œuvres mort-nées. Là était sa force, et c'est par là qu'il survivra à bien des musiciens qui se croient peut-être ses égaux et qui ne lui viennent pas à la cheville. Halévy rend toujours la situation dramatique avec une rare énergie, et si tous les ouvrages sérieux et les ouvrages de genre qu'il a livrés successivement au public n'ont pas la même valeur et n'ont pas eu le même succès, ils n'en contiennent pas moins des beautés de premier ordre, et cette qualité essentielle d'intéresser constamment le spectateur.

Maintenant, je n'ai plus qu'à citer les titres et les dates des compositions nombreuses qu'il a fait représenter depuis 1835 (année où il a été décoré en même temps que

Bellini) jusqu'à la dernière reprise de *Jaguarita* au Théâtre-Lyrique. La plupart de ses opéras se jouent encore, et se joueront longtemps, je l'espère; les autres seront bientôt repris, car, pour Halévy comme pour tous les hommes supérieurs, il n'y a de justice complète que lorsque la postérité commence.

Voici, dans leur ordre chronologique, les différents ouvrages de ce grand compositeur :

OPÉRA : *Guido et Ginevra, ou la Peste de Florence*, opéra en cinq actes, de Scribe, 5 mars 1838; *le Drapier*, opéra en trois actes, de Scribe, 6 janvier 1840; *la Reine de Chypre*, opéra en cinq actes, de M. de Saint-Georges, 22 décembre 1841; *Charles VI*, opéra en cinq actes, de Casimir et Germain Delavigne, 15 mars 1843; *le Lazzarone*, opéra de genre en deux actes, de M. de Saint-Georges, 1846; *le Juif errant*, opéra en cinq actes, de Scribe et de M. de Saint-Georges, 23 avril 1852; *la Magicienne*, opéra en cinq actes, de M. de Saint-Georges, 1858. *Œuvres posthumes* : *Valentine d'Ornano*, opéra en trois actes, poëme de M. Léon Halévy; *Noé, ou le Déluge*, opéra en trois actes, poëme de M. de Saint-Georges.

OPÉRA-COMIQUE : *l'Éclair*, trois actes, paroles de Planard et de M. de Saint-Georges, 1835; *les Treize*, trois actes, paroles de Scribe, 1839; *le Guitarrero*, trois actes, paroles de Scribe, 1841; *les Mousquetaires de la Reine*, trois actes, paroles de M. de Saint-Georges, 1846; *le Val d'Andorre*, trois actes, paroles de M. de Saint-Georges, 1848; *la Fée aux Roses*, trois actes, paroles de Scribe et de M. de Saint-Georges, 1849; *la Dame de pique*, trois actes, paroles de Scribe, 1850; *le Nabab*, trois actes, paroles de Scribe et de M. de Saint-Georges, 1853; *Valentine d'Aubigny*, trois actes, paroles de MM. Jules Barbier et Michel Carré, 1856.

THÉATRE-ITALIEN : *la Tempesta*, trois actes, paroles de Scribe, 1851.

THÉATRE-LYRIQUE : *Jaguarita*, trois actes, paroles de MM. de Saint-Georges et de Leuven, 1855.

Comme écrivain, Halévy nous laisse ses discours, ses souvenirs, de charmants articles dont il enrichissait les journaux et les revues, et des traités sur la musique, adoptés par le comité des études du Conservatoire; traités qui, entre autres mérites, se recommandent par une clarté de style admirable et par une grande force de persuasion.

Un des bonheurs de ma destinée a été de vivre, depuis mon adolescence, dans l'intimité des plus grands artistes et des plus grands maîtres de ce siècle. J'ai eu, pendant dix-huit ans, avec Halévy, des relations très-dévouées de ma part, très-bienveillantes et très-amicales de la sienne, et j'affirme, sans crainte d'être démenti par tous ceux qui l'ont connu, que c'était la bonté même que ce cœur-là. Je ne l'ai jamais entendu se plaindre de personne. Non-seulement il pardonnait les offenses, mais il semblait les ignorer. Et pourtant il a beaucoup souffert! Je l'ai vu peu de jours avant son départ; le soir même où il quittait Paris pour se rendre à Nice, il m'a écrit un billet fort touchant, le dernier que j'aie reçu de lui. Il est un point sur lequel je ne voudrais pas insister, mais que je dois indiquer néanmoins avec une extrême réserve. Halévy était calme, résigné, mais un peu triste. Dans ces derniers temps, il s'était vu en butte à des agressions qu'il n'avait ni provoquées ni méritées. Il n'a pas été plus épargné que Scribe.

J'admets, je reconnais les droits de la critique la plus vive et la plus sévère; mais il n'est question ici de critique à aucun degré; je veux parler de ces attaques gratuites, personnelles, sanglantes jusqu'à l'insulte, qui ne sauraient trouver d'excuse ni dans la vivacité des polémiques, ni dans l'ardeur des discussions. Je sais bien qu'on devrait dédaigner ces excès, qui retombent sur leurs auteurs; mais il vient un moment dans la vie où l'on y est plus sensible que l'on ne voudrait se l'avouer, où l'injustice nous est plus amère parce qu'il s'y mêle aussi l'ingratitude. Après de longues années de travaux et de succès, quand on a des titres incontestables à l'estime et à la reconnaissance des contemporains, et que l'on se croit oublié, méconnu par les générations nouvelles, l'âme la mieux trempée ne peut se défendre d'un sentiment de tristesse. Prenons garde, nous tous qui tenons une plume, de ne toucher qu'avec les plus grands ménagements à ceux qui nous ont précédés dans la carrière où nous entrons et que nous parcourons après eux; même s'ils venaient à faiblir, ils n'en mériteraient pas moins nos égards et nos respects. Gardons-nous surtout des cruautés inutiles et disons-nous : Le trait que j'aiguise et que je lancerai d'une main légère et distraite, ira frapper peut-être un cercueil!

P.-A. FIORENTINO.

DERNIERS SOUVENIRS ET PORTRAITS

MOZART

Le nom de Mozart est si illustre, sa renommée, que le temps accroît encore chaque jour, est si légitime et si grande, qu'on regrette de devoir restreindre aux limites d'une notice biographique l'histoire de sa vie et une appréciation de son œuvre. — Au reste, beaucoup de travaux ont été publiés sur ce musicien célèbre. Nous citerons, parmi les biographes allemands, Schlichtegroll [1], Niemtschek [2], Nissen [3], qui, par sa po-

---

1. Dans son *Nécrologe des Allemands* (Nekrolog der Deutschen), année 1793.
2. Professeur de philosophie à Prague; il a publié une notice sur la vie de Mozart, dont il avait été l'ami (*Leben des K. K. Kapellmeisters W.-G. Mozart*), Prague, 1798.
3. M. de Nissen avait épousé la veuve de Mozart. Sa *Biographie de W. A. Mozart* a été publiée à Leipzig en 1828.

sition particulière, s'est trouvé à même de disposer de documents authentiques, et M. Otto Jahn, qui, dans ces derniers temps, a publié sur Mozart un ouvrage considérable [1]; parmi les écrivains français, Beyle (si connu sous le nom de Stendhal) [2], qui n'a guère fait que traduire Schlichtegroll, et Fétis [3]. M. Alexandre Oulibicheff a publié à Moscou en 1843 une *Nouvelle Biographie de Mozart*, écrite en français. M. Edward Holmes a fait paraître à Londres en 1845 *the Life of Mozart*. M. L. Goschler [4] a traduit et fait connaître en France, il y a quelques années, des lettres de Mozart et de son père, recueillies par M. de Nissen et contenues dans son ouvrage. M. Holmes en a donné aussi de nombreux fragments. Cette correspondance nous fait assister pour ainsi dire à la vie de Mozart; on le suit dans ses voyages et ses travaux, depuis son enfance jusqu'aux dernières années de sa vie; nous aurons plus d'une fois occasion de la citer.

Mozart est né à Salzbourg le 27 janvier 1756; il reçut les noms de Jean-Chrysostome-Wolfgang-Gottlieb. On a souvent traduit ce dernier prénom par Théophile, Amédée, Amadeus, Amadeo, et Mozart a presque toujours signé Wolfgang-Amadeus. Il n'eut jamais d'autre maître que son père, Léopold Mozart, ou plutôt, à vrai dire,

---

1. Leipzig, 4 volumes, qui ont paru de 1856 à 1859.
2. *Lettres écrites de Vienne en Autriche sur Joseph Haydn, suivies d'une Vie de Mozart,* etc., 1814. Cet ouvrage a été publié depuis, en 1817, sous le titre de *Vies de Haydn, Mozart et Métastase.*
3. Dans sa *Biographie universelle des musiciens.*
4. *Mozart, vie d'un artiste chrétien au* xviiie *siècle,* etc. Paris, 1857.

celui-ci n'eut qu'à laisser se développer librement les rares facultés dont était doué le jeune Wolfgang [1] ou *Woferl*, comme il le nomme souvent dans ses lettres. — Léopold Mozart était fils d'un relieur d'Augsbourg; il s'adonna à la musique et apprit à jouer de plusieurs instruments. Il commença sa carrière musicale en entrant chez un certain comte de Thurn en qualité de valet de chambre musicien. Cette double qualification, qui paraît si singulière aujourd'hui, ne semblait pas étrange alors et ne choquait personne. Les grands seigneurs faisaient apprendre la musique à leurs paysans, choisissaient les plus habiles et les attachaient ainsi à leur personne. Dans beaucoup de maisons, les officiers et les serviteurs même devaient jouer de quelque instrument, afin d'être prêts à chaque instant pour l'exécution d'un quatuor, d'une symphonie. « Dans la maison du comte Joseph Kinski, à Prague, dit le docteur Pierre Lichtenthal [2], le quatuor était encore, il y a quelques années, composé du valet de chambre, qui faisait le premier violon, du cocher, qui jouait du violoncelle, et de deux autres domestiques, dont l'un jouait le second violon et l'autre la viole, et tous les quatre exécutaient leur partie avec un talent et une précision remarquables. »

---

1. *Wolfgang* signifie *allure de loup*. Les Germains, dit-on, donnaient ce nom à leurs fils, espérant que, lorsqu'ils seraient devenus des guerriers, ils inspireraient aux ennemis la crainte qu'inspiraient aux femmes et aux enfants l'approche du loup, l'hôte le plus redoutable des forêts qu'ils habitaient. Mais le patron de Mozart était saint Wolfgang, évêque de Ratisbonne, qui vivait au xe siècle.
2. *Dizionario e bibliografia della musica*. Milan, 1826.

Léopold quitta la maison du comte de Thurn pour aller s'établir à Salzbourg. Il s'y maria. Il ne gagnait pas grand argent à être tout à la fois compositeur d'oratorios, de symphonies et de concertos, habile exécutant sur l'orgue, le violon, le clavecin, professeur de ces divers instruments. Il était en outre auteur d'une très-bonne méthode de violon [1], encore estimée aujourd'hui. Le prince-archevêque de Salzbourg l'admit parmi ses musiciens, et le nomma plus tard maître de chapelle en second et chef d'orchestre de ses concerts. Ces dignités ne l'enrichirent pas beaucoup. Il songea à donner à ses enfants un talent d'exécution qui pût les rendre célèbres, leur permettre de se faire entendre dans les grandes capitales, et leur assurer par la suite une fortune indépendante. Deux enfants lui restaient de sept qu'il avait eus; c'étaient les plus jeunes, Marie-Anne, née en 1751, et Wolfgang. Il commença par s'occuper de Marie-Anne. Elle avait huit ans lorsqu'il lui fit mettre les doigts sur le clavecin. — Marie-Anne fit des progrès rapides; mais le jeune garçon, qui n'avait que trois ans et auquel on ne faisait nulle attention, donna bientôt des preuves d'une aptitude singulière; assidu et toujours attentif, il prit de sa seule volonté une part de cet enseignement qui ne lui était pas destiné. Dès ce moment, la musique

---

1. *Versuch einer gründlichen Violinschule* (Essai d'une école fondamentale de violon). Cet ouvrage, qui parut à Augsbourg en 1756, l'année même de la naissance de Wolfgang, eut depuis de nombreuses éditions dans presque toutes les grandes villes d'Allemagne, sous le titre définitif de *Gründliche Violinschule*.

s'empara de cette jeune intelligence, si merveilleusement disposée à la recevoir, la pénétra, grandit et se fortifia avec elle, jusqu'au jour suprême où tout s'éteignit dans le tombeau. — La vie musicale de Mozart commence donc dès cet âge si tendre, et c'est le devoir du biographe de retracer l'histoire de cet enfant. A peine Marie-Anne avait-elle quitté le clavecin, que Wolfgang en prenait possession. Il répétait de mémoire les gammes et les exercices qu'il lui avait entendu faire. Mais il allait plus loin ; obéissant à l'instinct secret qui le dominait, il interrogeait le clavier et y cherchait d'harmonieuses consonnances. Les tierces et les sixtes le ravissaient de joie. M. de Nissen a publié dans son ouvrage vingt-deux petits morceaux composés par Mozart, de 1760 à 1762, c'est-à-dire depuis l'âge de quatre ans jusqu'à six ans, et qu'il dictait à son père. Il ne savait pas encore tenir une plume ; la musique précédait en lui le développement des autres facultés. On n'a aucune raison de douter de l'authenticité de ces petites compositions, qui sont au reste très-simples et très-naturelles, lorsqu'on songe à la précocité de génie dont Mozart a donné tant d'autres preuves.

En 1762 (Wolfgang avait un peu plus de six ans), le père résolut de commencer l'exécution de son projet. Marie-Anne ou Nanerl avait onze ans, et elle était de première force sur le clavecin. Quant à Wolfgang, il était si étonnant, il jouait les pièces les plus brillantes avec tant de charme et d'éclat, les *andante* avec tant de grâce, les fugues les plus difficiles de Hændel et de Bach avec tant de netteté, de précision et d'intelligence ; il improvisait si facilement sur quelque thème qu'on pût lui proposer; il était, en un mot, capable de tant de merveilles, que le père était fondé à penser que le moment était venu, et qu'il pouvait essayer de jeter les fondements de cette fortune, de cette indépendance qu'il rêvait pour ses enfants. — Léopold Mozart avait toujours été laborieux et économe, et cependant il avait toute sa vie souffert de la gêne. Il voulait voir ses chers enfants plus heureux que lui. C'était un homme au cœur droit, d'une vie très-régulière et d'une piété qu'on doit croire sincère, à en juger par ses lettres. On est donc autorisé à croire qu'il n'avait pas l'idée d'exploiter pour son propre compte les jeunes talents qu'il allait produire dans le monde. Tous les bénéfices qu'il espérait devaient appartenir à ses bien-aimés Wolfgang et Nanerl. Malheureusement, ses calculs furent plus d'une fois trompés, et les dépenses des voyages égalaient souvent, quand elles ne les dépassaient pas, les recettes qu'il prenait grand souci de recueillir. — Une autre raison guidait encore Léopold. Les surprenantes facultés de Wolfgang le remplissaient d'admiration et parfois d'une sorte de respect. Ses yeux se mouillaient de larmes lorsqu'une circonstance imprévue lui révélait un nouveau progrès de son fils. De même que Pascal avait deviné Euclide, Wolfgang devinait ce que les leçons du maître et une longue pratique de l'art avaient enseigné aux plus habiles. Léopold croyait qu'il avait mission de montrer au monde cet enfant miraculeux, à qui Dieu avait donné tant d'intelligence et de génie.

Il fit d'abord une sorte de voyage d'essai. Au mois de juin 1762, il se rendit à Munich avec sa femme [1] et ses deux enfants ; on n'a aucun détail sur ce voyage : on sait seulement qu'ils restèrent environ trois semaines à Munich, que Wolfgang joua un concerto devant l'électeur et qu'il excita une véritable admiration. Puis la famille revint à Salzbourg pour se préparer à une expédition nouvelle.

Le 19 septembre de la même année, toute la famille se mit de nouveau en route, mais cette fois pour aller à Vienne, la grande capitale de l'Allemagne. C'est alors que commence la correspondance dont nous avons parlé et qu'a recueillie M. de Nissen. La première lettre de Léopold Mozart est datée de Linz, le 3 octobre 1762 ; elle fait connaître que ce voyage commença par un mécompte et une déception. « Vous nous croyez peut-être arrivés à Vienne? écrit-il à M. Hagenauer [2] ; nous ne sommes encore qu'à Linz. » Et il raconte qu'ils ont dû s'arrêter à Passau, parce que le prince-évêque de cette ville a voulu entendre Wolfgang et l'a retenu cinq jours entiers. Ils ont, il est vrai, donné un concert à Passau ; mais, tous frais faits, il ne leur reste qu'une quarantaine de florins, et ils n'ont plus maintenant le temps de donner un concert à Linz, qui aurait certainement produit plus

---

1. Elle se nommait *Anna Bertlina,* et était née en 1720. Léopold Mozart avait un an de plus que sa femme.

2. Négociant à Salzbourg, propriétaire de la maison habitée par la amille Mozart. Le rez-de-chaussée de cette maison était occupé par le magasin du propriétaire, dont l'appartement était au premier étage. La famille Mozart occupait le second étage.

du double. « Et savez-vous ce que le prince-évêque a donné à Wolfgang ?... Un ducat ! » — Mais il se console par la vue de ses enfants et l'espoir du succès. « Mes enfants sont gais et partout à leur aise comme chez eux. Le petit est familier avec tout le monde, et surtout avec les officiers, qu'il traite à première vue comme s'il les avait toujours connus. Ces chers enfants sont l'objet d'un étonnement général, surtout le garçon. Tout présage que nos affaires marcheront bien. Que Dieu daigne seulement nous maintenir en bonne santé ! Faites, je vous prie, aussitôt que possible, dire quatre messes à notre intention à Maria-Plaïn [1]. » — Enfin on arrive à Vienne le 8 octobre. « Nous avons été dispensés de tous les ennuis de la douane, écrit le père, grâce à monseigneur Woferl, qui en un clin d'œil est devenu l'ami intime du receveur, lui a enseigné le clavecin, lui a joué un menuet sur son petit violon, et lui a fait ses invitations pour l'avenir. » — Wolfgang, on le voit, était plein de grâce, de gentillesse, de gaieté et d'entrain. L'artiste précoce et déjà savant était resté un charmant enfant et on l'aimait avant de l'avoir entendu.

Son succès à Vienne fut immense. Sa réputation l'y avait devancé. « Il vient d'arriver ici un petit bonhomme qui, dit-on, joue admirablement du clavecin. » Voilà ce que le père Mozart eut la satisfaction d'entendre dire à l'archiduc Léopold à l'Opéra, le jour même de son arrivée, et son cœur tressaillit d'orgueil et de joie.

---

[1]. Célèbre lieu de pèlerinage, près de Salzbourg.

Non-seulement Wolfgang soutint vaillamment le fardeau de cette bonne renommée, qui n'était pas sans danger, mais il surpassa encore tout ce qu'on avait pu dire ou imaginer de lui. Appelé à la cour, la vue de si grands personnages ne le troubla pas, la splendeur de la cour impériale n'enleva rien de sa liberté à ce jeune esprit. Il se mit gaiement au piano. L'empereur s'était placé près de lui. « Monsieur, lui dit Wolfgang, je vais jouer un concerto très-difficile de M. Wagenseil, votre maître de chapelle; je voudrais bien l'avoir à côté de moi, il me tournerait les feuillets. Voulez-vous le faire appeler? » Et l'empereur fit appeler M. Wagenseil. — M. Oulibicheff, en racontant avec une légère variante cette petite anecdote, que nous citons seulement comme un trait de naïveté enfantine, prête à Mozart une intention pleine de finesse et de malice, et qu'on se refuserait à admettre s'il ne s'agissait d'un enfant tout exceptionnel, d'un Mozart. Il dit que les plus hauts suffrages lui étaient et lui furent toujours complètement indifférents, s'ils n'étaient raisonnés et sentis. Lorsqu'on le faisait jouer devant des personnes qui n'entendaient rien à la musique, on n'obtenait de lui que des contredanses, des menuets, des bagatelles sans importance. Il paraît qu'il avait jugé sévèrement l'auditoire et qu'il craignait de n'y pas trouver les garanties qu'il désirait [1]. C'est pourquoi il aurait dit à

---

1. Il paraît que l'empereur, à qui on l'avait déjà présenté, l'avait traité en enfant, et lui avait dit : « Il n'y a pas grand mérite à jouer de tous les doigts; le beau serait de jouer d'un seul doigt. » Pour toute réponse, Wolfgang joua avec l'index seul des passages très-ra-

l'empereur : « Faites venir M. Wagenseil, celui-là s'y
connaît. » Et, lorsque M. Wagenseil arriva : « Ah ! lui
dit-il, je suis charmé de vous voir; je vais jouer un
concerto de votre composition. Vous me tournerez les
feuillets, s'il vous plaît. » — Quoi qu'il en soit, que
Mozart ait parlé avec la naïveté d'un enfant ou la
rouerie d'un diplomate (et, s'il fallait choisir entre les
deux appréciations, nous pencherions vers la dernière),
il joua le difficile concerto de manière à enlever tous
les suffrages. Il satisfit M. Wagenseil, qui s'y connaissait, et ceux qui auraient pu ne pas s'y connaître.

Voici ce qu'écrit le père après cette séance mémorable : « Je n'ai que le temps de vous dire que Leurs
Majestés nous ont reçus avec une faveur si extraordinaire, qu'un récit détaillé vous paraîtrait fabuleux.
Woferl a sauté sur les genoux de l'impératrice, lui a
jeté les bras autour du cou et l'a embrassée avec effusion. Hier, jour de Sainte-Thérèse (fête de l'impératrice), elle nous a envoyé deux habillements complets
pour les deux enfants et le trésorier nous a remis cent
ducats. Voulez-vous savoir quel est le costume apporté
à Woferl? Il est du drap le plus fin, couleur lilas ; la
veste en moire de la même couleur; habit et veste gar-
nis d'une double bordure en or. On l'avait commandé
pour le petit archiduc Maximilien. Le costume de Nanerl était fait pour une archiduchesse. C'est du taffetas
blanc broché, avec toute sorte de garnitures [1]. »

---

pides et très-difficiles. Cette première entrevue l'avait mis en défiance.

1. Pendant ce séjour à Vienne, Mozart, se promenant un jour dans

Une vive inquiétude vint, peu de temps après, assaillir le cœur du père. Wolfgang fut atteint d'une maladie sérieuse. « Fragilité ! fragilité ! s'écrie le père à cette occasion. Mais Dieu a permis que tout se soit passé sans trop de mal, et nous rendons grâce à sa miséricorde infinie. La maladie touche à sa fin. Elle nous coûte cher ; elle nous fait perdre au moins cinquante ducats. Faites dire, je vous prie, trois messes à Lorette, à l'autel de l'Enfant Jésus, et trois à Bergl, à l'autel de saint François de Paule. » — On trouve à chaque instant dans les lettres de Léopold Mozart ce mélange bizarre de pratiques religieuses et d'observations financières. Il aligne ses élans de piété et son petit budget. Mais la tendresse paternelle préside toujours à ses préoccupations. Les messes qui seront dites, les économies qui seront faites, tout sera pour les chers enfants. — La famille quitta Vienne au mois de novembre, après avoir épuisé tout ce que cette capitale avait pu offrir de succès, de gracieusetés, de cadeaux et de ducats, mais non sans que le père regrettât amèrement ce qu'avait coûté la maladie de Wolfgang. En réalité, cette maladie ne fit perdre

---

le palais avec deux jeunes archiduchesses, glissa sur le parquet ciré, auquel il n'avait pas été habitué, et tomba. L'une des deux princesses s'empressa de le relever et le consola, car il se montrait mortifié de cette chute. « Vous êtes bonne, lui dit Wolfgang, je vous épouserai. » On conta cette histoire à l'impératrice. « Tu veux donc épouser ma fille ? » dit-elle à Wolfgang. « Oui, par reconnaissance. Elle a été bonne pour moi. L'autre princesse ne s'est pas inquiétée de moi et ne m'a rien dit du tout. » Cette archiduchesse si bonne, que Mozart voulait épouser, était Marie-Antoinette, depuis reine de France. Elle était née en 1755, et avait, par conséquent, sept ans lors de cette petite aventure.

que ce qu'elle avait empêché de gagner. Le père Mozart dit qu'il paya l'excellent docteur Bernhard par une sérénade.

Après plusieurs mois de repos et d'études à Salzbourg, le père conçut le projet d'un nouveau voyage, plus considérable et qui devait être plus décisif pour la fortune et pour la gloire des jeunes artistes. On se mit en route le 9 juin 1763 pour visiter la France, l'Angleterre et la Hollande, et l'on commença par Munich, qu'on connaissait déjà et où Wolfgang et Nanerl avaient laissé d'excellents souvenirs. On y resta une dizaine de jours, qui suffirent aux enfants pour se faire entendre plusieurs fois et au père pour faire une assez bonne recette. « Je n'ai pas à me plaindre de l'électeur, écrit-il, il est pauvre. Il m'a dit hier : « Nous sommes » de vieilles connaissances : il y a près de dix-neuf ans » que nous nous sommes vus pour la première fois; » mais, que voulez-vous! chacun a ses affaires! » Il m'a donné cent florins. »

Ils vont dans le Wurtemberg; mais là rien ne leur réussit. D'abord le duc n'est pas à Stuttgart, il est à sa résidence de Louisbourg. Ils vont à Louisbourg; ils ne peuvent parvenir jusqu'au duc. Le père, très-mécontent, s'en prend à Jomelli[1], qu'il traite sévèrement dans une

---

1. Jomelli resta quinze ans dans le Wurtemberg; il retourna en 1768 à Naples, où il ne retrouva pas ses succès d'autrefois. Ses compatriotes dirent qu'un long séjour en Allemagne avait gâté son style. Son dernier ouvrage, *Ifigenia*, donné en 1773, éprouva une chute complète. Jomelli en conçut un profond chagrin, eut une attaque d'apoplexie et mourut l'année suivante; il était né en 1714, comme Gluck, et mourut en 1774, l'année où Gluck donna à Paris son *Iphigénie*.

de ses lettres : « Je considère tout cela comme l'œuvre de Jomelli, maître de chapelle du duc. Il se donne toutes les peines du monde pour éloigner les Allemands de cette cour, et il y parvient. Il est en grande faveur auprès du duc. Outre ses appointements de quatre mille florins, il a une maison à Stuttgart, une autre ici, l'éclairage, le chauffage, une voiture, un cheval. Les Italiens, qui lui font la cour, et dont sa maison est toujours pleine, ont dit et répété au duc qu'il est impossible qu'un enfant de sang allemand ait le génie musical, le feu et l'intelligence qu'on attribue à Woferl. » Il quitte Louisbourg le cœur plein d'amertume, accusant Jomelli, reconnaissant toutefois que la musique qu'il dirige est bonne. « Cela vient, dit-il, de ce qu'il a tout pouvoir sur ses musiciens. »

Il se dirige vers Bruxelles, où il doit donner un concert. En passant à Aix la Chapelle, il trouve la princesse Amélie, sœur du grand Frédéric. « Malheureusement, dit il, elle n'a pas le sou. Nous aurions de quoi nous réjouir si je pouvais convertir en bons louis d'or tous les baisers qu'elle a donnés à mes enfants, à maître Wolfgang surtout ; mais ni les maîtres de poste ni les aubergistes ne veulent être payés de cette monnaie. Elle veut que j'aille à Berlin, et le prince Charles est tout à fait de cet avis. Comme sa sœur, il est plein de parfaites intentions, mais, comme elle aussi, il n'a pas le sou vaillant. » Il va donc à Bruxelles, et donne son concert, auquel assiste le prince Charles ; puis, avant de partir pour Paris, il demande qu'on lui envoie une nouvelle lettre de crédit ; « car, dit-il, j'ai de quoi monter une vraie boutique de cadeaux de toute sorte, montres, chaînes, tabatières, épées, bijoux, dentelles, etc. Quant à l'argent, il est rare, et je suis positivement pauvre. Le voyage va me coûter au moins deux cents florins, et je ne veux pas être pris au dépourvu. »

Le 18 novembre 1763, ils arrivent à Paris, chargés de lettres qui doivent leur ouvrir toutes les portes. De grands seigneurs étrangers les recommandent à de hauts personnages de la cour de France. Ces lettres, remises aussitôt, ne produisent rien. On ne croit pas au petit prodige. Un négociant de Francfort leur avait donné une lettre pour M. Grimm. On a recours à cette lettre, sur laquelle on ne fondait pas grand espoir. Grimm accueille les voyageurs, les protége, devient leur patron, met à leur service son activité, ses relations, son influence, toute la chaleur d'une amitié intelligente, et introduit dans le monde le jeune artiste dont les talents extraordinaires l'avaient charmé. On lit dans sa correspondance : « Les vrais prodiges sont si rares, qu'on en parle volontiers lorsqu'on a le bonheur d'en voir un. Un maître de chapelle de Salzbourg, nommé Mozart, est arrivé ici avec deux enfants charmants. Sa fille, âgée de onze ans, joue du clavecin à ravir et exécute les morceaux les plus difficiles avec une rare précision. Quant à son frère, qui n'a pas encore accompli sa septième année, c'est un phénomène si extraordinaire, qu'on a peine à croire ce qu'on voit de ses yeux et ce qu'on entend de ses oreilles. Non-seulement il exécute aisément et avec une parfaite netteté les pièces les plus difficiles, quoique ses petites mains atteignent à peine la sixte; mais encore (et c'est là l'incroyable) je l'ai entendu improviser une heure entière et se livrer aux inspirations de son génie, qui lui amenait une foule d'idées ravissantes, se suivant avec goût et sans la moindre confusion. Un maître de chapelle consommé ne pourrait avoir une connaissance plus profonde de l'harmonie et des modulations que l'enfant sait opérer dans les voies les moins connues, mais toujours conformément aux règles. » — Grimm continue sur ce ton; il parle de la facilité avec laquelle Mozart déchiffre tout ce qu'on lui présente, écrit, compose sans consulter le clavecin, trouve à l'instant même sans préparation divers accompagnements pour les airs qu'on lui chante, et il finit par dire : « Je crains que la tête ne me tourne pour peu que je l'entende encore, et je conçois à présent combien il est difficile de se préserver de la démence quand on voit des miracles. » Grimm était très-bon connaisseur en musique et sincère dans ses admirations. C'est pourquoi nous avons rapporté ces fragments, qui donnent une juste idée de la surprise que devait exciter le jeune prodige.

La famille resta environ cinq mois à Paris. Pendant ce temps, les deux enfants, invités plusieurs fois à Versailles, jouèrent devant le roi et toute la cour. Nanerl réussit beaucoup; quant à Wolfgang, il fut apprécié comme il méritait de l'être. Il ne se montra pas seulement exécutant audacieux, profond harmoniste, improvisateur heureux; il fut gai, spirituel, aimable, charmant. Au grand couvert qui eut lieu la veille du nouvel an (1764), toute la famille fut appelée près de la table royale. La reine retint Wolfgang près d'elle. Il lui baisait les mains et lui disait en allemand mille gracieusetés dont elle était ravie. Wolfgang fut moins satisfait de madame de Pompadour. « Qui donc est-elle? dit-il à son père. Elle a refusé de m'embrasser, moi qui ai embrassé l'impératrice! »

Le père était enchanté, il recevait beaucoup de cadeaux et beaucoup d'argent. Quand vint la semaine sainte, il obtint la permission de donner à Paris deux concerts. C'était à cette époque une grande faveur, très-rarement accordée, parce qu'elle contrevenait aux priviléges de l'Opéra, des Concerts spirituels, de la Comédie-Française et de la Comédie-Italienne. On ne put enlever cette permission, que M. de Sartines donna à la fin et de guerre lasse, que par la protection de quelques grandes dames et surtout par l'intervention de Grimm. Aussi, comme le père chante ses louanges! « Ce Grimm, mon plus grand ami, qui a tout fait pour moi, est vraiment un homme du plus haut mérite. C'est à lui que je dois l'autorisation pour mes concerts. Pour le premier, il m'a placé trois cent vingt billets, c'est-à-dire pour quatre-vingts louis! Il m'a obtenu de ne pas payer l'éclairage, et il y avait plus de soixante bougies; et, pour le second concert que nous allons donner, cent billets sont placés[1]! Quel homme!

---

1. Ces concerts se donnaient au théâtre de M. Félix, rue et porte Saint-Honoré. C'était un salon dépendant d'un hôtel habité par madame de Clermont; on y avait élevé un petit théâtre sur lequel des sociétés de la noblesse jouaient la comédie.

quel esprit et quel cœur! Il sait tout mettre en train et fait réussir les choses comme il l'entend. »

Le séjour de Paris se signale dans la vie de Mozart par une circonstance importante : jusqu'alors il s'était montré exécutant de premier ordre; à Paris, l'enfant de sept ans se révèle compositeur : il y publie ses deux premières œuvres, deux recueils de sonates, dédiés, l'un à madame Victoire de France, sœur de Louis XV; l'autre à la comtesse de Tessé, dame de madame la Dauphine [1]. « Ces sonates, qu'on trouve dans la collection de ses œuvres, sont charmantes, dit M. Fétis, et auraient fait honneur aux artistes les plus renommés de cette époque; cependant leur auteur était à peine parvenu à sa huitième année. »

Wolfgang excita à Paris un enthousiasme qui eut un grand retentissement dans toute l'Europe. Le père n'eut donc qu'à se féliciter d'avoir entrepris ce voyage. Avant de partir, il envoya à Salzbourg deux cents louis, gardant par devers lui la somme nécessaire « pour ne pas être pris au dépourvu. » Et cependant, malgré tout ce profit, auquel il se trouve très-sensible, il est très-sévère pour Paris. Quand il parle des femmes, de leurs toilettes, de leur dévotion, de madame de Pompadour, le pieux Allemand se voile la face. « Chacun vit à sa guise, et sans une miséricorde toute spéciale de Dieu, je ne sais

---

[1]. Le premier de ces recueils, dont l'édition *princeps* est devenue fort rare, porte le titre suivant : *Deux sonates pour le clavecin, qui peuvent se jouer avec accompagnement de violon, dédiées à madame Victoire de France, par J.-G.-Wolfgang Mozart, de Salzbourg, âgé de sept ans.* Œuvre, premier prix, 4 livres 4 sous, Paris, aux adresses ordinaires, avec privilége du roi.

ce qu'il arrivera du royaume de France. » Le bonhomme ne se trompait pas trop. Il ne traite pas mieux la musique. « La musique française ne vaut pas le diable, dit-il avec une rudesse toute germanique; mais il s'opère de grands changements. Les Français commencent à tourner, et, dans dix ou quinze ans, je l'espère pour eux, le goût français aura complétement fait volte-face. » Et il n'était pas non plus mauvais prophète en cela. Gluck, qui devait arriver à Paris dix ans plus tard, travaillait déjà à lui donner raison. Il n'a quelque indulgence en cela que pour la chapelle royale : « J'y ai entendu de bonne et de mauvaise musique. Tout ce qui se chantait par une voix seule et devait ressembler à un air était vide, froid, misérable, par conséquent français ; mais les chœurs sont bons, et très-bons. Aussi ai-je été tous les jours à la messe de la chapelle royale avec mon petit homme, très-content des chœurs qu'on y exécutait. » On ne donnait guère à cette époque que ce qu'on appelait des *fragments*, c'est-à-dire des actes séparés d'opéras-ballets, et quelques opéras de Dauvergne, compositeur oublié aujourd'hui et qui mérite de l'être. Si Léopold Mozart avait pu entendre quelque bon ouvrage de Rameau, il eût certes modifié son jugement, reçu d'autres impressions, et reconnu ce qu'il y avait de riche dans cet orchestre, de force dans cette harmonie, d'effet et d'énergie dans les chœurs, de bonnes qualités enfin dans cette musique française.

La famille Mozart quitta Paris dans les premiers jours d'avril 1763, s'embarqua à Calais et arriva le

10 à Londres. Wolfgang, devenu tout à fait célèbre, n'eut aucune peine à se produire. Son succès fut éclatant : il joua de l'orgue et du clavecin devant le roi Georges III, qui aimait la musique, et devant la reine, qui passait pour bonne musicienne; donna des concerts publics qui furent très-suivis, et composa six sonates, avec accompagnement de violon ou de flûte, qu'il dédia à la reine [1]. C'est son œuvre 3. — Un savant magistrat, amateur passionné de musique, M. Daines Barrington [2], fut vivement frappé de la précocité extraordinaire du jeune artiste. Wolfgang chantait très-bien, avec une voix de soprano fine et pure, avec la grâce et le charme qui faisaient de lui un petit être plein de séduction. En l'entendant chanter, M. Barrington vint à se persuader que le public était dupe d'une comédie parfaitement jouée et que le prétendu petit garçon était une charmante jeune fille de quinze à seize ans. Il fit partager ses soupçons à plusieurs personnes du monde et à des artistes. Ces gens-là ne réfléchissaient pas qu'une jeune fille accomplissant tout ce qu'on entendait faire à Mozart, jouant dans la perfection de l'orgue et du clavecin, habile harmoniste, composant et improvisant à merveille, jouant au besoin du violon, n'aurait eu besoin d'aucun subterfuge pour exciter la curiosité, un vif intérêt,

---

1. Ces sonates furent publiées à Londres. Le titre et une dédicace à la reine sont en français. Elles portent aussi la mention de l'âge de l'auteur : *par W. Mozart, âgé de huit ans.*

2. Il est mort en 1800, membre de plusieurs sociétés savantes et président de la société des antiquaires de Londres.

l'admiration. On raconte que de nos jours un *gentleman* suivait dans tous ses exercices un célèbre dompteur de bêtes féroces, espérant qu'un jour il le verrait dévorer; M. Barrington suivit Mozart dans tous ses concerts, se fit introduire dans la famille, non dans des vues aussi cruelles, mais dans l'intérêt de la vérité et dans l'espoir qu'un jour un incident fortuit l'éclairerait. N'apprenant rien par cette poursuite obstinée, il employa la voie diplomatique et fit écrire au ministre anglais près la cour de Bavière de prendre secrètement les informations nécessaires. Celui-ci envoya simplement l'extrait baptistaire de Wolfgang-Gottlieb Mozart. M. Barrington, tranquille désormais, écrivit alors sur le jeune prodige un mémoire [1] qui produisit une grande sensation, et qui fut inséré dans les *Transactions philosophiques*.

Après un séjour de quinze mois à Londres, la famille alla passer quelques jours dans la résidence d'un lord, près de Canterbury. Avant de quitter la capitale, Wolfgang, à la prière des conservateurs du Musée britannique, laissa à cet établissement son portrait et quelques manuscrits, entre autres celui d'un chœur à quatre voix, qu'il avait composé sur un texte anglais. Ils visitèrent alors le nord de la France et la Belgique, Wolfgang improvisant partout sur l'orgue de la cathédrale et attirant toujours un auditoire immense. Ils allèrent à la Haye, où Wolfgang et sa sœur se firent entendre à la princesse d'Orange.

---

1. *Account of a very remarkable young musician. Philosophical Transactions*, t. LX.

Là, une maladie grave mit en danger la vie des deux enfants. Léopold Mozart se montre à cette occasion, dans plusieurs de ses lettres, plein de tendresse et de piété. Il ne perd jamais tout espoir, et sa confiance en Dieu lui donne un grand courage. Après quatre mois d'inquiétude et d'angoisse, les chers enfants furent enfin sauvés, et ils purent se rendre à Amsterdam. C'était dans le temps du carême; tout divertissement public était sévèrement interdit. Ils obtinrent cependant la permission de donner deux concerts, « parce que, dit l'autorisation, qui fut rendue publique, les facultés miraculeuses de ces deux enfants ne peuvent tourner qu'à la gloire de Dieu. » Ils durent retourner à la Haye, où on les demandait pour une fête donnée en l'honneur du jeune prince d'Orange, Guillaume de Nassau, qu'on installait en qualité de stathouder. Wolfgang écrivit à cette occasion six sonates pour la princesse de Nassau-Weilbourg, sœur du stathouder, et composa pour la fête des airs, des symphonies, des variations sur une mélodie « que chacun chante, souffle ou siffle en Hollande. » Ils quittent la Hollande au mois de mai 1766, retournent à Paris, sont appelés à Versailles, où ils restent quatre jours, et vont à Dijon. Le prince de Condé, qui tenait les états de Bourgogne, les y retient pendant deux semaines. Puis ils vont à Lyon, à Lausanne, à Berne, à Zurich, et enfin, avant de retourner à Salzbourg, ils font une nouvelle visite à Munich.

L'électeur de Bavière les reçut comme d'anciens amis. Il était à table lorsqu'on annonça les voyageurs :

sur-le-champ il dicta à Wolfgang quelques mesures, et lui dit d'en faire le thème d'un morceau. Wolfgang s'installa sur un coin de la table, écrivit le morceau tout d'une haleine; puis on passa dans le cabinet du prince, et, à la grande satisfaction de la société, le jeune improvisateur fit entendre sa composition. Ce fut le dernier exploit de Wolfgang pendant ce voyage, qui avait duré trois ans. — Toute la ville de Salzbourg vint fêter le retour des voyageurs; mais Léopold Mozart avait pour ses enfants des idées de retraite et de travail. « Dieu a donné à mes enfants des talents qui m'entraînent à tout sacrifier pour leur éducation. Chaque moment que je perds est perdu pour toujours, et, si jamais j'ai compris combien le temps est précieux pour la jeunesse, c'est maintenant. »

C'est sous l'influence de ces idées qu'il avait ramené ses enfants à Salzbourg. Il avait rapporté de Londres les meilleurs ouvrages de Hændel. Wolfgang s'en pénétra. Il connaissait déjà Sébastien Bach, il étudia Emmanuel Bach, deuxième fils de Sébastien, dont le style, s'éloignant des formes scolastiques, formait une sorte de transition et semblait indiquer le chemin qu'il fallait suivre désormais. Il étudiait aussi les maîtres italiens, Scarlatti, Leo et Durante, et le maître allemand adopté par les Italiens, Hasse, que les Napolitains appelaient « le cher Saxon, le divin Saxon [1], » Hasse, qui, quelques années plus tard, s'écria : « Cet enfant nous fera tous oublier. » — Au mois de septembre 1767, après

---

1. *Il caro Sassone, il divino Sassone.*

plus d'un an donné à l'étude, les jeunes gens, toujours sous la conduite du père, entreprirent une nouvelle excursion; car Salzbourg n'était pas un centre: C'était l'asile, le foyer; on y laissait ses souvenirs, ses amis; mais il fallait bien aller à la recherche de ressources nouvelles. On alla de nouveau à Vienne.

A peine y étaient-ils installés, qu'une terrible épidémie de petite vérole vient porter le deuil dans les familles. Une princesse du sang impérial[1], atteinte presque aussitôt, meurt la première. L'effroi se met dans la ville : sur dix enfants que le fléau touche, neuf périssent. Le fils de l'hôte des Mozart est frappé. « Priez Dieu qu'il veille sur nous, » écrit le père; et il se réfugie à Ollmutz avec sa femme et ses enfants. Mais Wolfgang emportait le germe de la maladie, elle se déclara à Ollmutz. On craignit qu'il ne perdît la vue, et ses jours furent de nouveau menacés. Les soins qu'il reçut dans la maison d'un chanoine de Salzbourg, qui était doyen de la cathédrale d'Ollmutz, le sauvèrent. *Te Deum laudamus!* c'est le cri qui s'échappe du cœur du père, et il se promet bien, lorsqu'il écrira l'histoire de son fils, de faire honneur au généreux doyen[2] qui lui avait conservé une vie si précieuse.

Au commencement de janvier 1768, les craintes étant

---

1. La princesse Josepha, fiancée au roi de Naples Ferdinand.
2. Le comte Podstatsky. Il n'avait pas craint d'exposer sa vie en recueillant chez lui le jeune malade, que personne ne voulait recevoir. Léopold Mozart n'écrivit pas la vie de Wolfgang comme il se le promettait, mais il laissa un grand nombre de notes qui furent mises à la disposition de M. de Nissen.

dissipées, le deuil impérial fini, les plaisirs reprirent leur cours. Wolfgang fut invité à jouer devant l'empereur : c'était Joseph II. François Iᵉʳ était mort depuis cinq ans. Tout le monde jugea que le talent de Mozart comme exécutant, son génie comme improvisateur, s'étaient merveilleusement développés depuis son premier séjour à Vienne. Il entrait alors dans sa douzième année. L'empereur, qui l'avait entendu, lui dit : « Il faut faire un opéra. » Mozart croyait avoir mal compris. « Oui, répéta l'empereur, fais-moi un opérabuffa, je n'aime pas l'opéra-séria. » Cela était vrai : il n'y avait à Vienne qu'une troupe d'opéra-buffa. Et même l'*Alceste* de Gluck avait été exécuté par ces artistes, qui, à ce qu'il paraît, excellaient dans les deux genres. Wolfgang était plein de joie. On lui donna un *libretto* intitulé *la Finta semplice*. Il se mit à l'œuvre, et en peu de semaines il en eut achevé la musique.

L'exploitation du Théâtre-Italien de Vienne a toujours été une entreprise particulière ; nous le croyons du moins, et cela était ainsi à cette époque. Le directeur-entrepreneur était un certain signor Affligio. Il ne voulut pas jouer l'opéra d'un enfant de douze ans, d'un Allemand ! Il chercha d'abord par toute sorte de délais et de subterfuges à éloigner l'époque de la représentation. Gluck, Hasse, Métastase avaient entendu l'œuvre du jeune maître et se rendaient garants du succès : pour détruire l'effet d'attestations si honorables, Affligio imagina de convoquer les chœurs, l'orchestre, les artistes chargés des rôles, et de faire ainsi, avant toute étude préalable, une répétition générale *à première vue*, dont le résultat fut déplorable. Léopold Mozart, exaspéré, alla trouver l'*impresario*, lui reprocha sa mauvaise foi et menaça de se plaindre à l'empereur. « Eh bien, répondit Affligio, puisqu'il en est ainsi, puisque vous voulez absolument perdre votre fils, je jouerai son opéra et je le ferai siffler. » Le père eut peur d'un pareil homme et se tint pour battu. Mais Wolfgang eut bientôt une éclatante consolation : il fut chargé de composer une messe solennelle pour l'inauguration d'une église. On dit que Joseph II, en demandant un opéra à Wolfgang, avait surtout voulu se donner le plaisir de voir un enfant conduire un grand orchestre[1]. L'empereur eut cette satisfaction : Mozart dirigea l'exécution de sa messe avec un aplomb qui charma l'empereur et toute l'assistance, et il reçut à cette occasion, avec les témoignages les plus honorables, un cadeau magnifique.

Mesmer, le fameux magnétiseur, était alors à Vienne. Il était fort riche, aimait le bruit et l'éclat, était grand ami des Mozart, et voulut venger aussi Wolfgang des dédains du signor Affligio. Il fit élever un théâtre dans son hôtel et donna une grande fête où l'on représenta un opéra-buffa, *Bastian und Bastianna*[2], dont Wolfgang avait composé la musique. Le jeune maître conduisit encore l'orchestre et obtint un nouveau triomphe. Après

---

1. Le compositeur devait diriger l'orchestre pendant les trois premières représentations. Cet usage subsiste encore en Italie et en Allemagne.
2. Le *libretto* était imité d'une comédie à ariettes françaises, *Bastien et Bastienne*.

quoi, la famille alla faire une nouvelle station à Salzbourg et y passa toute l'année 1769. Wolfgang consacra ce temps à de nouveaux travaux et principalement à l'étude de la langue italienne. Il commençait à sortir de l'enfance; il désirait voir l'Italie, et demanda à son père de l'y conduire. Cette fois, la mère et la sœur restèrent à Salzbourg; le père et Wolfgang partirent seuls et se dirigèrent vers Vérone, où ils arrivèrent dans les premiers jours de 1770.

C'est de Vérone que sont datées les premières lettres de Wolfgang, recueillies dans la correspondance publiée par M. de Nissen. Elles sont pour la plupart adressées à sa sœur, sont gaies, très-courtes et accusent bien l'âge de l'auteur. Elles respirent la plus aimable tendresse pour les chères personnes laissées au logis; elles ne consistent quelquefois qu'en un *postscriptum* de quelques lignes. La première de ces lettres, du 7 janvier, est un mélange d'allemand, de patois de Salzbourg, d'italien et de français, que nous retrouvons plus d'une fois dans sa correspondance, elle commence ainsi : « Sœur bien-aimée, après une longue attente, je reçois enfin de toi une lettre d'une aune de long!... Maintenant que le *paillasse* allemand a terminé son rôle, écoute le *buffo* italien. » Il lui raconte alors, en italien cérémonieux, entrecoupé de patois allemand, le sujet d'un opéra qu'il vient d'entendre. Chaque chanteur a son coup de patte, de griffe quelquefois. Il est ravi du carnaval, chacun va par la ville *in maschera*, lui comme les autres. On le salue, on lui dit : *Servitor umilissimo, signora mas-*

chera; il répond invariablement : *Cospetto di Bacco.* Il termine sa lettre en allemand, signe *Wolfgang-Amadeus,* puis il ajoute en français : « Portez-vous bien et aimez-moi toujours. » Cet enfant, qui, depuis l'âge de six ans, avait presque toujours voyagé, qui semblait livré entièrement au génie de la musique, avait trouvé le temps d'étudier sa langue maternelle, le latin, le français, l'italien, et savait très-bien l'arithmétique, science pour laquelle il avait une aptitude qu'il n'eut jamais l'occasion de mettre en pratique.

Dans une seconde lettre datée de Milan le 26 janvier, il fait le portrait des chanteurs du théâtre de Mantoue, où il s'est arrêté, parce que l'académie philharmonique de cette ville lui a demandé un concert. Ces pauvres artistes le mettent en bonne humeur et excitent sa verve satirique. « La *prima donna* chante bien ; mais à quoi bon ? on ne l'entend pas. La *seconda donna* a l'air d'un grenadier, et elle en a la voix. » A Crémone, la première chanteuse « est vieille comme le diable. » Quelques expressions sont à remarquer, parce qu'elles sembleraient indiquer qu'il a déjà acquis ou qu'il désire acquérir une certaine expérience. On songe un peu au Chérubin du *Mariage de Figaro,* que Mozart devait faire si admirablement chanter : « *Prima ballerina,* bonne, et on dit qu'elle n'est pas sauvage du tout ; quant à moi, je ne l'ai pas encore vue de près. Une autre danseuse ne gambade pas mal, bonne diablesse sur le théâtre et hors du théâtre, ce qui n'est pas rare, dit-on. » L'ouvrage dans lequel il a entendu les chanteurs de Crémone, c'est *la Clemenza di Tito,* le même poëme de

Métastase qu'il mettra en musique vingt ans plus tard, trois mois avant sa mort! Il ne dit pas le nom du compositeur. Il joint à cette lettre le programme du « concert public de l'académie philharmonique de Mantoue, donné à l'occasion du passage du très-expert jeune homme le *signor Amadeo Mozart*. » On y lit les annonces suivantes : « Concerto sur le clavecin, exécuté à première vue par le signor Amadeo Mozart. — Sonate pour le clavecin, exécutée à première vue par le jeune homme avec des variations de sa composition, et répétée ensuite dans un ton différent de celui dans lequel elle est écrite. — Air improvisé et immédiatement chanté par le signor Amadeo, avec accompagnement de clavecin, sur des paroles faites exprès et non vues d'avance par le compositeur. — Autre sonate sur un thème proposé à l'improviste par le premier violon. — Fugue sur un thème donné, entièrement conduite d'après les lois du contre-point. — Trio dans lequel le signor Amadeo jouera sur le violon une partie improvisée. » Il est triste de voir le nom de Mozart mêlé à une semblable exhibition.

En assistant à Milan à la répétition générale d'un nouvel opéra de Piccini, *Cesare in Egitto*, les deux voyageurs trouvent le maestro sur le théâtre « et causent avec lui. » Comme partout, Wolfgang fait *fanatismo* dans le monde et dans les concerts publics; mais ce succès ne contente le père qu'à demi. Il écrit à sa femme : « Ma seule satisfaction, c'est qu'il y a ici, plus qu'ailleurs, passion et intelligence pour la musique, et que les Italiens reconnaissent et apprécient tout ce que sait Wolfgang. Mais il faut presque toujours se contenter d'être payé en admiration et en bravos, je dois ajouter en courtoisie, car tu n'as pas d'idée de la manière dont on nous accueille, dont on nous attire, chez la plus haute noblesse; pour le reste, il ne résultera pas grand'chose de ce voyage en Italie. »

Quant à Wolfgang, il est enchanté; il est allé sept fois aux *feste di ballo* de l'Opéra; il a vu les plus belles mascarades du monde, il les décrit à sa sœur. D'ailleurs, un événement important vient de se passer : ses succès à Milan ont été tels, qu'il a dû signer un engagement, *una scrittura,* pour un opéra qui sera représenté à la fin de l'année. La joie de Wolfgang éclate dans ses lettres ou plutôt dans les quelques lignes qu'il ajoute aux lettres sérieuses du père : « Je suis accablé d'affaires à en être fou; impossible d'écrire davantage. *Addio,* enfant! je baise mille fois les mains de la maman, je t'envoie cent bonnes caresses sur ton drôle de petit visage; et, *per fare il fine,* je me dis toujours le même. Lequel même? Le même arlequin. Wolfgang en Allemagne, Amadeo en Italie. » Et il signe: *de Morzantini.* Toutes ces petites épîtres nous paraissent empreintes d'une charmante fantaisie. Il nous semble voir Wolfgang au piano; le père l'appelle, il faut écrire à la mère, à la sœur; il quitte le clavier, prend la plume, jette quelques mots au hasard et retourne achever sa joyeuse improvisation.

Après la signature de l'engagement, ils partent de Milan le 15 mars pour faire une tournée en Italie. En passant à Parme, ils vont rendre visite à une chanteuse extraordinaire : c'est la signora *Lucrezia Agujari*, surnommée *la Bastardina*, et que, par abréviation, on appelait aussi *la Guari*. « Elle a, dit Wolfgang : 1° une belle voix ; 2° un gosier ravissant ; 3° une étendue incroyable. » Et il envoie à sa sœur un fragment d'un air qu'elle lui a chanté ; il a noté ce fragment, tant cela lui a paru prodigieux [1]. En effet, le passage qui a frappé Mozart excède tellement par son étendue les facultés vocales les plus rares, qu'on peut en conclure que la Guari était douée de la voix la plus extraordinaire qu'on ait jamais entendue.

A cette époque, les études de composition scolastique étaient en grand honneur en Italie, et Bologne, la ville savante par excellence, dépôt des saines doctrines, possédait une école et une académie qui formaient une sorte d'université musicale. Les maîtres les plus doctes y faisaient leur résidence, et, entre ces maîtres, le P. Martini, maître de chapelle du couvent et de l'église des Franciscains, brillait par sa science profonde. C'est dans le couvent qu'il avait sa demeure, c'est là qu'il avait installé sa magnifique bibliothèque, riche, dit Burney [2], qui l'avait vue, de plus de dix-

---

[1]. Ce fragment se compose de vingt-deux mesures à quatre temps ; il se termine par un trait qui arrive à l'*ut suraigu* placé à l'octave supérieure de l'*ut*, qui est déjà une limite extrême pour la voix de soprano. Il contient des trilles, dont chacun est soutenu pendant une mesure entière, sur *ut, ré, mi, fa*, au-dessus de la portée. Et *la Guari* descendait aussi, dit-on, aux notes les plus graves du contralto. Plusieurs des biographes de Mozart ont reproduit ce fragment, qu'on trouve aussi dans l'ouvrage de M. Goschler, p. 78.

[2]. *The present state of music in France and Italy*, etc., 1771.

sept mille volumes, imprimés, manuscrits, pièces rares et curieuses, et dans laquelle on respirait comme un parfum de fugue et de contre-point. Le P. Martini exerça ses fonctions pendant plus de soixante ans, de 1725 à 1784, et c'est sous l'influence de son long enseignement et de ses travaux que l'école et l'académie philharmoniques de Bologne acquirent leur plus grand éclat. Il n'y avait pas de compositeur soucieux de sa réputation qui, voyageant en Italie, n'allât à Bologne pour subir l'épreuve nécessaire à son admission à l'académie. Cette épreuve consistait dans la composition d'un morceau vocal dans le style religieux *alla Palestrina*, sur un thème donné par le *princeps* et par les deux censeurs. On renfermait à clef le récipiendaire, et on lui donnait quatre heures pour faire son travail, soumis immédiatement à l'assemblée générale des professeurs et des académiciens. Mozart fit deux voyages à Bologne dans le courant de l'été de 1770, et, pendant son second séjour dans cette ville, après son voyage à Rome, dont il sera question tout à l'heure, il se présenta comme candidat. On lui donna pour sujet de son épreuve une composition à quatre voix sur le plain-chant de l'antienne *Quærite primum regnum Dei*. Les bonnes études qu'il avait faites et sa facilité naturelle le servirent si bien, qu'il accomplit sa tâche en une demi-heure, à la grande surprise de ses juges. On examina avec quelque défiance ce travail d'un enfant, cette composition si rapidement terminée : elle était excellente. On vota; toutes les boules étaient blanches : Mozart était élu académicien à l'unanimité. Ce travail, qui a été publié par plusieurs des biographes de Mozart, et qui était, dit avec raison M. Fétis, « digne des beaux jours de Palestrina, » montre la connaissance parfaite qu'avait Mozart de ce style difficile, et fait voir quelle était la souplesse de ce jeune génie à qui tous les genres de composition étaient familiers et qui réussissait dans tous. Burney, que nous venons de citer, rencontra Mozart à Bologne, à la grande fête musicale donnée le jour de saint Pétrone, patron de la ville. « J'ai rencontré, dit-il, Léopold Mozart et son fils, le petit Allemand dont les talents prématurés et presque surnaturels nous étonnaient à Londres il y a déjà quelques années, lorsqu'il était à peine sorti de l'enfance. Depuis qu'il est en Italie, il a été très-admiré à Rome et à Naples. Il a été décoré de l'ordre de l'Éperon d'or par Sa Sainteté et engagé à composer un opéra à Milan pour le carnaval prochain. »

Avant de quitter Bologne, Wolfgang écrit à sa sœur : « Nous avons l'honneur d'être en relations avec un certain moine dominicain en odeur de sainteté. J'ai eu l'avantage de dîner avec ce saint personnage. Il a bu bravement d'un vieux vin d'Espagne tout le long du repas; puis, après dîner, il a pris un grand verre de vin très-fort, deux bonnes tranches de melon, des pêches, des poires, cinq tasses de café, une assiettée de gâteaux et deux plats tout pleins de crème à l'orange. Peut-être qu'il fait tout cela par mortification. » C'est à Bologne que le père s'aperçut du changement qui commençait à s'opérer chez Wolfgang. Sa voix est dans la mue. « Il n'a plus ni haut ni bas, et pas cinq notes pures.

Ça le chagrine fort; car il ne peut plus chanter ses propres compositions, ce qu'il aimait beaucoup. »

Entre les deux séjours à Bologne se place le voyage de Mozart et de son père à Rome et à Naples. Ils arrivèrent à Rome au mois d'avril 1770, pendant la semaine sainte. Le jour même de leur arrivée, ils se rendirent à la chapelle Sixtine, où on exécutait le fameux *Miserere* d'Allegri. On sait qu'il était défendu aux musiciens de la chapelle, sous peine d'excommunication, d'en laisser prendre une copie. Ce *Miserere* n'existait donc pour ainsi dire que pendant les deux jours de la semaine sainte où il était exécuté; puis il rentrait dans la bibliothèque du Vatican, où il reposait jusqu'à l'année suivante. Tout le monde sait aussi qu'il suffit à Mozart de l'entendre pour se le rappeler et le noter. Pour bien se rendre compte de la difficulté surmontée sans effort par cet enfant de quatorze ans, il faut savoir, ou se souvenir, que le *Miserere* d'Allegri est écrit à deux chœurs, l'un à quatre, l'autre à cinq voix. Ce n'est donc pas une simple mélodie que Mozart avait à saisir au passage et à imprimer dans sa mémoire, mais le travail de quatre et de cinq parties distinctes, dont l'entrelacement très-habile et très-compliqué formait l'ensemble et la beauté de l'œuvre. Il est vrai que, chacune des strophes se répétant plusieurs fois, l'entreprise devenait un peu moins ardue; mais la faculté de reconnaître et de suivre la marche de chacune des voix, de mettre chaque chose à sa place, de recomposer par le seul secours d'un travail mental l'harmonie dont chaque voix n'était qu'un élément, en un mot, décrire une partition dans sa tête, cette faculté n'en est pas moins véritablement admirable. On raconte que Mozart, rentré chez lui après la première audition, qui avait eu lieu le mercredi, écrivit sur-le-champ la partition d'après ses souvenirs, et que, le vendredi suivant, l'ayant cachée dans son chapeau, il la confronta avec ce qu'il entendait, rectifiant les erreurs qu'il avait pu commettre. On dit aussi que, plusieurs années après, on eut l'occasion de comparer la partition écrite par Mozart, pour ainsi dire sous la dictée d'Allegri lui-même, avec une copie exacte du *Miserere* que Burney avait obtenue on ne sait par quels moyens d'un des chapelains-chantres, don Giuseppe Santarelli, et que les deux partitions furent trouvées parfaitement conformes. Le père apprend à sa femme le tour de force accompli par Wolfgang : « Nous avons déjà le fameux *Miserere*. Wolfgang l'a écrit de mémoire, et nous l'aurions envoyé à Salzbourg dans cette lettre, si notre présence n'était nécessaire pour l'exécution... [1] En attendant, nous garderons le secret, et nous ne confierons pas ce papier à d'autre mains, *ut non incurramus mediate vel immediate in censuram Ecclesiæ.* »

Ils partirent pour Naples au mois de mai. Il n'y a rien à signaler dans le séjour de Naples. Ce fut comme partout des concerts, des étonnements, des admirations, des fêtes, des bals, et, de plus, des excursions à Baïa, à Cumes, à Pompéi, des promenades en

---

1. Cette observation de Mozart père est très-juste. Certaines délicatesses d'exécution, certaines nuances traditionnelles sont nécessaires pour que ce morceau soit bien compris et produise son effet.

mer, dont le jeune voyageur est charmé et dont il se montre fier : « J'ai navigué sur la Méditerranée ! » écrit-il à sa sœur. Une petite anecdote cependant mérite d'être racontée. Wolfgang avait été invité à visiter le Conservatoire *della Pietà*, où on lui avait préparé une réception. Tous les élèves l'entourent; il se met au clavecin; le hasard de l'improvisation amène à la main gauche une succession de passages brillants et rapides. Tout à coup une rumeur dont il ne peut se rendre compte circule dans l'auditoire. Mozart, surpris, s'arrête et en demande la cause. Un professeur s'approche alors et lui avoue que quelques élèves disent tout bas que la bague qu'il porte à la main gauche est certainement un anneau constellé, un talisman; autrement, comment expliquer cette agilité surprenante? Mozart ôte en riant la bague miraculeuse (c'était un cadeau qu'il avait reçu, peu de jours auparavant, de l'ambassadeur de France, dans une fête donnée à l'occasion du mariage du Dauphin)[1], et la main gauche continue de plus belle ses gammes et ses arpéges. Alors les jeunes gens, saisis d'un véritable délire, couvrent de baisers cette main merveilleuse.

Au mois de juillet, nous retrouvons à Rome le père et Wolfgang, qui, cette fois, eut l'honneur d'être présenté au pape Clément XIV; c'est alors que le jeune indiscret qui avait osé ravir à la chapelle Sixtine le secret du *Miserere*, reçut du saint-père la croix de l'Éperon d'or. « C'est la même qu'a reçue Gluck,

---

[1]. Depuis Louis XVI.

écrit Léopold Mozart à sa femme ; il est dit dans ce diplôme : *Te creamus auratæ militiæ equitem.* Il faut que Wolfgang porte une belle croix en or, et tu peux t'imaginer combien je ris quand je l'entends nommer *signor cavaliere.* » Wolfgang ajoute à cette lettre quelques lignes pour sa sœur et termine par ces mots en français : « Mademoiselle, j'ai l'honneur d'être votre tèrs-humble serviteur et frère, chevalier de Mozart. *Addio.* » Puis il se dirige vers Milan ; car le moment approchait où il allait se consacrer exclusivement au travail qui devait faire juger de l'aptitude d'un enfant à la composition théâtrale. Il venait de recevoir son *libretto*, intitulé *Mitridate, re di Ponte.* Arrivé à Milan à la fin d'octobre 1770, il connut les chanteurs qu'il devait employer. Plusieurs étaient célèbres. Le premier ténor était *Guglielmo Ettori* ; la prima donna, *Antonia Bernasconi*, pour qui Gluck avait écrit à Vienne, en 1764, le rôle d'Alceste. Voici quelle était à cette époque la composition de l'orchestre de Milan : quatorze premiers violons, quatorze seconds, six altos, deux clavecins, deux violoncelles, six contre-basses, deux bassons, quatre cors, deux clairons, deux hautbois, deux flûtes, à l'unisson desquelles jouaient souvent quatre autres hautbois. Les musiciens remarqueront sans doute le défaut d'équilibre qui existe entre les violons et les autres instruments à cordes, et l'association singulière des flûtes et des hautbois ; mais comme ces indications sont fournies par Léopold Mozart, il faut les prendre pour exactes. Wolfgang travaille avec une grande ardeur. « Chère maman, je ne puis t'écrire longuement aujourd'hui, j'ai mal aux doigts d'avoir écrit tant de récitatifs. » Et il y a, en effet, de très-nombreux et très-longs récitatifs dans cet ouvrage.

Mitridate fut représenté le 26 décembre ; plusieurs morceaux furent redemandés ; l'ouvrage fut porté *alle stelle*, et la salle retentit des cris de *Evviva il maestrino ! evviva il cavaliere filarmonico !* On faisait ainsi allusion aux deux dignités qui venaient de lui être conférées. *Mitridate* eut vingt-deux représentations consécutives, et Mozart signa l'engagement d'écrire un autre opéra pour le carnaval de 1772.

Avant de quitter Milan, Wolfgang reçut le diplôme de *maître de chapelle de la magnifique académie philharmonique de Vérone*. Il passe par Venise, où on lui demande un opéra pour 1773. Il est en veine de succès. L'engagement pour cet opéra fut signé par l'*impresario Michele dall' Agata* ; mais il paraît que Wolfgang ne le ratifia pas. Il se hâta de partir pour Salzbourg ; il voulait embrasser sa mère et sa sœur, il voulait aussi prendre quelques mois de repos, car il devra retourner à Milan. L'impératrice Marie-Thérèse lui a demandé une grande sérénade dramatique à l'occasion du mariage de l'archiduc Ferdinand. Cette sérénade, dont le titre était *Ascanio in Alba*, avait presque l'importance d'un opéra. Wolfgang, à quinze ans, partageait avec le vieux maître Hasse, un des vétérans de l'art, l'honneur de coopérer aux grandes fêtes musicales qu'on préparait pour cette solennité. Hasse était chargé de composer un opéra. Wolfgang revint en effet à Milan en août 1771.

« En ce moment, j'étouffe, écrit-il à sa sœur; j'ouvre ma veste. *Addio.* J'ai sur ma tête un violoniste, un autre au-dessous de moi, à côté un maître de chant qui donne des leçons, en face un professeur de hautbois [1]. C'est amusant pour composer, ça donne des idées. » Tout ce bruit ne l'empêcha pas d'écrire en douze jours sa sérénade, qui fit un grand effet. C'est après l'avoir entendue que Hasse prononça les paroles prophétiques que nous avons rapportées.

Mozart composa l'année suivante un ouvrage du même genre, une autre sérénade dramatique, *il Sogno di Scipione* (la poésie était de Métastase), pour l'installation à Salzbourg d'un nouvel archevêque, le prince Jérôme Colloredo; revint une seconde fois à Milan, pour y donner son second opéra, *Lucio Silla;* passa une partie de l'année 1773 à Vienne, où l'impératrice l'accueillit avec bienveillance; alla en pèlerinage à Marienzell et au tombeau de saint Wolfgang, son patron; écrivit à Munich, en 1774, un opéra-buffa, *la Finta Giardiniera,* deux messes solennelles, plusieurs morceaux d'église; et s'arrêta enfin en 1775 à Salzbourg. Il a terminé ses voyages à l'étranger; il veut se fixer dans sa ville natale, ou à Munich, ou à Vienne; il espère vivre heureux, c'est-à-dire être maître de chapelle de quelque souverain (cela était nécessaire à cette époque pour la réputation d'un compositeur), travailler, jouir de sa renommée. A peine arrivé à Salzbourg, il écrit, pour de

---

[1]. Il y a dans le texte allemand, publié par M. de Nissen, *ein Obrist,* un colonel; il est vraisemblable que c'est une erreur, et qu'il faut lire *ein Oboïst.*

nouvelles fêtes données par l'archevêque, une pastorale en deux parties, *il Re pastore*. Nous avons mentionné ses principaux ouvrages, ils sont déjà nombreux ; nous n'avons pas parlé d'autres travaux considérables, ni des nombreuses pièces fugitives qu'il avait composées entre-temps. M. Fétis énumère ainsi ses productions : « Un *Stabat*, des offertoires, hymnes et motets, une *Passion*, treize symphonies, vingt-quatre sonates de clavecin [1], gravées, ainsi que plusieurs autres morceaux pour le même instrument, des trios de violon, des divertissements en quatuor pour toute sorte d'instruments, des pièces d'harmonie militaire, des marches, des fugues, des solos de violon, de violoncelle et de flûte, des concertos pour divers instruments ! L'étonnement s'accroît encore, ajoute M. Fétis, lorsqu'on se rappelle que l'auteur de tout cela avait employé la moitié de sa vie à voyager et à donner des concerts. »

Les ouvrages dramatiques de Mozart que nous venons de citer n'ont pas été gravés. Il n'y avait alors, ni en Italie ni en Allemagne, d'éditeurs pour les partitions. Le compositeur n'avait aucun droit sur son opéra, il appartenait au directeur qui l'avait fait représenter, et qui en faisait délivrer des copies dont le prix variait selon le succès et les demandes [2]. De ces compositions de Mozart, l'auteur de cette notice ne con-

---

1. On commençait vers cette époque à nommer le clavecin *pianoforte*. Il avait été perfectionné par un facteur d'Augsbourg nommé Stein, dont Mozart estimait beaucoup les instruments ; il parle longuement de ce facteur dans plusieurs lettres.
2. Cet usage s'est conservé longtemps en Italie.

naît que *Mitridate* et *Lucio Silla*, qu'il a vus à la bibliothèque du Conservatoire de Paris. Si rien dans ces productions ne peut faire présager l'auteur futur de l'*Idomeneo*, qui paraîtra dix ans plus tard, on y reconnaît des mélodies faciles, de la grâce, l'art de faire applaudir le chanteur, des récitatifs déclamés avec un grand sentiment de vérité. Pendant que Mozart écrivait le *Mitridate*, les envieux du jeune maître, et ils étaient nombreux, ne se faisaient pas faute de prédictions. Une chute inévitable attendait ce présomptueux, cet enfant, ce *Tedesco*, qui ne pouvait avoir le sentiment du *chiaro-oscuro*, c'est-à-dire comprendre les délicatesses du goût italien. Mozart trompa les envieux ; il fut franchement italien, et il eut raison de l'être. Que ce goût ait alors été le sien, ou qu'il ait cédé au désir bien naturel de réussir, peut-être aux conseils prudents de son père, toujours est-il que, dans ces partitions, la coupe des morceaux, l'allure des phrases, le choix des mélodies et des ornements, la simplicité de l'harmonie et des accompagnements, tout est conforme au style et aux habitudes d'un pays et d'un temps où la mélodie régnait sans partage. L'art du chant était l'art par excellence. Des airs, parfois un duo, suffisaient aux jouissances du public. La lutte qui s'établissait entre les chanteurs, les applaudissements que se disputaient le ténor et les sopranos des deux sexes, les ovations décernées au maître et à ses interprètes, lorsque arrivait un de ces airs favoris, attendus avec impatience, qui passionnaient l'auditoire, donnaient une vive animation aux soirées théâtrales. Un opéra n'était souvent, pour ainsi dire, qu'une suite d'airs pour tous les personnages du drame[1]. Le *Mitridate* était fait ainsi ; on y trouve un seul duo et un chœur final sans importance. Le *Silla*, écrit deux ans après, est conçu dans le même système ; mais on y sent une main plus ferme et un esprit plus indépendant. On y remarque un duo, un trio, des chœurs d'une certaine richesse d'harmonie, des dispositions vocales intéressantes. Les ouvertures de ces deux partitions, conformément à une coutume qui déjà commençait à vieillir, sont composées de trois petites parties, un *allegro*, un *andante*, un *presto*. Quelle distance entre ces timides essais et les œuvres magistrales qui viendront plus tard ! Qu'il y a loin de ces petites symphonies à la magnifique ouverture de *la Flûte enchantée !* Quel travail s'est accompli dans cette intelligence ! quelle force s'y est développée ! Les splendeurs du jour ont effacé les lueurs du matin. Le génie a ouvert ses ailes, et ce n'est qu'au moment où il va être ravi au monde qu'il aura pris son puissant essor !

A l'époque où nous nous sommes arrêté, après tant de travaux, en 1775, Mozart a dix-neuf ans. Il a donc dépassé la moitié de la carrière qu'il lui sera donné de parcourir. Ce moment même, qui sépare pour ainsi dire les deux moitiés de sa vie, marque aussi le terme

---

[1]. Logroscino, Piccini, Paisiello, avaient cependant déjà commencé à introduire dans les opéras des trios, des quatuors, des morceaux d'ensemble, des finales, toutes les belles conceptions qui depuis ont pris une place si considérable et si légitime dans le succès des œuvres théâtrales. Mais le public italien restait encore fidèle à son goût pour les airs, surtout dans les opéra-seria. Les compositeurs plaçaient de préférence les morceaux d'ensemble dans les opéra-buffa.

des prospérités. Si nous embrassons d'un coup d'œil
son existence tout entière, nous verrons, d'une part,
l'enfance heureuse, l'adolescence brillante, des succès
facilement obtenus ; de l'autre, les soucis, les craintes,
la lutte, des succès chèrement achetés. La fortune, prodigue de caresses pour l'enfant prédestiné, se montrera
sévère pour l'homme de génie. — Mozart espérait, après
le succès du *Re pastore*, composé à Salzbourg par
ordre du prince-archevêque, qu'il serait nommé un de
ses maîtres de chapelle. Mais l'archevêque, peu bienveillant de sa nature, fit entendre qu'il avait assez d'un
Mozart à son service [1], dit « qu'il n'y avait pas de place
vacante, » mais que cependant il accordait au jeune
homme le titre de chef d'orchestre, et, par faveur spéciale, douze florins et demi de traitement (environ
trente francs). Mozart dut accepter, le père jugeant
qu'un refus irriterait l'archevêque sans retour. Deux
années se passèrent ainsi ; après quoi, la position de la
famille devint des plus critiques. Les voyages avaient
coûté presque autant d'argent qu'ils en avaient rapporté.
Les opéras avaient été rétribués suivant les usages du
temps, peu favorables aux compositeurs [2] ; les séré-

---

1. Le père était second maître de chapelle.
2. Nous lisons dans une lettre du père que Mozart eut pour écrire *Mitridate* cent *gigliati* et le logement. Si ces *gigliati* étaient des florins à la fleur de lis, cela ferait environ deux cent cinquante francs. Si c'étaient des ducats italiens (plus de quatre cents francs), il y a lieu de croire que le père l'aurait dit. L'engagement pour Venise porte un prix plus considérable, qui prouve combien la réputation de Mozart s'était augmentée : soixante et dix sequins, environ huit cent cinquante francs. Mais, comme nous l'avons dit, cet engagement ne fut pas exécuté.

nades composées par ordre n'avaient guère rapporté que des cadeaux. Toutes les ressources étaient épuisées, et voici quelles étaient les ressources courantes : le père joignait aux émoluments de sa place, fort minces, le produit des leçons qu'il donnait en ville; on les payait au prix établi, un ducat par mois (un peu plus de onze francs). Marie-Anne donnait aussi des leçons de clavecin, faisait de la musique avec quelques jeunes personnes de la noblesse, et tout cela rapportait dix florins par mois; on lui en laissait la moitié pour son entretien. Wolfgang avait son traitement et vendait de temps à autre des valses ou une sonate à quelque éditeur.

Il fallait prendre un parti; il fut résolu que Wolfgang devait de nouveau tenter la fortune; qu'il chercherait une position, un titre, des travaux; qu'il irait d'abord à Munich, et, s'il n'y réussissait pas, à Paris, où ses premiers succès ne pouvaient être oubliés. La mère accompagnerait cette fois le jeune homme, le père resterait à Salzbourg près de Marie-Anne. Cette combinaison, raisonnable d'ailleurs, ne fut pas toujours heureuse pour Wolfgang. Les lettres du père accusent un grand fonds de bon sens, une clairvoyance remarquable, une expérience qui manquait complétement à Wolfgang; les conseils qu'il lui donne sont toujours marqués au coin de la raison, de la prudence, et, quand il le faut, d'une sorte de diplomatie pratique que le fils ignora toujours.

Il partit de Salzbourg avec sa mère, le 23 septembre 1777, animé d'espérances qu'il devait voir s'évanouir une à une. Avant de partir, il avait envoyé sa démission à l'archevêque, qui l'avait reçue avec colère. — A Munich, où il avait donné *la Finta Giardiniera* deux ans auparavant, il avait tout lieu de compter sur un excellent accueil. Il fut bientôt introduit près du comte de Seau, intendant des fêtes de la cour; mais il s'exprima avec une sorte d'assurance naïve qui ne fut pas du goût de ce seigneur. Il lui dit qu'il venait à Munich « parce qu'il était de fait qu'un bon compositeur manquait à la ville. » Présenté quelques jours après à l'électeur, il modifia considérablement son langage. Il avait été d'ailleurs instruit des dispositions peu favorables qu'il allait rencontrer. Le prince de Zell avait parlé à l'électeur. « Mais c'est trop tôt, avait répondu celui-ci; que le jeune homme aille d'abord en Italie, qu'il voyage, qu'il acquière de la célébrité. Je ne refuse rien, mais, en vérité, c'est trop tôt. » « Et voilà ! ajoute Mozart; la plupart des grands sont sujets à ces accès de *légèreté française.* » Cependant, comme il voulait en finir, avoir une solution, il s'approcha respectueusement du prince et lui dit : « Votre Altesse sérénissime permet-elle que je mette humblement à ses pieds mes talents et mes services ? » L'électeur se borna à lui répondre : « Mais, mon cher enfant, il n'y a pas de place vacante. »

Mozart resta plusieurs semaines à Munich, continua à voir ses amis, qui étaient de grands seigneurs, et partit pour Mannheim, où il voulait s'arrêter avant de tenter la grande épreuve de Paris. Chemin faisant, il donna à Augsbourg un concert qui produisit un grand effet et peu d'argent. Il ne fut pas plus heureux à Mannheim, où il séjourna cependant près de cinq mois; parfaitement accueilli des artistes, du public, de la cour, de l'électeur palatin, les éloges qu'il reçut n'aboutirent à rien de sérieux. Il donna des leçons aux quatre enfants de l'électeur, qui venait s'asseoir près du clavecin, assistait aux leçons, écoutait avec ravissement les fugues qu'improvisait le jeune maître, le traitait à merveille, et finit par lui faire cadeau d'une montre en lui avouant aussi « qu'il n'y avait pas de place vacante. » Mozart rit cette fois et du cadeau et de la réponse qui le poursuivait partout. C'était la cinquième montre qu'il recevait. Il prit alors le parti de porter toujours deux de ces montres en évidence, afin, dit-il, « qu'il ne puisse venir à personne l'idée de m'honorer d'une sixième montre. »

Il partit pour Paris, où il arriva le 23 mars 1778. — Son ancien protecteur, son ami Grimm, venait d'être nommé baron et ministre plénipotentiaire du duc de Saxe-Gotha, et son crédit, son influence étaient encore augmentés. Mozart apprit cette nouvelle avec une double satisfaction. Mais il était plus facile, et la suite le fit bien voir, d'être le patron d'un enfant véritablement prodigieux que de se rendre garant du génie d'un jeune homme qui avait seul, pour ainsi dire, le secret de sa valeur et de sa force; car les succès obtenus au théâtre à Milan et en Allemagne étaient mis partout au compte de Wolfgang l'enfant prodige; il n'en restait pas grand'chose à Mozart. Le jeune homme de vingt-deux ans n'était plus qu'un débutant comme un autre. D'ailleurs, quinze ans s'étaient écoulés depuis son premier voyage. Que de changements! qui se souvenait aujourd'hui du petit improvisateur?

La preuve que le retour de Mozart à Paris ne produisit aucune sensation, c'est que Grimm, qui lui était resté tout dévoué, n'en parle pas dans sa *Correspondance*, n'annonce pas même son arrivée. Mais il fit sincèrement tous ses efforts pour lui être utile, le recommanda de nouveau à la belle société, le présenta à la duchesse de Bourbon, à madame de Chabot, à madame d'Épinay, à Gossec, à Le Gros, premier ténor de l'Opéra et directeur des Concerts spirituels, au célèbre maître de ballets Noverre, à des hommes de lettres, et demanda pour lui des poëmes d'opéra, qu'on promit, qu'on ne donna pas. Mozart ne connut jamais que le titre des ouvrages qui lui étaient destinés ; c'étaient un *Alexandre et Roxane* et un *Démophon* [1], d'après Métastase. Il ne dit pas quels en étaient les auteurs ; il semble même qu'il ne l'ait pas su.

Il parvint cependant à faire exécuter le jeudi saint, aux Concerts spirituels, une symphonie qu'il venait de composer [2]. « Elle a été exécutée avec le plus grand succès, écrit Mozart à son père ; on en a parlé, me dit-on, dans le *Courrier de l'Europe*. » Mais les lignes

---

1. On a représenté depuis à l'Opéra deux *Démophon*, l'un de Cherubini, en 1788 (le poëme était de Marmontel) ; l'autre de Vogel, né en 1756, comme Mozart, et mort à Paris à trente-deux ans. Ce dernier *Démophon*, dont les paroles sont d'un sieur *Desriaux*, ne fut représenté qu'un an après la mort de Vogel, en 1789. L'ouverture, qui est belle, est restée longtemps célèbre.
2. La symphonie en *ré*, dite la *Parisienne*.

qui suivent, échappées à un sentiment secret, trahissent une blessure profonde : « Il y a longtemps que vous avez dû remarquer que je ne me plais pas à Paris, par beaucoup de motifs sur lesquels il est inutile de revenir, puisque enfin m'y voilà. » Ces motifs, sa correspondance les fait assez connaître : le mauvais goût du public, le mauvais vouloir des chefs d'orchestre, l'incapacité des musiciens. Il a dîné chez le comte Sickengen, ministre du Palatinat, avec Raff, célèbre chanteur allemand de passage à Paris. Il leur a joué sa nouvelle symphonie : « Tous deux en ont été enchantés ; j'en suis moi-même très-content. Plaira-t-elle? Je l'ignore, et, pour dire la vérité, je ne m'en inquiète guère. Je réponds qu'elle satisfera le petit nombre de Français de bon sens qui s'y trouveront ; quant aux imbéciles, voyez le grand malheur si ma symphonie n'a pas le don de leur plaire ! D'ailleurs, je n'ai pas manqué leur fameux *premier coup d'archet*, et cela suffit. Comme ces animaux en font une affaire ! je n'y vois pourtant aucune merveille. Ils commencent ensemble comme partout ailleurs ; c'est à crever de rire ! » Il fait entendre plusieurs fois que quelques compositeurs travaillent en secret à le desservir : « J'ai causé avec Piccini ; il est tout à fait poli avec moi, comme je le suis à son égard quand nous nous rencontrons. Du reste, je ne me lie ni avec lui ni avec aucun autre compositeur. Je comprends mon affaire, eux la leur, cela suffit. »

Cet esprit chagrin se montre dans toutes ses lettres et dut certainement lui nuire dans ses relations. La conscience de son génie l'opprime. On vient lui offrir la place d'organiste de la chapelle du roi, à Versailles, avec deux mille livres de traitement. Il consulte son père, qui lui répond qu'il faut accepter au plus vite, sans hésiter, et lui fait valoir l'avantage d'approcher les personnes royales. Ce n'est pas l'avis de Mozart; il ne veut pas s'enfermer six mois par an à Versailles. « Celui qui est au service du roi est oublié à Paris, » dit-il; et Mozart veut rester à Paris, y donner des opéras, et il refuse. « Je suis compositeur, lit-on dans une de ses lettres, je suis né pour l'être; je ne puis enterrer le talent que Dieu a bien voulu me départir. Je le dis sans orgueil, parce que ce talent, je le sens en moi. » Que ce langage de l'artiste convaincu est simple et beau! que cette voix intérieure est puissante! Mais le temps de Mozart n'est pas encore venu; en attendant, il souffre et il travaille pour vivre. Un duc lui a demandé deux concertos, un pour la flûte, un pour la harpe. Il a un élève qui lui paye trois louis pour douze leçons!

Mozart était venu à Paris dans des circonstances dont ni lui ni son père n'avaient pu se rendre compte. Gluck venait de faire sa grande révolution musicale, et les Parisiens, dont Mozart raille si souvent le mauvais goût, avaient applaudi avec enthousiasme *Iphigénie en Aulide, Orphée, Alceste*. La reine Marie-Antoinette avait oublié le jeune enfant qui avait voulu l'épouser à Vienne; elle était toute dévouée à l'œuvre de Gluck, son maître de musique [1]. Piccini avait son

---

[1]. Mozart ne nomme pas une seule fois Gluck dans ses lettres écrites

parti. Quelle place restait à un nouveau venu entre ces deux hommes? L'opéra-comique? Mais son goût ne l'y appelait pas, et puis Grétry et Monsigny y régnaient. Un grand chagrin vint d'ailleurs l'accabler : sa mère mourut. Grimm accourut alors, lui fit quitter le logement qu'il occupait [1], le recueillit dans son hôtel [2] et lui donna des preuves de la plus tendre amitié. Mais le séjour de Paris lui était devenu odieux. Il termina quelques affaires avec des éditeurs, et partit après un séjour de cinq mois, qui ne lui laissa qu'un triste souvenir. « Veille sur ta santé, lui écrit le père quand il apprend la fatale nouvelle; ne nous rends pas tous malheureux! Écris-moi bientôt, dis-moi tout. Quand a-t-elle été ensevelie? où repose-t-elle? Mon Dieu, faut-il que je cherche à Paris la tombe de ma chère femme! »

En quittant Paris (au mois de septembre 1778), Mozart avait l'intention de se rendre directement à

---

de Paris. Gluck, il est vrai, ne se trouvait pas à Paris à cette époque. Mais Mozart ne mentionne aucun de ses ouvrages. Évite-t-il d'en parler par une sorte de crainte, parce qu'il sentait tout ce qu'il y avait de redoutable pour lui dans des succès si éclatants et si récents encore? Nous devons dire aussi que, pendant le séjour que fit Mozart à Paris, on ne joua à l'Opéra aucun des trois ouvrages donnés par Gluck. Il n'eut donc pas l'occasion d'en parler; mais les partitions étaient gravées, il devait les connaître. Quoi qu'il en soit, ce silence, cette abstention sont à remarquer. Mozart revit Gluck plus tard à Vienne, le rechercha et obtint son amitié. — Mozart ne nomme pas non plus Grétry. Il se loue de Gossec en ces termes : « M. Gossec, mon excellent ami, est du reste un homme fort sec. En général, il professe un souverain mépris pour tout ce qui en France touche de près ou de loin à la musique. »

1. Rue du Gros-Chenet, vis-à-vis celle du Croissant, à l'hôtel des Quatre Fils Aymon.

2. Rue de la Chaussée-d'Antin, près le boulevard. Ces deux adresses sont données par Mozart.

Salzbourg; mais il s'arrêta de nouveau à Mannheim. Il y resta jusqu'à la fin de l'année, et nous saurons plus tard la cause de ce long séjour. Il reçut alors une lettre de son père qui lui apportait de surprenantes nouvelles. Wolfgang était nommé organiste de la chapelle et de la cathédrale, avec cinq cents florins d'appointements. L'archevêque s'était exprimé sur son compte de la manière la plus flatteuse, s'excusant presque de sa conduite passée. Le père conservait sa place de maître de chapelle, et on lui donnait un traitement égal à celui de Wolfgang. Avec ce que le père, le fils et la fille gagneront de surplus, ils pourront se faire cent vingt florins par mois; qu'ils seront riches alors! De plus, l'archevêque promet que, quelque part que Mozart soit appelé pour composer un opéra, il lui sera donné un congé. Le père craint que Wolfgang ne refuse de si belles propositions; il l'adjure en ces termes : « Il s'agit de savoir si tu crois que j'ai encore de la tête, si tu penses que je veux ton bien, si tu veux que je vive ou que je meure. » Wolfgang accepta.

Voici comment s'était produit à Salzbourg un si grand changement :

Deux personnages de la chapelle de l'archevêque venaient de mourir, le compositeur Lolli, l'organiste Adelgasser, tous deux hommes de mérite. Léopold Mozart annonça hautement que son fils allait retourner à Paris pour s'y fixer, qu'il partirait bientôt lui-même avec sa fille pour l'y rejoindre. L'alarme se mit partout : le père Mozart était le meilleur professeur de la ville, la jeune fille avait des amies. L'archevêque, de son côté, craignit de se trouver dans l'embarras, et accorda tout ce que le père demandait.

Mozart, arrivé à Salzbourg dans les premiers jours de 1779, fut sur-le-champ installé dans ses nouvelles fonctions. Il passa ainsi près de deux ans, heureux, tranquille, étudiant encore, composant toujours. Il semble que ce soit alors, dans cette retraite, dans cette trêve à ses agitations, qu'il ait amassé les trésors d'harmonie dont il va former un style nouveau, nerveux, élevé, magistral.

L'électeur palatin Charles-Théodore était devenu électeur de Bavière ; il avait gardé un souvenir bienveillant du jeune maître qu'il avait naguère traité si peu généreusement à Mannheim, et peut-être voulait-il racheter un tort qu'il se reprochait. Il demanda à Mozart d'écrire un opéra-seria qui devrait être exécuté pour l'anniversaire de la naissance du prince, le 29 janvier 1781. Munich possédait un beau théâtre, un orchestre renommé, de bons chœurs, une troupe italienne excellente : le prince mettait tout cela à sa disposition. Mozart accepta avec joie, obtint à grand'peine de l'archevêque le congé nécessaire et partit pour Munich au mois de novembre 1780. Il n'y avait pas à Munich de poëte italien ; il y en avait un à Salzbourg. Il se nommait Varesco. C'était un abbé ; il ne pouvait quitter Salzbourg, où l'attachaient ses fonctions. Mozart reçut son libretto, *Idomeneo, re di Creta*, par fragments, et les changements toujours très-intelligents qu'il demandait à son poëte se traitaient par correspondance et par l'entremise du père. Un mois après son arrivée à Munich, Mozart avait achevé les deux premiers actes. Les répétitions commencèrent le 1er décembre, l'opéra fut représenté au jour fixé, et produisit une impression profonde.

Nous ne pouvons nous empêcher de penser que l'étude des partitions de Gluck n'était pas étrangère à la transformation qui venait de s'opérer dans le style de Mozart. Il semble qu'on entende dans quelques pages de l'*Idomeneo* comme un retentissement lointain des accents d'*Alceste*; non que le plus léger travail d'imitation se fasse sentir; des deux côtés l'inspiration est aussi libre; mais l'auteur d'*Idoménée* a vingt-cinq ans; Gluck, dans toute l'énergie créatrice de sa puissance sexagénaire, n'est pas un rival, c'est un maître. Mozart le vénère, l'admire, l'étudie; il est d'ailleurs de ces hommes à qui il est permis de prendre leur bien où ils le trouvent. Ce n'est pas ici le lieu d'établir un parallèle entre deux génies de nature bien différente : l'un fier, ardent, impétueux, habile à passionner, jaloux de sa gloire, recherchant la richesse; l'autre modeste, calme, vivant loin du monde, peu soucieux de ses intérêts, presque indifférent à sa renommée; l'un a voulu régner en maître sur la scène, et s'est voué tout entier à la muse tragique; l'autre laisse la carrière ouverte, et féconde tout le domaine de l'art. Les travaux de ces deux artistes reflètent leur caractère et leur vie; en musique aussi, le style est l'homme. La postérité tient peu compte de ces différences, elle juge les œuvres; les rivalités, elle les oublie, elle les efface; elle couronne Michel-Ange et Raphaël, Corneille et Racine, Gluck et Mozart.

Hâtons-nous d'ajouter que dans la partition d'*Idoménée* abondent des beautés qui ne doivent rien à personne, appartiennent en propre à Mozart, sont de véritables créations. Tout y parut nouveau parce qu'aucune tradition ne s'y était imposée. Un souffle musical puissant et soutenu, un ensemble fortement tissu de toutes les richesses de l'art, une science inspirée, tels sont les caractères de cette musique, qui a quelque chose de monumental; et ces caractères, on les retrouve dans tout ce que Mozart a écrit depuis, et au degré le plus élevé dans ses derniers chefs-d'œuvre. Le père, toujours prudent, lui avait écrit : « Je te supplie de ne pas penser uniquement au public musical. Tu sais qu'il y a cent ignorants pour dix connaisseurs; n'oublie pas *le populaire*, dont les longues oreilles sont chatouilleuses. » Le fils, toujours étranger à ces capitulations, répond : « N'ayez pas peur. Quant à ce que vous appelez *le populaire*, il y a dans mon opéra de la musique pour les gens de toute espèce. Excusez-moi cependant s'il n'y a rien pour les gens à longues oreilles. »

Mozart, retenu à Munich par les joies du succès, oubliait que son congé était expiré depuis longtemps; l'archevêque le lui rappela. Il lui envoya l'ordre de venir le rejoindre à Vienne, où il allait s'établir pour quelque temps. Mozart s'empressa d'obéir, arriva dans cette capitale le 16 mars 1781, et descendit à l'hôtel de l'archevêque, qui se chargeait de lui pendant la durée du séjour à Vienne. Il y trouva en effet une chambre « charmante; » mais les déboires allaient bientôt commencer. Certes, ce n'était pas à la table de monseigneur qu'il espérait prendre place; il savait qu'il devait être classé parmi les officiers de la maison; mais il trouve à la table qui lui est assignée deux valets de chambre, deux cuisiniers et le pâtissier en chef. Ces personnages occupaient le haut bout de la table. Deux musiciens de la chapelle, qui partageaient sa mauvaise fortune, la subissaient avec résignation; mais l'auteur d'*Idomeneo* se sentit profondément blessé. D'autres procédés du même genre achevèrent de l'indigner. Il demanda une audience à l'archevêque; celui-ci le traita de maraud, de coquin, de mauvais drôle, et conclut en lui disant : « Si tu ne veux pas mieux servir, décampe d'ici. » Mozart jeta sur le parquet l'argent qu'il avait reçu pour les frais de voyage et donna sa démission. Il avait si vivement ressenti cet outrage, qu'il tomba sérieusement malade. L'archevêque raconta cette scène et dit qu'il ne pouvait comprendre une telle susceptibilité.

Mozart résolut alors de se fixer à Vienne, de vivre de son travail, et, comme disent les Allemands, de *privatiser*, c'est-à-dire être indépendant, n'avoir aucune fonction officielle, disposer librement de son temps et de sa personne. Cette existence convenait à son caractère et à ses goûts. Il avait parfois besoin de distractions; Vienne lui offrait à cet égard toutes les facilités désirables. Il ne pouvait vivre sans musique; à Vienne, la musique était partout, au théâtre, dans les salons, les promenades, les lieux de réunion. L'opéra était excellent ; tous les artistes de renom venaient s'y faire entendre ; des hommes tels que Gluck, Haydn, Métastase y faisaient leur résidence. Mozart, plus liant qu'à Paris, attiré vers ces hommes célèbres, rechercha leurs conseils et leur amitié. Il vécut ainsi plus d'un an, donnant des concerts et des leçons, et travaillant pour les éditeurs.

Une faveur inespérée vint le chercher tout à coup. On ne jouait que des opéras italiens. L'empereur Joseph II eut le désir très-louable de voir renaître l'opéra allemand inauguré par Keiser et Graun, et de faire représenter un opéra composé et chanté par des artistes allemands, dans le genre bouffe, bien entendu, puisque c'était le seul qu'il appréciât. Pour ce travail, la voix publique désignait Mozart. L'empereur lui demanda cet opéra, et c'est alors que fut composé *l'Enlèvement au sérail* (*Die Entführung aus dem Serail*), dont le succès, d'abord contesté à Vienne, eut cependant sur-le-champ un grand retentissement et fut confirmé sur tous les théâtres d'Allemagne. C'est après la première représentation de cet ouvrage que Joseph II dit au compositeur : « Excessivement de notes, cher Mozart. — Juste autant qu'il en faut, sire, » répondit respectueusement l'artiste.

D'autres suffrages vinrent le dédommager : « On a redonné hier mon opéra à la demande du chevalier Gluck[1], qui m'en a fait beaucoup de compliments.

---

1. Mozart ne prit jamais la qualité de chevalier, quoiqu'il pût y prétendre aussi bien que Gluck, qui n'y avait d'autre titre que celui que leur conférait à tous deux la décoration de l'Éperon d'or.

Nous dînons chez lui demain. » — Cette lettre est du 7 août 1782. Nous devons faire remarquer cette date et expliquer ces mots : *Nous dînons.* Le jour même où il écrivait cette lettre, Mozart s'était marié ; il avait épousé mademoiselle Constance Weber, fille d'un musicien de Mannheim. M. Oulibicheff raconte de la manière suivante, d'après des informations qu'il donne pour certaines et un témoignage qu'il affirme être authentique, l'histoire de ce mariage. Lorsque Mozart partit pour Paris, il s'arrêta à Mannheim, comme nous l'avons dit. Il s'éprit alors de mademoiselle Louise Weber, qui reçut fort bien l'hommage du jeune compositeur ; mais plus tard, lorsqu'il revint à Mannheim, où ce souvenir le rappelait, il ne trouva pas le même accueil, la jeune fille aspirait à une destinée plus brillante. Mozart ne se plaignit pas ; séduit par la grâce de Constance, une sœur plus jeune, il l'aima et s'en fit aimer. La dépêche du père que nous avons fait connaître l'enleva à ces nouvelles amours ; mais il y resta fidèle, et, lorsque plus tard la famille Weber vint s'établir à Vienne, Mozart résolut d'épouser Constance. Il n'était pas riche, on le sait, il *privatisait*, vivait au jour le jour, et Constance n'avait rien. Le père Mozart refusa longtemps son consentement, le père Weber ne donna jamais le sien. Wolfgang enleva sa bien-aimée et l'épousa chez la baronne de Waldstetten, protectrice des jeunes amants. C'est le lendemain du mariage que les nouveaux époux dînèrent chez le chevalier Gluck. Louise Weber chantait alors au grand théâtre de Vienne ; elle se maria depuis et devint célèbre sous le nom de madame Lange. Mozart la perfectionna dans l'art du chant, et resta son ami en devenant son beau-frère.

Les amateurs de *musique de chambre* savent que Mozart a dédié à Haydn six beaux quatuors. Il les commença peu de temps après son mariage, et ce travail le captivait à ce point, que, pendant que sa femme lui donnait son premier-né, il écrivait l'*andante* et le *menuet* d'un de ces quatuors, qu'il ne fit paraître qu'en 1785 et qu'il donne comme « le fruit d'un long et pénible travail. » Mozart avait une véritable affection pour Haydn, et disait qu'il avait appris de lui l'art d'écrire le quatuor; c'était donc une dette d'amitié et de reconnaissance qu'il acquittait ainsi. Une dédicace en italien inaugure le recueil : « Un père qui veut produire ses enfants dans le grand monde ne saurait mieux faire que de les mettre sous la protection d'un homme célèbre. Toi, homme célèbre et mon très-cher ami, accueille avec bienveillance mes six enfants, sois pour eux un père, un guide, un ami. » Haydn, de son côté, tenait en haute estime le génie de Mozart; il avait dit au père : « Je vous déclare devant Dieu, et en honnête homme que je suis, que votre fils est le plus grand compositeur qui ait jamais existé. » Et il dit plus tard, après avoir écrit *la Création* et *les Saisons*, qu'il avait élevé et fortifié son style par la lecture des œuvres de Mozart. Tous deux avaient raison; tous deux appréciaient avec la bonne foi d'un artiste sincère le profit qu'ils avaient tiré de cette étude mutuelle.

Depuis *l'Enlèvement au sérail*, donné en 1782,

année où il se maria, jusqu'en 1785, Mozart ne fait rien pour le théâtre : les leçons en ville, les concerts et les compositions instrumentales absorbent tout son temps. Il a besoin de gagner son pain quotidien, et il travaille sans relâche à le conquérir; il aime tendrement sa femme; il veut qu'elle soit heureuse. Dans l'espace d'un mois, il joue dans vingt-deux concerts. Un nommé Martin, le *Musard* de cette époque, avait obtenu le privilége de donner des sérénades dans l'*Augarten*, jardin situé tout près de Vienne, et sur les grandes places de la capitale : Mozart ne dédaigna pas de s'associer à cette entreprise, pour laquelle il prit la peine de recueillir cent soixante et quatorze souscripteurs, dont il envoie la liste à son père; il espère bien que l'affaire réussira et qu'il en tirera au moins trois cents florins de profit. En même temps, il se dévoue à une œuvre de charité, et compose, pour un concert donné en faveur des pauvres veuves de musiciens, l'oratorio *Davidde penitente,* où il y a un beau trio pour le ténor et les deux sopranos. Mais enfin, en 1786, le théâtre reprend ses droits, et, dans cette même année, Mozart donne *l'Impresario* (*Der Schauespiel-director*), composé à la demande de l'empereur pour une fête à Schœnbrunn, et un de ses chefs-d'œuvre, *le Nozze di Figaro.*

Quelques mois après, un rescrit impérial conféra à Mozart le titre de compositeur de la cour, avec un traitement de huit cents florins. Il en reçut le brevet avec tristesse, parce qu'il regarda comme une sorte d'aumône cette faveur, à laquelle n'étaient attachés aucune fonction, aucun travail, aucune obligation. « C'est trop pour ce qu'on me demande, trop peu pour ce que je pourrais faire, » dit-il un jour au trésorier qui lui remettait son traitement. Cet argent pesait à sa main loyale ; il aurait voulu le mériter, et consacrer son temps et son génie à l'empereur, pour lequel il avait un attachement sincère.

On raconte que Mozart, dans un voyage qu'il fit à Berlin en 1787, présenté au grand Frédéric, reçut de lui les offres les plus séduisantes, on peut dire les mieux méritées : « Restez avec moi, dirigez mes musiciens, vous aurez trois mille thalers d'honoraires (près de douze mille francs). — Quoi! sire, abandonner mon bon empereur? — Eh bien, réfléchissez, répondit le roi visiblement touché, prenez votre temps, mes offres subsistent. » Mozart revint à Vienne troublé, inquiet, partagé entre son dévouement à l'empereur et les devoirs que lui imposait sa position ; il était père de famille. Il vit l'empereur. « Eh quoi! est-il vrai, mon cher Mozart, vous voulez me quitter? — Ah! répondit Mozart plein d'émotion, ah! Majesté, je resterai toute ma vie à votre service! » Mais sa situation resta la même, et, lorsque ses amis lui reprochèrent de n'avoir pas mieux profité d'une circonstance si favorable : « Eh quoi! répondit-il, pouvais-je songer à cela? » Mozart était bon, affectueux, obligeant, facilement touché des misères d'autrui ; s'il fallait venir en aide à un ami, secourir quelque infortune, envoyer quelque argent à son père devenu vieux, faire un cadeau à sa sœur bien-aimée, il vidait sa bourse, empruntait et donnait. On profita contre lui de cette trop facile bonté. On le fit passer pour un prodigue, vivant dans le désordre, perdu de dettes, et la mauvaise réputation qu'on lui avait faite à dessein lui nuisit dans l'esprit de Joseph II ; il est vraisemblable d'ailleurs que l'empereur ne connaissait pas la nature des offres refusées à Berlin, et qu'il a toujours ignoré le sacrifice que lui avait fait le pauvre et bon Mozart.

Nous sommes à l'époque des plus beaux travaux de Mozart. A mesure qu'il approche du terme de sa vie, ses œuvres deviennent plus grandes, elles sont plus fortement marquées du sceau de son génie. En 1786, Mozart n'a plus que cinq ans à vivre. On dirait qu'une voix secrète lui dit de mettre à profit des jours qui sont comptés. C'est le temps de la production la plus active de cet esprit toujours si fécond : sonates, trios, quatuors, concertos, symphonies, pièces détachées de tout genre, tout sert d'aliment à la flamme qui le consume, et, en même temps, de cette main fiévreuse que la mort va bientôt glacer, il écrit ses plus magnifiques compositions, de couleurs si variées, d'effet si différent. *Le Nozze di Figaro, Don Giovanni, Cosi fan tutte, il Flauto magico*, le *Requiem*, *la Clemenza di Tito*, tels sont les adieux qu'il adresse au monde, les souvenirs qu'il laisse à la postérité[1]. En même temps encore, il rajeunit Hændel par l'art d'une instrumentation nou-

---

1. *Le Nozze di Figaro*, Vienne, 1786. — *Don Giovanni*, Prague, 1787. — *Cosi fan tutte*, Vienne, 1788; et, en 1791, il écrit ses trois dernières symphonies, *il Flauto magico*, le *Requiem* et *la Clemenza di Tito*. Les deux premiers ouvrages à Vienne, le dernier à Prague.

velle [1], et, comme s'il voulait se rendre compte à lui-même de l'emploi de ses journées et de ses nuits sans sommeil, il tient une liste exacte de ses travaux, en marque la date, en dresse un catalogue qu'il a commencé le 9 février 1784 et qu'il continuera jusqu'au 15 novembre 1791, le vingtième jour avant sa mort.

Mozart perdit son père en 1787, et cette mort le plongea dans une vive douleur. L'année suivante, sa santé s'altéra profondément; il sentit alors les premières atteintes d'un mal qui n'a jamais été bien défini, qui le poursuivit sans relâche et sous lequel il devait succomber; de longs accablements venaient le frapper, et le laissaient parfois sans mouvement et presque sans vie. Arraché à ces défaillances, la tête en feu, agité d'une sorte de délire, il prenait la plume et se pressait d'écrire, comme un homme à qui le temps va manquer. C'est au milieu de ces souffrances, dans ces alternatives douloureuses d'anéantissement et d'excitation suprêmes, qu'il mit au jour ses derniers ouvrages. Quand il traçait si rapidement les signes qui écrivent les sons, tout était déjà créé dans sa tête, et si les notes se pressaient si impatientes sur le papier, c'est qu'elles n'étaient pour lui que l'expression tardive d'harmonies toutes prêtes à se répandre et qu'il voulait faire entendre au monde comme il les entendait retentir au fond de son âme.

L'aventure étrange du *Requiem* vint bientôt aggra-

---

1. Les ouvrages de Hændel, sur lesquels Mozart a fait ce travail, sont: *Acis et Galatée, le Messie, la Fête d'Alexandre, Sainte-Cécile.*

ver le mal. Tout le monde connaît cette histoire, qu'on a racontée de diverses manières, et que nous rapporterons d'après les souvenirs de la veuve de Mozart, devenue madame de Nissen. Mozart travaillait au *Flauto magico*. On lui apporta une lettre anonyme, par laquelle une personne qui voulait rester inconnue lui demandait de composer une messe de requiem, de fixer le prix de son travail, l'époque où il serait terminé. Le porteur du message attendait la réponse. Mozart, après quelques instants de trouble et d'hésitation, répondit qu'il acceptait ce travail, en fixa le prix, mais sans pouvoir déterminer l'époque où il serait terminé. Son esprit, dès ce moment, fut frappé de l'idée que ce message annonçait sa fin prochaine et que c'était pour ses propres funérailles qu'on lui demandait une messe des morts. Quelque temps après, le même messager reparut; il apportait la somme demandée par Mozart et la promesse d'une somme bien plus considérable le jour où la partition serait remise. Toutes les questions de Mozart et de sa femme furent inutiles, et le messager affirma qu'on ne connaîtrait jamais le nom de celui dont il exécutait les ordres. Sur ces entrefaites, Mozart dut partir pour Prague, où il avait été invité à écrire un opéra, *la Clemenza di Tito*, pour les fêtes du couronnement de l'empereur Léopold. Mozart était déjà monté en voiture et sa femme se disposait à le suivre, quand le messager se montra de nouveau, et, s'adressant cette fois à madame Mozart, qu'il saisit par ses vêtements, il lui demanda quand serait terminé le *Requiem.* Mozart lui dit qu'à son retour de Prague il s'occuperait de ce travail, et le messager se retira satisfait.

Dès qu'il fut de retour à Vienne, Mozart voulut remplir sa promesse, et il se mit à l'œuvre. Mais l'idée qui tout d'abord avait frappé son esprit y jeta le désordre. Il eut peur de la mort, lui qui avait écrit ces belles paroles [1] : « Comme la mort, à la bien considérer, est le vrai but de la vie, je me suis, depuis plusieurs années, tellement familiarisé avec ce véritable ami de l'homme, que son image, loin d'être effrayante pour moi, n'a rien que de doux et de consolant! Je remercie Dieu de m'avoir accordé la grâce de reconnaitre la mort comme la clef de notre véritable béatitude. Je ne me mets jamais au lit sans penser que, tout jeune que je suis, je puis ne pas me relever le lendemain, et cependant aucun de ceux qui me connaissent ne pourra dire que cette pensée m'ait jamais attristé un seul instant. Chaque jour, je rends grâces à Dieu de ce bonheur, et je le souhaite sincèrement à tous les hommes mes frères. » Quel changement profond! comme le mal a troublé la sérénité de cette intelligence! La terreur de la mort l'assiége, il verse des larmes, il se croit entouré d'ennemis, on lui a donné du poison! Et cependant il ne trouve de calme à ses souffrances que dans le travail même qui les a causées; il le poursuit malgré les prières de sa femme, malgré l'ordre du médecin qui lui a fait enlever sa partition, et il se lève la nuit pour mettre en musique les terribles paroles qui

---

1. Dans une lettre à son père, du 4 avril 1787.

lui inspirent tant d'effroi. Saül avait besoin du secours de David pour se délivrer des fantômes qui l'oppressaient. Mozart trouve en lui-même et l'esprit fatal de Saül et les chants inspirés de David.

Une discussion s'est engagée, longtemps après la mort de Mozart, sur l'authenticité du *Requiem*. On en attribuait une partie à Süssmayer, son élève. Mais il paraît certain que, si la mort empêcha Mozart d'écrire entièrement sa partition, Süssmayer ne fit que la compléter d'après les indications du maître. Certes, l'homme qui eût été capable de produire cette œuvre, ou seulement d'en composer quelques morceaux, se serait signalé par d'autres ouvrages. Laissons au *Requiem* le nom de Mozart : son génie y respire.

Le 15 novembre 1791, Mozart se trouva tellement épuisé, qu'il dut garder le lit. On connut bientôt la gravité de son état; mais on espérait que sa jeunesse le sauverait. Il reçut les marques d'une touchante sympathie. Une foule inquiète entourait sa demeure; des députations d'étudiants et d'artistes se succédaient sans cesse. En même temps qu'il recevait des directeurs de théâtre les offres les plus brillantes, on lui apportait sa nomination de maître de chapelle de Saint-Étienne, cathédrale de Vienne, avec un traitement considérable. « Eh quoi! s'écria-t-il les yeux pleins de larmes, c'est à présent qu'il faut mourir! »

Mais il retrouva tout le calme de son esprit. Le 5 décembre, une sœur de sa femme vint le voir: « Restez près de moi, lui dit-il, je veux que vous me voyiez mourir. Restez, assistez ma pauvre Constance. » On dit que le manuscrit du *Requiem* était ouvert près de lui. Il mourut dans la nuit, n'ayant pas encore accompli sa trente-sixième année. Sa mort produisit dans toute l'Allemagne une profonde sensation, et le jugement de la postérité ne se fit pas attendre. Il laissait un de ces noms pleins d'éloquence en qui se personnifient un style, une école, un art tout entier. Des six enfants qu'il avait eus de sa femme, deux fils seulement lui survécurent; l'un est mort depuis longtemps, l'autre vivait à Milan dans la détresse; ses derniers jours ont été adoucis par l'initiative de la Société des auteurs et des compositeurs de Paris, qui lui a fait parvenir une somme importante prélevée sur les recettes des *Nozze di Figaro* [1]; il a reçu avec une profonde reconnaissance cet héritage paternel recueilli par la pieuse sollicitude de mains étrangères.

---

1. Lors de la dernière reprise de cet ouvrage au Théâtre-Lyrique, en 1858.

LE BARON

BOUCHER-DESNOYERS [1]

Plusieurs personnes se trouvaient réunies chez M. Desnoyers, dans le jardin de sa maison de Saint-Germain. C'était par une douce journée de l'automne de 1856. La vieillesse de M. Desnoyers était belle et sereine, et nul de nous ne pensait que cette année, qui s'avançait vers son déclin, dût marquer le terme de son existence. On l'interrogeait sur ses études, sur ses travaux. Ordinairement calme et réservé, il fut soudainement touché de la mémoire du passé, et, de même qu'un peintre, de retour d'un pays lointain, dessinerait des esquisses rapides des lieux qu'il a visités, M. Desnoyers retraça l'histoire de sa vie. C'était celle de ses travaux ; les évènements y tenaient peu de place.

Lorsqu'un homme dont les jours ont été noblement

---

1. Cette notice a été lue dans la séance publique annuelle de l'Académie des beaux-arts le 6 octobre 1860.

remplis et les travaux justement récompensés raconte les espérances, les craintes, les joies qui tour à tour ont agité son âme, on partage les émotions qu'il a éprouvées, on croit avoir vécu de cette vie qui s'achève, et respiré l'air de ce temps qui n'est plus. Nous avons gardé la mémoire du récit de M. Desnoyers; nous essayerons de le reproduire, heureux si nous pouvons lui conserver quelque chose de l'intérêt qui s'attache à des souvenirs exhalés librement du cœur qui les recèle, s'épanchant comme une source limpide et féconde, et tout empreints de l'autorité et de la persuasion que porte avec elle la parole d'un homme illustre que le temps a couronné et que l'âge n'a pas affaibli.

« Ce séjour modeste, nous dit M. Desnoyers, cette maison que m'a laissée mon père, ce jardin, ces ombrages, ces arbres toujours jeunes qui ont vieilli avec moi, plus je les vois, plus je les aime. Tout est changé autour de nous, l'aspect de ces lieux s'est transformé, mais les souvenirs sont restés fidèles; quand mon esprit s'attache au spectre du passé, le passé tout entier se réveille et reprend sa place dans mon âme rafraîchie; et dans ces rêves pleins de charme où le cœur s'ouvre à de chères images, les premières tristesses ont autant de grâce que les premières joies.

» Des artistes célèbres ont vu leurs jeunes années assombries par la pauvreté, et leur penchant combattu, au nom de cette pauvreté même, par des parents inquiets de l'avenir. D'autres, plus heureux, sont nés de familles où l'art était déjà entré. Ceux-là trouvaient la route ouverte, le chemin facile, l'art semblait les appeler à lui. Quelques-uns ont reçu les enseignements d'un père, artiste dévoué mais obscur, dont le nom est devenu illustre à jamais. Aucune de ces destinées n'a été la mienne. Je suis né riche, d'une famille que je pourrais appeler patricienne. Si ma vocation native ne fut pas contrariée, rien autour de moi, personne parmi les miens, ne m'invitait au culte de l'art, ne m'initiait à ses beautés. Mais j'étais né avec une passion véritable, à laquelle je me livrai sans contrainte et qui sut me diriger. J'aimais les tableaux, les statues, les estampes, et j'admirai avant de comprendre. Dès mes premières années, je copiais d'un crayon téméraire les estampes qui me semblaient les plus belles. Bientôt j'allai plus loin : obéissant à l'instinct qui me dominait, je voulus graver aussi; je cherchai alors à me rendre compte des différents travaux du graveur. A l'aide d'un clou, d'une pointe quelconque, j'essayais sur de petites plaques de métal, que je me procurais à grand'peine, d'imiter le pointillé, les tailles, les hachures, tous les procédés du burin, restant attaché pendant des heures entières à l'œuvre que je m'imposais. On était loin de penser alors que l'unique héritier d'une fortune importante serait un jour obligé, pour vivre, de tirer parti de ces dispositions naturelles, de ce penchant singulier, qu'on ne tolérait dans la maison paternelle que pour l'agrément futur des loisirs qu'on me croyait promis.

» Un jour, en 1789, j'avais dix ans, je fus conduit à l'exposition qui avait lieu dans le salon du Louvre. C'était la première fois que j'étais admis à ce spectacle. J'en fus vivement frappé. Mes jeunes regards furent éblouis de tant de splendeur. L'exposition était à la fois riche et nombreuse. Je voyais des œuvres dues à des hommes illustres, dont le nom retentissait à mes oreilles depuis que j'étais au monde, que je respectais sans les connaître, et qu'on respecte encore aujourd'hui. Vien, Vincent, Joseph Vernet, Robert, Van Spaendonck, David, Regnault, brillaient parmi les peintres. Pajou, Caffieri, Houdon, Roland, Chaudet, avaient exposé des groupes, des bustes, des marbres, des terres cuites ; Moreau, Saint-Aubin, Massard, des dessins et des gravures. Plusieurs de ces hommes étaient les chefs de l'école française et les dignitaires de l'Académie. Car cette Académie, messieurs, n'était pas vouée à la douce égalité qui nous unit aujourd'hui d'un lien si précieux et si cher. Elle avait une hiérarchie, et conférait des grades. Le directeur, les recteurs, professeurs et adjoints avaient le titre d'officiers ; puis venaient les conseillers, les académiciens, et enfin les agréés. Les artistes appartenant à l'Académie avaient seuls le droit d'exposer, et les ouvrages, au salon du Louvre, étaient placés dans l'ordre que leur attribuait le grade des auteurs. Vien, chevalier de Saint-Michel, premier peintre du roi, et qui avait été directeur de l'École de Rome, était alors recteur de l'Académie avec M. de Lagrenée, et il en était de plus, à la fois, le directeur et le chancelier.

» Cette Académie différait encore de la nôtre par un point capital. Elle conférait un titre institué par la galanterie de nos pères, par leur justice peut-être. La loi salique n'avait pas pénétré dans ce royaume de l'art.

et j'ai vu, messieurs, des académiciennes. C'étaient mesdames Le Brun, Coster et Guyard, la première encore célèbre, les deux autres oubliées. Toutes trois avaient pris part à l'exposition, et y avaient envoyé un grand nombre d'ouvrages. C'était en général des portraits. Madame Le Brun en comptait neuf pour sa part. Ces dames ne s'endormaient pas, vous le voyez, dans le fauteuil académique. Hélas! que ne sait-on que ce fauteuil est une fiction! Vous le savez comme moi, mes chers confrères, nos siéges assez vulgaires, trop souvent exempts de douceur, repousseraient le sommeil s'il tentait de s'introduire parmi nous.

» Quelque temps après cette exposition, mon père se décida à me donner un maître, et son choix tomba sur M. Darcis, graveur au pointillé dont le nom n'a pas mérité de venir jusqu'à vous. Il grava plus tard le *Marius à Minturnes*, peint à Rome par Drouais peu de temps avant sa mort. Les dispositions de l'élève pouvaient être étouffées sous la médiocrité du professeur; il n'en fut rien. Ma vocation sortit saine et sauve de cette épreuve, qui n'était pas sans danger.

» Ce fut vers cette époque qu'un grave événement vint troubler la demeure paternelle et tout changer autour de moi.

» J'étais dans la pension célèbre de M. de Wailly; mon père me rappela près de lui et se chargea seul du soin de mon éducation. Je me rappelle l'étonnement douloureux dont je fus saisi, quoique bien jeune encore, lorsque je vis qu'un régime austère avait succédé aux habitudes assez larges de la famille. Un voile sombre s'était étendu sur la maison. Les chevaux et les voitures avaient disparu, les serviteurs étaient moins nombreux, les visites devenaient plus rares, la solitude se faisait autour de nous; alors la tristesse entra dans mon cœur, et j'eus peur de la pauvreté.

» Je ne sus que plus tard la cause de ce changement.

» Quand vous passez sur ces boulevards si brillants où se réunissent les élégances diverses de la vie parisienne, vous foulez le sol où commença la ruine de mon père. De vastes terrains étaient encore vacants sur cette promenade, déjà très-recherchée à cette époque. Mon père les acheta; ils étaient voisins de l'hôtel de Choiseul, qui n'existe plus aujourd'hui, et sur l'emplacement duquel s'est élevé l'Opéra, qui, déjà entraîné dans le courant de rapides et merveilleuses transformations, va, dit-on, recevoir bientôt une demeure plus splendide. Les terrains, bien choisis, convenaient à de riches habitations, dont les plans étaient déjà dressés; l'entreprise offrait toutes les chances probables d'un grand succès, et, suivant les calculs les plus prudents, la fortune de mon père devait en sortir à peu près doublée. Elle y fut engloutie en grande partie. Un homme trompa la confiance de mon père et celle de beaucoup d'honnêtes gens. Trois cent mille francs, c'était beaucoup alors, disent les riches d'aujourd'hui, disparurent entre les mains de cet homme. Les malheurs des temps vinrent compliquer cette situation, enlever à mon père une position honorable, et forcer mes parents à s'expatrier.

» Mon père était commissaire de la maison militaire de Monsieur, frère du roi, qui devint depuis le roi Louis XVIII. Ma mère était d'une ancienne maison de Picardie. Elle se nommait Marie-Sophie de la Tour, et était fille d'un capitaine aux gardes françaises, chevalier de Saint-Louis. Dénoncés comme suspects, ils durent quitter la France.

» Une nuit, on vint m'éveiller, et je vis mon père debout près de mon lit. Il m'apprit son départ et celui de ma mère, en m'en cachant la cause.

» — J'ai pourvu à tout, me dit-il; dès demain, M. Le Thière, le peintre habile que vous connaissez, viendra vous chercher, et vous serez à même de cultiver chez lui votre goût pour l'étude du dessin; à Dieu ne plaise que je veuille contrarier votre penchant! mais on va former une École dans laquelle je serais heureux de vous voir entrer; préparez-vous en même temps par d'autres études à vous rendre digne d'y être admis. C'est mon vœu le plus cher! Adieu, mon fils, venez embrasser votre mère qui vous attend! Dans peu, nous serons de retour.

» Je fus bientôt dans les bras de ma mère, qui versait d'abondantes larmes. Ils partirent. Je les suivis jusqu'à la porte de la maison, où je restai, muet, immobile, frappé de surprise et de douleur, jusqu'à ce qu'ils eussent disparu dans l'ombre de la rue déserte et silencieuse, et tant que le bruit de leurs pas parvint à mon oreille.

» Plusieurs d'entre vous, messieurs, ont connu M. Le Thière, qui fut depuis directeur de l'Académie de France à Rome, et plus tard membre de l'Institut. Il avait déjà à cette époque remporté le grand prix, et avait exposé, en 1793, un tableau d'*Orphée et Euridice*. Vous connaissez ses autres tableaux, son *Junius Brutus*, son *Philoctète*. Il s'intéressa à moi, et je fis, sous sa direction, des études variées qui me furent profitables. L'anatomie, le dessin, la peinture à l'huile, l'aquarelle, la miniature, occupaient tous mes instants. J'étais jeune, tout animé de l'ardeur que donnent l'amour du travail et la passion de l'art.

» Mais j'eus encore un autre maître, messieurs, et celui-là fut, je crois, le meilleur de tous. C'est un de ces maîtres qui dorment dans la tombe, mais dont l'œuvre est vivante et suffit à nous instruire. C'était le graveur aimé de Raphaël, Marc-Antoine Raimondi : j'étudiai ces belles estampes, faites sous les yeux du peintre. Je lus dans ces traductions fidèles, et c'est là que j'appris d'abord à chérir, et peut-être à comprendre Raphaël.

» L'École où désirait me voir entrer mon père, continua M. Desnoyers, se nommait alors l'*École centrale*. Elle prit bientôt un autre nom, et devint cette célèbre École polytechnique d'où sont sortis tant d'hommes illustres, honneur du temps et du pays. Mais je n'essayai pas d'en franchir les portes. Je n'en eus ni le courage ni l'orgueil, et, lorsque plus tard, après la tempête apaisée, mon père revint à Paris, il me trouva entièrement voué à l'art de la gravure. Il me laissa désormais libre de poursuivre ma carrière.

» Je me tournai alors avec confiance vers l'art qui avait éclairé mes premières années. Je pris d'une main ferme le crayon qui avait réjoui mon enfance, j'en fis l'instrument de ma destinée nouvelle. Je demandai à l'art de me rendre plus que je n'avais perdu dans les désastres de ma famille et dans les orages des révolutions, une fortune fondée sur le travail et quelque renommée due un jour au talent que je voulais acquérir.

» Je ne me livrais encore qu'au genre du pointillé, et je respectais trop les maîtres anciens pour oser m'attaquer à eux. Cependant je voulais me faire connaître. Les ressources que mon père avait pu sauver du naufrage ne m'inspiraient qu'une médiocre sécurité, et tout m'imposait le devoir de chercher à sortir d'une position difficile. Je résolus de poser la première pierre de l'édifice que je voulais élever, et de commencer à fonder ma réputation. Pour cela, il fallait faire parler de moi.

» On était sous le Directoire. Chacun sait avec quelle ardeur Paris se précipitait vers le plaisir. Le temps n'était pas favorable aux productions sérieuses de l'art. Je composai, dessinai et gravai une petite estampe qui me parut conforme au goût du jour, et je la publiai.

» Une jeune fille, éveillée au milieu de la nuit, s'est levée à la hâte, dans le plus simple appareil. Elle a allumé une bougie, et, dans son trouble, elle protége la flamme vacillante d'un pli du seul vêtement qui la couvre. Cette composition, d'un goût détestable, eut un immense succès. Si j'en parle aujourd'hui, c'est que je suis véridique, et que je ne veux pas me faire à vos yeux meilleur que je ne suis.

» Je m'étais lié, dans mes études d'Académie, avec

quelques jeunes peintres. Nous étions jeunes il y a soixante ans. Je m'associai à leurs travaux. Je gravai un *Délire d'amour*, d'après Grévedon ; *Héloïse et Abeilard*, d'après Robert Lefèvre ; et *Vénus désarmant l'Amour*, d'après le même peintre.

» Ce dernier ouvrage marque un progrès dans mes études et une époque dans ma carrière. Mon maître, M. Le Thière, voulut qu'il fût exposé, et je fus pour la première fois, en 1798, admis aux honneurs du Salon. J'avais dix-neuf ans. J'obtins un prix, et fus chargé de graver une planche [1]. J'entrai alors dans l'atelier de M. Alexandre Tardieu pour apprendre à graver en taille-douce, sentant bien que c'était le côté sérieux de mon art.

» M. Tardieu a été depuis membre de l'Institut, où il fut appelé dans sa vieillesse. Il appartenait à une de ces rares familles où le talent, qui a parfois des caprices aristocratiques, s'établit pour plusieurs générations, se transmet de père en fils, ou s'étend vers des collatéraux. Carrache, Scarlatti, Bach, Edelinck, Audran, Drevet, Coustou, Vernet, noms illustres, races fécondes, vous avez chanté, taillé le marbre, animé la toile, dessiné sur l'airain, et parcouru ainsi tout le domaine de l'art. Plus d'une fois aussi une alliance a uni le génie de deux familles. C'est ainsi que Gérard Edelinck donna sa fille à Robert Nanteuil.

---

1. M. Desnoyers grava en taille-douce, pour le prix qu'il avait obtenu, une composition allégorique : *l'Espérance soutient l'homme jusqu'au tombeau*, d'après Caraffe ; puis il grava au pointillé *Dédale et Icare*, d'après Landon, et *les Pénibles Adieux*, d'après Hilaire Ledru.

» J'étudiai avec ardeur le burin et l'eau-forte, et, quand je me sentis le courage et la force de traduire Raphaël, j'entrepris la planche de *la Belle Jardinière*, que m'avait demandée pour le Musée Lucien Bonaparte, ministre de l'intérieur; cette gravure fut exposée au Salon de 1803, et obtint la grande médaille d'or.

» Maintenant, continua M. Desnoyers, je n'ai plus rien à raconter, je n'ai que des estampes à montrer. A dater de ce jour, ma vie n'a été qu'un long et persévérant labeur. Elle est là, tout entière, et je vais la mettre sous vos yeux. »

On avait, d'après les ordres de M. Desnoyers, apporté les portefeuilles qui, comme il le disait, renfermaient l'œuvre de sa vie. Nous parcourûmes avec lui ces belles estampes que nous connaissions tous, mais qui, rapprochées ainsi l'une de l'autre, se prêtaient le mutuel reflet de leurs beautés, et commandaient une plus haute estime pour les travaux du grand artiste. Au milieu de cette riche galerie : *la Belle Jardinière*, le *Bélisaire*, *la Vierge de Foligno*, *la Vierge aux rochers*, *la Transfiguration*, resplendissaient d'un plus vif éclat, comme on voit des chefs, des généraux, des rois, briller dans un cortége au milieu des soldats.

Pour être maître dans l'art de la gravure, si sobre dans ses moyens, si varié dans ses effets, il ne suffit pas de savoir, par des pratiques ingénieuses appuyées d'une connaissance profonde du dessin, représenter aux yeux les chairs, les draperies, les dentelles, les marbres, les bois ; il ne suffit pas de savoir, sur le dur métal, assouplir les contours, répandre la lumière, traduire la couleur : ces pratiques si laborieuses ne sont que les moyens de l'art; il faut aussi, il faut surtout, reproduire l'effet général du tableau, en faire comprendre la pensée, exprimer la beauté, la force, l'intelligence, pénétrer dans l'âme du peintre, associer ainsi son âme à la sienne, et, par le sentiment soutenu d'une admiration qui ne se fatigue pas, élever son esprit et son cœur au niveau du génie du maître.

Oui, le graveur en taille-douce doit, peut-être plus que tout autre artiste, être animé d'une foi courageuse. Impatient de produire et patient au travail, il avance pas à pas dans la longue carrière qu'il a depuis longtemps dévorée du regard ; à moins qu'il n'ait recours au procédé rapide de l'eau-forte, qu'au reste beaucoup de graveurs célèbres ont employé, et qui, entre les mains de Callot, est devenu l'instrument d'un génie fécond et vrai, le bénéfice de l'inspiration soudaine lui est interdit, et c'est surtout dans la pratique de cet art qu'on doit dire que le génie est l'aptitude à la patience.

M. Desnoyers était doué à un haut degré de cette aptitude. Il était, de plus, animé d'un sentiment élevé du beau. C'est bien un artiste de la grande école française. Sa manière est simple et hardie ; il se montre toujours beaucoup plus préoccupé de saisir le caractère du maître auquel il s'attache qu'à faire étalage d'une grande richesse d'exécution. L'ensemble de ses gravures est toujours d'un effet simple et large, et, s'il a parfois plutôt interprété noblement ses auteurs qu'il ne les a traduits exactement, il est toujours resté fidèle au génie du maître dont il s'inspirait.

M. Desnoyers a beaucoup gravé d'après Raphaël ; c'était son maître de prédilection, celui qu'il comprenait et qu'il interprétait le mieux. Il a produit, d'après ce maître, outre *la Belle Jardinière, la Vierge de Foligno* et *la Transfiguration*, que nous avons déjà citées, *l'Espérance, la Foi et la Charité, la Vierge à la chaise, la Vierge au linge, la Vierge du poisson, la Visitation, Sainte Catherine, la Vierge de la maison d'Albe, la Vierge au berceau, Sainte Marguerite, la Belle Jardinière de Florence*, et enfin *la Madone de Saint-Sixte*, à Dresde. Il a gravé, d'après le Poussin, *Moïse sauvé des eaux, Éliézer et Rebecca; les Muses et les Piérides*, d'après un tableau longtemps attribué à Perino del Vaga, attribué aujourd'hui au Rosso ; d'après Gérard, et sur sa demande, *Bélisaire*, les portraits de l'*Empereur*, du *Roi de Rome*, de *M. de Humboldt*[1], de *M. de Talleyrand;* la *Phèdre* de Guérin ; deux statues antiques, *Psyché et l'Amour*, d'après de beaux dessins de M. Ingres ; le *Camée antique d'Arsinoé*, dessiné aussi par M. Ingres pour l'Iconographie de Visconti. Il a su exprimer avec une haute intelligence, avec un excellent goût de dessin, les génies si divers de Raphaël, de Léonard, du Poussin et des maîtres modernes. Le *Bélisaire*, comme vérité d'effet, comme harmonie, atteint à la perfection. Le portrait du *Roi de Rome* est d'une délicatesse et d'une finesse exquises. La tête du portrait de *M. de Talleyrand* est d'une admirable exécution.

---

[1]. Ce portrait est une eau-forte.

Plusieurs de ces estampes rappelèrent à M. Desnoyers des souvenirs qui y étaient attachés. Lorsque *la Belle Jardinière* fut exposée, le pape Pie VII se trouvait à Paris pour le sacre de l'empereur. Dans une visite qu'il fit au Salon, il fut vivement frappé de la beauté de cette estampe. L'empereur en fut informé à l'instant même, et, lorsque le pontife rentra dans ses appartements, il trouva dans son cabinet, magnifiquement encadrée à ses armes, une des meilleures épreuves de la gravure qui avait mérité son attention.

Une scène assez singulière se passa au Salon de 1809. M. Desnoyers avait été chargé de graver le portrait de l'empereur d'après Gérard ; ce portrait devait figurer à l'Exposition, mais une maladie avait empêché M. Desnoyers de le terminer à temps.

« L'empereur s'approcha de moi, nous dit M. Desnoyers, et me demanda à voir ce portrait, qu'il croyait, à ce qu'il semble, trouver à l'Exposition. Je dus avouer que ma gravure n'était pas achevée.

» — Je le regrette, me dit l'empereur, cette croix vous était destinée.

» Il remit dans l'écrin une décoration de la Légion d'honneur que je voyais briller entre ses mains, et s'éloigna. J'aurais dû me souvenir que des hommes tels que Napoléon et Louis XIV n'aiment pas à attendre. Je restai consterné, et fus longtemps attristé ; je n'avais pas la philosophie du grand graveur Gérard Edelinck. »

Et, comme nous lui demandions quelle avait été cette philosophie :

« Gérard Edelinck, nous dit M. Desnoyers, n'avait

qu'une ambition, et elle vous semblera bien modeste. Tenez pour vraie la petite anecdote que je vais vous conter, quelque bizarre qu'elle puisse vous paraître.

» Au temps où vivait Gérard Edelinck, il était très-difficile d'être marguillier de sa paroisse. Les artistes ne pouvaient prétendre à cette dignité, mais seulement les marchands et les procureurs. Edelinck, après de vains efforts pour y parvenir, y avait renoncé; résigné, il vivait heureux, et c'est là que je place sa philosophie.

» Un jour vint où Louis XIV voulut honorer les travaux d'Edelinck; il le fit venir, et lui demanda ce qu'il désirait. A cette parole royale, l'ambition éteinte d'Edelinck se ralluma et lui monta au cerveau.

» — Sire, répondit-il fièrement, je voudrais être marguillier de ma paroisse.

» Le roi sourit, le nomma graveur de son cabinet, lui donna une pension, un logement à l'hôtel des Gobelins et le cordon de son ordre de Saint-Michel. Cela n'empêcha pas Edelinck d'être nommé peu de jours après marguillier de sa paroisse.

» Quant à moi, je ne retrouvai pas de sitôt l'occasion perdue. Je ne reçus la croix que onze ans après, en 1820, des mains de M. le comte Siméon, ministre de l'intérieur : j'en appris la nouvelle à Londres, où je m'étais rendu pour copier *la Vierge de la maison d'Albe* et la *Sainte Catherine*, que j'ai gravées depuis. »

Avant de passer en Angleterre, M. Desnoyers avait employé deux ans à visiter l'Italie. Il avait quitté Paris vers la fin de 1818, après avoir terminé une de ses meilleures estampes, l'*Eliézer et Rebecca* du Poussin, et s'était rendu tout d'abord à Rome, but principal de son voyage. Ce n'est pas seulement en voyageur, en admirateur, qu'il visita les églises, les galeries et les ruines. Rome, pour l'artiste, est un immense musée qu'entourent des murs antiques et que traverse le Tibre. M. Desnoyers parcourut ce musée le crayon à la main, et tout ce qui lui parut ignoré, ou du moins oublié au milieu de tant de richesses et de magnificences, il le dessina. Des marbres, des bronzes, des bas-reliefs antiques, quelques beaux tableaux moins connus que les chefs-d'œuvre consacrés, furent le sujet de ses études; il trouva dans un petit palais, élevé sur le mont Janicule, d'après les dessins de Jules Romain, sur les ruines de l'habitation du poëte Martial [1], huit portraits de femmes, dus aussi au pinceau de Jules Romain. C'étaient, dit-on, les portraits des modèles qui inspiraient Raphaël; ils avaient été recueillis par les soins de Baldassar Turini, l'ami de Raphaël, celui qui présida à ses funérailles. M. Desnoyers les dessina. Puis il visita Naples pour copier des peintures antiques de Pompéi et d'Herculanum, puis Bologne, Florence, Venise, Milan, Turin. De retour à Paris, il fit un choix parmi tant de souvenirs, grava quelques-uns de ces dessins, fit exécuter les autres sous sa direction, et publia, sous le titre de *Recueil d'estampes gravées d'après des peintures antiques, italiennes, etc.* [2], un volume composé de trente-quatre planches, avec un texte

---

1. Ce palais appartient aujourd'hui au prince Borghèse.
2. Paris, Firmin Didot, 1821.

explicatif où l'on trouve des remarques curieuses et des renseignements qui ont de l'intérêt.

Il existe à l'Académie de France à Rome un usage touchant, qui, nous le croyons du moins, date de sa fondation, et s'est conservé jusqu'à nos jours. Lorsqu'un lauréat quitte la villa Médicis, noble séjour de cette École, ou lorsqu'un artiste célèbre, français ou étranger, quitte Rome, l'École entière lui fait ses adieux. Les lauréats, réunis le soir dans une des galeries du palais, reçoivent l'hôte qui va s'éloigner. Comme dans une fête romaine, on l'accueille la coupe à la main ; les vins du Latium, du Vésuve, de Syracuse, se choquent aux vins de France. On apporte un trépied plein de charbons ardents, et sur ce meuble antique, on allume... j'allais nommer le symbole envahisseur de l'hospitalité moderne. Puis on se met à l'œuvre : peintre, sculpteur, architecte, graveur ou musicien, chacun a pris le pinceau, le crayon ou la plume, et offre au voyageur son tribut pour l'album improvisé qui contient les regrets de tous. On se retrouvera plus tard, dans la patrie ou sur la terre étrangère. M. Desnoyers reçut ce juste hommage, et recueillit dans sa soirée d'adieux des souvenirs qu'il conserva avec soin. Plusieurs de ceux qui prenaient part à cette fête, et qui venaient de recevoir le prix, ont maintenant l'honneur de le décerner, et ils ont couronné aujourd'hui avec joie ces jeunes lauréats qui vont remplir à la villa Médicis la place qu'ils y ont occupée il y a quarante ans.

M. Desnoyers avait pour le génie et les œuvres de Raphaël un culte véritable, une admiration sincère.

Dans son zèle infatigable, il s'occupa pendant de longues années de rectifier quelques erreurs échappées à M. Quatremère de Quincy, concernant diverses circonstances de la vie du peintre d'Urbin et quelques-uns de ses ouvrages. Il mit à contribution ses études, ses voyages, ses souvenirs, divers documents recueillis par des écrivains étrangers, et fit paraître son travail en 1852, cinq ans seulement avant sa mort, sous ce titre : *Appendice à l'ouvrage intitulé : Histoire de la vie et des ouvrages de Raphaël, par M. Quatremère de Quincy* [1] :

Dans quelques pages qui servent d'introduction à ce travail, M. Desnoyers fait voir quelle immense influence

---

1. Nous croyons devoir rapporter l'avant-propos de cette publication :

« Les savants, les littérateurs et les artistes les plus distingués de tous les pays, se sont occupés depuis près de trois siècles et s'occupent encore d'une manière active et même passionnée de Raphaël.

» M. Quatremère de Quincy, qui m'honorait de son amitié, voulant écrire l'histoire de la vie et des ouvrages de ce grand peintre, me demanda en 1823 des renseignements à ce sujet. Je venais de parcourir toute l'Italie; j'y avais fait un long séjour, ainsi qu'en Angleterre. Je fus assez heureux pour lui donner des notes; il s'en servit. Cela me fait présumer que si M. Quatremère avait publié cet ouvrage en 1852 au lieu de 1824, il aurait de même accepté tous les documents que j'ai recueillis depuis dans les voyages que j'ai faits en Angleterre (1830), en Italie (1833) et dans toute l'Allemagne (1841). Son livre a eu un très-grand succès en France et à l'étranger. Il m'a fait naître le désir de compléter autant que je le puis le monument que M. Quatremère a élevé en l'honneur de Raphaël, et de m'y attacher comme un homme qui, désirant voir passer son nom à la postérité, va le graver sur la statue de Memnon ou sur le Parthénon. Le plus léger document sur un si grand génie est toujours précieux à conserver; je crois, sur ce point, remplir le vœu de cet honorable et savant ami, et accomplir un acte de reconnaissance que je dois à la mémoire de Raphaël, qui m'a servi de guide depuis ma première gravure jusqu'à ma dernière. Ces différents motifs m'ont décidé à mettre en ordre et à faire imprimer ces notes. »

a exercée Raphaël, et nous dit quelle a été son œuvre.
Il le montre inspiré, chargé d'une haute mission, pressé
de l'accomplir. De sa main mortelle sort l'image de
Dieu. Il descend sur la terre, où tout ce qu'il y a de
grand et d'auguste appartient à son pinceau. Il féconde
tous les arts, puis il meurt, léguant son œuvre au
monde.

Il semble que Dieu ait voulu, à cette époque où tant
de découvertes allaient enrichir l'humanité, où tant de
génies divers devaient se rencontrer, créer quelques
nobles modèles de l'intelligence qui préside aux beaux-
arts. Pour que ces modèles fussent accomplis, Dieu
leur livra le génie de l'art tout entier, ne leur cachant
aucun de ses secrets, et douant chacun de ces hommes
d'une lumière si vive et si puissante, qu'elle suffisait à
tout animer autour d'eux. C'est alors que brillèrent
Raphaël, Michel-Ange, Léonard de Vinci, à la fois
peintres, sculpteurs, architectes, poëtes, musiciens.
Dieu les avait créés pour éclairer le monde. Ceux qui
vinrent ensuite se partagèrent les domaines de ces
maîtres puissants, comme les successeurs d'Alexandre
s'étaient partagé son empire. Le goût de l'art se répandit alors, mais perdant quelque chose de sa grandeur, de sa force et de son unité.

C'est vers ce temps aussi que furent inventés l'imprimerie et l'art de la gravure, afin que les lumières de
la science, l'amour des lettres et la culture de l'art pus-
sent se répandre sur le vieux monde, et rayonner ensuite sur le monde nouveau ouvert au génie de l'homme;
et le premier graveur célèbre qui parut alors était,

comme les autres maîtres que nous avons nommés, peintre, sculpteur, architecte : c'était Albert Durer.

Ce grand artiste, un des pères de la gravure, a offert, un des premiers, l'exemple illustre d'une de ces luttes dont nous avons parlé, lutte d'une vocation sincère contre la misère de la maison paternelle : « Mon père, dit Albert Durer [1], pauvre ouvrier orfévre, n'avait pour lui, pour sa femme, pour ses enfants, que le strict nécessaire, un pain dur et noir, gagné péniblement. Ajoutez à cela toute sorte de tribulations et des adversités de tout genre. Mais il était paisible et doux, bon et modeste, et soumis à la Providence. Il mourut, regardant le ciel, où il est maintenant. Pour moi, je me sentais plutôt artiste qu'orfévre, et je priai mon père de me permettre de peindre et de graver. Mécontent de ma demande, il me refusa pendant longtemps. Il céda à la fin, et, le jour de Saint-André, en 1486, il me plaça chez le maître graveur Michel Wohlgeemuth. » On voit avec quel soin religieux Albert Durer mentionne le jour qui fut celui de sa délivrance.

Il est inutile de rappeler ici les différences qui séparent le style d'Albert Durer de celui de Raphaël. Elles paraissent parfois tellement profondes, qu'on peut trouver étrange que des œuvres si dissemblables soient le produit d'un art contemporain. Ces différences, au reste, s'expliquent naturellement. Le peintre italien était nourri de l'antiquité, que le graveur allemand ne connaissait pas. Cependant l'élégance italienne, qui avait

---

[1]. Lettres de Durer à son ami Willibad Pirkheimer. (Voyez le *Journal zur Kunstgeschichte*, etc., de la *Murr*, t. X.)

hérité de l'art charmant des Grecs, fut séduite par la naïveté germanique, expression d'un art un peu rude qui n'avait pas d'ancêtres et ne devait rien qu'à lui-même. Raphaël aima cette vérité grave et sérieuse, qui n'exclut ni la grâce ni la finesse, et il admira le merveilleux travail du graveur. Mariette[1], annotateur instruit, collecteur véridique de ces détails qui font vivre l'histoire, et qu'on pourrait nommer, en tout bien tout honneur, le Tallemant des Réaux des *historiettes* de l'art, nous dit que « Raphaël, tout partisan qu'il était de l'antique, ne put s'empêcher d'admirer les ouvrages de cet excellent homme ; et, afin que les louanges qu'il leur donnait parussent plus sincères, il exposa dans son propre cabinet les estampes gravées par Albert. »

Cette circonstance, si simple en apparence, nous paraît avoir une haute portée, qui conserve aujourd'hui toute sa valeur. Elle fait naître d'ailleurs d'intéressants souvenirs. On ose soulever le voile qui défend l'entrée de cette retraite interdite au vulgaire, où ont été conçus tant de chefs-d'œuvre ; on entre dans le cabinet de Raphaël. Çà et là, des marbres antiques, des fragments précieux ; sur les murs, sur les tables, des croquis, des ébauches, des études, d'où sortiront des fresques immenses, et, au milieu de ces richesses, les estampes du modeste artiste de Nuremberg. Raphaël est là. Des modèles exquis, *la Belle Jardinière*, *la Fornarina*, encore rayonnants aujourd'hui d'une jeunesse éternelle, apportent à son divin pinceau les trésors de leur beauté.

---

1. *Abecedario*, t. II, p. 148. Édition publiée par MM. de Chenevières et de Montaiglon.

Puis viennent des amis, d'illustres visiteurs, chefs de l'Église, poëtes, artistes, Bembo, l'Arioste, Bramante, Michel-Ange peut-être, puis, à leur côté, l'élève chéri, Jules Romain. On est alors touché du sentiment loyal qui animait Raphaël lorsqu'il attestait ainsi son admiration pour le graveur étranger. A Rome, séjour d'un art jaloux, il prend sous sa sauvegarde le bon et simple Albert. Il le montre aux plus grands, il le proclame leur égal, il le déclare son hôte, bien plus, son ami. Admettre l'œuvre dans ce sanctuaire auguste, c'était donner à l'auteur une place dans son amitié. Il le défend ainsi, il l'élève, il l'honore. Et il nous semble, en réveillant ces souvenirs lointains, qu'on rend un égal hommage à la mémoire de ces deux grands artistes.

Marc-Antoine, le graveur de Raphaël, eut aussi une grande admiration pour Albert; mais il la témoigna d'une manière toute différente.

Des biographes racontent que Marc-Antoine, dans sa jeunesse, ayant vu à Venise des estampes d'Albert Durer, se prit d'une grande passion pour ces beaux ouvrages. Il s'enferma dans son atelier, se cachant même à ses amis, copia les plus belles de ces estampes, et il réussit si bien, il imita d'un burin si habile les différents travaux du graveur allemand, que les yeux les plus exercés y furent trompés. Mais il faut reconnaître que ce n'était pas un pur amour de l'art qui le guidait dans cette entreprise difficile. Une mauvaise pensée lui était venue. Les gravures d'Albert étaient très-recherchées dans toute l'Italie; Marc-Antoine, à ce qu'il semble, n'était pas doué de lumières très-précises au sujet de la contrefaçon, art tout jeune, qui venait de naître avec la gravure et l'imprimerie, mais qui comptait déjà des maîtres. Il trouva naturel de signer ses copies du nom du véritable auteur, et de les céder, en secret, aux marchands et aux amateurs qui se les disputaient. C'était une fausse monnaie qu'il émettait sans scrupule, et qui circulait sans difficulté et à son grand avantage.

Un étranger arriva sur ces entrefaites à Venise, et fut surpris de trouver dans les palais des nobles, dans les boutiques des marchands, des estampes illégitimes, qui portaient son nom et ses armes, mais qu'il ne pouvait reconnaître. L'œil d'un père ne pouvait s'y méprendre, et Albert découvrit sur-le-champ, à des signes certains, à des imperfections adroitement dissimulées, la fraude dont il était victime, le tort grave porté à sa renommée et à ses intérêts.

On dit qu'Apelles, étant venu à Rhodes, courut d'abord chez Protogène, qu'il ne trouva pas au logis. Introduit par une servante dans l'atelier, il traça sur une tablette toute préparée pour la peinture, une ligne, un trait d'une précision et d'une finesse remarquables, et se retira sans se faire connaître. Protogène, de retour, s'écria : « Apelles lui seul a pu tracer cette ligne ! » Cette petite histoire est un peu obscure pour nous, mais elle est admise. M. Quatremère de Quincy l'a expliquée en disant qu'il s'agissait sans doute d'un dessin, d'une exquisse au trait. Cela est vraisemblable, mais nous la racontons avec simplicité, comme Pline nous l'a transmise. Quoi qu'il en soit, il est reconnu que Protogène connut ainsi, par cette ligne ou par ce trait, qu'Apelles était venu dans son atelier. C'était comme une carte de visite qu'il lui avait laissée.

Il ne fut pas plus difficile à Albert de deviner, à l'habileté de l'imitateur, que Marc-Antoine, qu'il connaissait de réputation, devait être l'auteur de la fraude. Albert était un cœur modeste et droit; il se plaignit doucement, comme il convient à un galant homme. Sa plainte fut mal accueillie; de magistrat à magistrat, elle arriva jusqu'au Sénat, qui ne prit pas grand intérêt à cette affaire; il ordonna seulement qu'à l'avenir le graveur italien ne devrait plus marquer ses imitations du chiffre de l'artiste allemand, mais il lui laissa le droit de vendre librement ses contrefaçons ainsi amendées. Tel est le premier jugement, en matière de contrefaçon, dont nous ayons connaissance dans l'histoire de l'art. Albert cependant avait d'illustres amis; l'empereur Maximilien Ier l'aimait et l'honorait [1]. Albert avait gravé avec un art admirable un petit crucifix sur le pommeau de l'épée de Maximilien; mais la République était alors en guerre avec l'empereur, et l'épée ciselée par Albert fut impuissante à le protéger.

Nous sommes entré dans de trop longs détails sur cette aventure, que nous n'avons contée que parce que M. Desnoyers, dans un second voyage qu'il fit à Rome en 1833, fut victime d'une fraude plus coupable encore. Il vit à Rome plusieurs de ses estampes, très-habilement imitées, et signées d'un autre nom que le sien. Il

---

[1]. Maximilien l'avait anobli.

se plaignit, et ne fut pas plus écouté à Rome que ne l'avait été Albert à Venise, trois siècles auparavant. Il voulut protester par la voie des journaux : ses lettres ne furent pas insérées. Il revint en France sans avoir obtenu satisfaction, mais consolé par cette pensée et par cette justice qu'il se rendait à lui-même, que le tort dont il souffrait était un hommage rendu à son talent.

Ce second voyage en Italie fut encore plus fructueux que le premier. M. Desnoyers allait à Rome pour faire une copie à l'huile de *la Transfiguration*. Il avait depuis longtemps le désir de graver cette œuvre magnifique ; mais, par respect pour Morghen, qui en avait donné une gravure, il résistait à ce désir. La mort de Morghen vint le dégager de tout scrupule, et il commença alors cette grande entreprise, qui ne fut achevée que six ans après, en 1839. Ce tableau, le plus beau du monde, a noblement inspiré Desnoyers. Seul, après plusieurs graveurs célèbres, il est parvenu à en rendre le grand caractère, l'admirable beauté de dessin, et il a fait son chef-d'œuvre du chef-d'œuvre de Raphaël. Le nom du graveur français se trouve ainsi associé à jamais à celui du peintre d'Urbin.

D'autres travaux remplirent le voyage de Desnoyers en Italie. Il exécuta, avec la facilité qui lui était naturelle, des copies à l'huile, en miniature, à l'aquarelle, et fit des dessins de beaux tableaux disséminés dans les musées et les églises de Rome, de Naples, de Florence et de Pérouse, et dans des galeries particulières. En 1835, M. Thiers, ministre de l'intérieur, étant venu visiter l'atelier de M. Desnoyers, de retour à Paris, dota de cette belle collection l'École des beaux-arts, qui ne la reçut cependant que l'année suivante, des mains de M. de Gasparin. M. Desnoyers profita plus tard du voyage qu'il fit en Allemagne pour augmenter le nombre de ces copies, et fit don à l'École de ces travaux nouveaux. Enfin il laissa encore à l'École, par son testament, d'autres copies, toujours d'après les maîtres, et un buste en marbre où il est représenté, bel ouvrage de notre confrère M. Nanteuil. On peut voir à l'École impériale des beaux-arts cette collection d'un haut intérêt, due tout entière au talent de M. Desnoyers, et en grande partie à sa libéralité.

Le voyage en Allemagne dont nous venons de parler, et que M. Desnoyers entreprit en 1841, avait encore pour but un grand travail, la copie et la gravure de *la Madone de Saint-Sixte*, qui est à Dresde. Ce fut son dernier voyage et sa dernière production. M. Desnoyers parcourut la Belgique, visita les musées de Bruxelles, d'Anvers, de Cologne, de Francfort, et s'arrêta à Berlin, où l'attendait l'accueil le plus honorable. Invité à dîner à Sans-Souci, chez le roi, il fut placé entre deux célèbres artistes, Cornélius et Thorwaldsen. D'un vote unanime, il fut élu membre de l'Académie de Berlin. A Dresde, à Vienne, à Munich, à Stuttgart, l'accueil fut aussi flatteur et aussi empressé. Au milieu de ces fêtes et de ces distinctions, il poursuivait cependant son œuvre constante, l'exécution des copies qu'il voulait léguer à notre École comme dernier témoignage d'une affection qui ne s'est jamais démentie.

Puis il revint à Paris exécuter la gravure de *la Madone de Saint-Sixte*, et jouir paisiblement de sa belle position, de sa haute renommée. Il avait été appelé à l'Institut dès 1816; il avait été nommé plus tard officier de la Légion d'honneur, chevalier de Saint-Michel, baron, premier graveur du roi, conseiller des musées royaux. Assidu à nos séances, il nous apportait le concours de son expérience, de son goût élevé, de sa connaissance de la meilleure direction de l'art. Les jeunes artistes le trouvaient toujours prêt à les assister de ses conseils, de son influence, de sa bourse au besoin.

La gravure, pendant la longue carrière de M. Desnoyers, a été deux fois menacée, par la lithographie d'abord, puis par la photographie. Les graveurs peuvent souffrir de cette concurrence, mais non l'art de la gravure. Dès le commencement de ce siècle [1], lorsque Senefelder, qui avait inventé la lithographie en copiant de la musique, arriva à Paris, il alla trouver M. Desnoyers, qui, un des premiers chez nous, eut connaissance de cette transcription du dessin. Peu satisfait de ses résultats, M. Desnoyers y renonça bientôt; faute de pratique probablement, il n'obtint que des contours mous et une reproduction lourde. La lithographie a fait son chemin depuis, et nous sommes heureux de proclamer les services qu'elle a rendus et les succès légitimes qu'elle a mérités à des mains habiles; mais l'art de la gravure n'a rien perdu dans la lutte, il a gardé sa place.

1. En 1804.

La photographie est une rivale plus redoutable.

Si quelque peintre de l'antiquité, rappelé sur la terre, était témoin des merveilles de la photographie : « Apollon, s'écrierait-il, oui, tu es bien le dieu du soleil et des arts; en promenant ton char dans le ciel, d'un rayon de ta lumière féconde, tu traces des images plus parfaites et plus vraies que les peintures d'Apelles! »

On répondrait à ce peintre païen qu'Apollon a tardé bien longtemps à manifester aux mortels cette science qui lui coûte si peu, et que la lumière, qui dessine si bien, peut effacer les charmantes images qu'elle produit. Nous avons encore d'autres merveilles à vous montrer, ô peintre! l'homme dompte aujourd'hui et l'espace et le temps, et ce dessin rapide est bien l'art qui convient à ce siècle pressé. Mais voyez ces planches d'airain gravées par un art patient et ingénieux! elles recèlent dans leur sein d'innombrables empreintes qui traversent les siècles. La main d'un artiste habile, guidée par une âme intelligente, a creusé ces sillons; de même qu'on taille des statues dans le marbre, dans le granit, dans le porphyre, on confie au cuivre, à l'acier des images qui ne vieillissent pas; et, si votre Apollon eût enseigné aux Athéniens cet art durable et magistral qui conserve et multiplie, il eût sauvé peut-être des œuvres perdues pour jamais, et nous aurions les peintures d'Apelles à côté des poëmes d'Homère.

Oui, voilà ce qui fait la puissance de la gravure. Elle procède de l'intelligence, et sa solidité sait résister au temps. La photographie a grandi, de nouveaux progrès l'attendent, elle appartient à la science comme aux arts; auxiliaire utile et charmant, reflet soudain de la vérité, le monde lui est ouvert : mais l'art de la gravure ne périra pas, il saura conserver son mérite et sa force. Des défenseurs illustres lui restent, qui le soutiennent par le talent et par la foi. Il serait désirable qu'une école pratique de gravure, ouverte à Paris, vînt rassurer quelques courages ébranlés. Napoléon avait voulu créer cette école; déjà M. Regnault de Saint-Jean d'Angély était chargé de l'établir; Desnoyers, Bervic et Morghen étaient désignés pour y professer : mais on était en 1813; les temps malheureux empêchèrent la pensée généreuse de s'accomplir.

Lorsque nous eûmes achevé de parcourir l'œuvre de Desnoyers :

« Pardonnez-moi, nous dit-il, le temps que je vous ai ravi; pardonnez-moi surtout de vous avoir si longuement raconté les récits de ma jeunesse. Les souvenirs du matin de la vie ne s'effacent jamais. Il me semble parfois qu'un génie, un ange peut-être, semblable à ceux qu'a devinés Raphaël, a tracé dans ma mémoire des traits dont le contour s'est affermi sous la main du temps. Supposez, messieurs, une peinture due à un pinceau habile, un tableau de Claude Lorrain. L'ombre couvre les premiers plans; mais le soleil se couche au fond du tableau, et dore de ses feux le temple, les bois, la ville antique qui se perd dans le lointain. C'est ainsi qu'apparaissent les souvenirs du passé : ils brillent tout au fond de la vie, et, à mesure que grandit l'ombre des derniers jours, ils se colorent d'un reflet plus chaud et plus harmonieux. »

Pendant que M. Desnoyers parlait ainsi, le soleil éclairait de ses derniers rayons le paysage qui s'étendait au loin. Il disparut bientôt ; la nuit se fit obscure et silencieuse, et tout s'éteignit dans l'ombre. Puis quelques étoiles brillèrent au ciel, et la lune vint éclairer de sa pâle lumière la vallée tranquille et profonde.

M. Desnoyers est mort à Paris, le 16 février 1857. Il y était né le 20 décembre 1779. Son nom restera attaché aux grands souvenirs de notre École ; il lui a conservé la supériorité que lui ont léguée sans interruption, depuis Louis XIV, les maîtres ses prédécesseurs, et que maintiendront ceux qui restent après lui.

SIMART [1]

Charles Simart naquit à Troyes, le 27 juin 1806. Un récit fidèle de ses premières années nous ferait assister à ce spectacle si fréquent dans l'histoire des artistes, à ce drame qui s'agite dans l'enceinte d'une pauvre demeure, qui n'a de témoins que les personnages qui y prennent part, où l'on voit la lutte d'un enfant, fort de sa seule conviction, contre la volonté paternelle; ce serait montrer une fois de plus les épreuves douloureuses qui ont souvent inauguré la vie d'un artiste célèbre, de même que des accords pleins de tristesse servent souvent de prélude à une brillante symphonie.

Puisque nous avons parlé de drame, esquissons quelques scènes de celui qui se passait dans la famille Simart, et montrons-en les personnages : le père, Antoine Simart, menuisier, honnête homme, habile et estimé dans sa profession; la mère, Catherine Loiseau, vaillante

---

1. Cette notice a été lue dans la séance publique annuelle de l'Académie des beaux-arts, le 12 octobre 1861.

et forte femme; et deux fils, dont l'aîné, Charles Simart, a environ douze ans au moment où commence ce récit.

Cet enfant, en suivant les cours de l'école communale, s'était pris d'un goût très-vif pour le dessin, bientôt suivi de quelque éloignement pour la profession de son père. Il travaillait avec courage dans l'atelier, et remplissait de toutes ses forces ses devoirs d'apprenti; mais d'autres idées le préoccupaient sans cesse; les murs étaient couverts de ses compositions, les planches n'étaient livrées à la scie ou au rabot que décorées d'arabesques et de croquis; quand sa journée était finie, il s'enfermait dans une sorte de réduit qu'il s'était ménagé, et copiait quelque gravure ou quelque débris de statue.

Cependant le labeur du père suffisait à peine aux besoins de la famille; la mère devint inquiète, et se mit à combattre, avec une sorte d'énergie sauvage, la vocation de Charles, le gourmandant sans cesse, effaçant les esquisses charbonnées sur les murs, l'accusant de paresse, alors qu'il se cachait pour dessiner.

Antoine Simart eût volontiers transigé avec les goûts de son fils aîné, et lui aurait permis de devenir grand peintre ou grand sculpteur, mais il était bon homme, et ce n'est pas lui qui gouvernait la maison. La mère aimait ses enfants d'une tendresse jalouse. Elle était de vieille race, et professait au sujet du droit d'aînesse, sur les prérogatives qu'il donne et les devoirs qu'il impose, les idées les plus arrêtées; elle n'entendait pas que l'atelier passât à d'autres mains que celles du premier-né : à lui de le relever, de le diriger d'une main vigoureuse et intelligente, de le mettre en état de recevoir des commandes importantes. C'était sa plus haute ambition.

Elle voulut alors frapper un grand coup, et, pour que la leçon qu'elle allait donner à son fils Charles produisît sur son esprit une plus vive impression, elle attendit un jour de fête solennelle.

Le jour de l'Ascension de l'année 1819 (Charles venait d'avoir treize ans), Catherine Loiseau réunit quelques matrones du voisinage; elle mit sous leurs yeux de nombreux dessins que Charles avait soustraits à sa vigilance, et dont la vue la remplissait de colère; car plus Charles s'éprenait de passion profonde pour le dessin, plus la mère se sentait animée d'une haine vigoureuse pour cet art rival, qui lui disputait le cœur de son fils. « Voyez, dit-elle à ses amies, mon fils Charles a perdu la raison; cet enfant, qui m'est si cher, pour qui je donnerais ma vie, il veut devenir artiste, le malheureux; mais l'art, c'est la misère! Ah! je ferai mon devoir! je le sauverai malgré lui. » Et, s'élançant dans la retraite favorite de Charles, dans ce réduit où il cachait quelques plâtres, quelques estampes, des livres, d'informes outils de sculpture, elle s'empara de ces pauvres reliques qui faisaient la joie et la richesse de son fils, en fit un bûcher et y mit le feu. Pendant ce temps, le chœur des matrones, comme dans la tragédie antique, encourageait et soutenait la mère dans son impitoyable exécution.

Cette scène eut un résultat tout contraire à celui que la mère se promettait. Cet enfant, à qui on ravissait ses plus chères distractions, avait la conscience de n'avoir jamais manqué à la besogne de l'atelier. Sa jeune tête s'enflamma, et, le sentiment de son innocence lui donnant un grand courage, il écrivit à sa mère, aussi bien que cela lui fut possible, pour lui déclarer sa résolution de se faire artiste quand le temps serait venu ; et, voulant que cette lettre, qu'il avait faite respectueuse et tendre, mais ferme, eût un caractère aussi solennel que l'acte qui l'avait inspirée, il crut devoir l'écrire de son sang.

Cette lettre émut profondément les entrailles maternelles, et une entrevue, pleine de tendresse et de larmes, ramena le calme dans la maison. La mère fut rassurée, car dans sa résistance entrait aussi pour quelque chose cette crainte que Charles, devenu artiste, ne rougît de son humble origine et ne méprisât le toit paternel. Toute la vie de Charles fut employée à détruire cette crainte ; nul ne poussa plus loin que lui l'amour et le respect de la famille.

Charles jouit alors d'une plus grande liberté ; plus assidu à l'École de dessin, il remporta le premier prix l'année suivante. Peu de temps après, trouvant par hasard un plâtre de la tête de Niobé, il en comprit toute la beauté, et, à l'aide de ses seuls outils de menuisier, il en fit en pierre une copie si bien réussie, qu'elle attira l'attention de quelques amateurs éclairés. M. Paillot de Montabert, auteur d'un ouvrage estimé sur la peinture [1], se trouvait alors à Troyes ; il fut

---

1. *Traité complet de peinture,* etc. Paris, Bossange, 1829. M. Paillot de Montabert était compatriote de Simart.

frappé du sentiment de l'antique exprimé dans cette copie, de cet instinct du beau si singulièrement développé, de cette intelligence si fine et si délicate dans un jeune esprit presque ignorant de toutes choses, d'un amour si puissant du travail dans un corps frêle et débile. La renommée du statuaire novice se répandit peu à peu ; on en parla à l'hôtel de ville, et les magistrats de la cité, comme premier encouragement, lui votèrent une petite pension de trois cents francs.

Charles eut bientôt pris son parti : il voulait étudier ; mais où trouver l'étude, si ce n'est à Paris? Il n'hésita pas, et, malgré les larmes de ses parents inquiets de son avenir, malgré sa propre douleur, il partit, muni de quelques hardes et de sa tête de Niobé, qu'il emportait comme son drapeau, et pour montrer aux maîtres qu'il allait chercher que le pauvre voyageur n'était peut-être pas indigne de leurs conseils. Il arriva à Paris vers la fin de 1823, âgé d'un peu plus de dix-sept ans. Tel fut le dénoûment du drame de l'enfance de Simart, prologue d'un drame brillant, qu'une mort cruelle devait fatalement terminer !

C'est donc protégé par une des plus belles inspirations de l'art grec que Simart venait demander l'entrée de l'école où l'on en conserve les traditions, et qui est pour l'artiste ce qu'est l'Université pour le jeune homme qui cultive les lettres; la sculpture, dans sa plus haute acception, est la langue savante de l'art; ces marbres que nous admirons pour leur éternelle beauté, nous apprennent aussi l'histoire, les dieux, les fêtes des temps antiques ; Phidias parle la même langue qu'Homère. C'est cette science du passé, qui est en même temps la science du beau, que Simart voulait acquérir. Les jeunes esprits qu'un rayon de l'art éclaire, aspirent ainsi à des beautés qu'ils ne connaissent pas, et dont ils ont le pressentiment.

Par quels artifices, par quels ingénieux raffinements de dures privations ce jeune homme pouvait-il entreprendre de vivre à Paris pendant un an avec trois cents francs, c'est ce qu'il est difficile d'imaginer; mais ce que nous savons de Simart nous montre assez que la vie matérielle ne devait pas le préoccuper beaucoup. Il lui fallait un abri (je n'ose pas dire un logement), du pain et un atelier; la pension devait suffire au logement et au pain quotidien; l'atelier, il le trouverait chez le maître; quant aux vêtements, à la chaussure, au luxe, Dieu y pourvoirait! Dieu y pourvut en effet.

M. Desbœufs lui ouvrit d'abord généreusement son atelier, et l'introduisit plus tard chez son maître Charles Dupaty, d'une famille où le cœur et l'esprit étaient héréditaires.

Sous la direction de ce maître, qui s'attacha à son élève et lui procura quelques travaux qui adoucirent sa situation, Simart commença des études régulières qui lui ouvrirent l'École des beaux-arts, où il fut reçu en 1824; la ville de Troyes augmenta alors de cent francs la pension qu'elle lui servait, et lui demanda en même temps trois bas-reliefs pour une église, de sorte qu'avec ces ressources nouvelles, Simart, après avoir été misérable, ne fut plus que pauvre, et se trouva riche. Les souvenirs que le jeune artisan, devenu artiste, avait laissés dans sa ville natale, furent l'origine de relations nouvelles; des hommes de lettres établis à Troyes lui écrivaient, le suivaient dans ses travaux. M. Marcotte, receveur général du département, frère de M. Marcotte d'Argenteuil, l'ami de M. Ingres et de Léopold Robert, lui voua une amitié qui ne se démentit plus. Il se fit son patron, et obtint pour lui du ministre de l'intérieur une gratification que Simart se hâta d'envoyer à ses parents, et, plus tard, la commande d'un buste de Charles X.

Simart fit alors la connaissance de deux jeunes artistes, aujourd'hui en possession d'une haute et légitime renommée, MM. Hippolyte et Paul Flandrin, et il fut introduit par ces nouveaux amis près de M. Ingres, leur maître; tous les bonheurs lui venaient à la fois. M. Ingres lut dans cette âme délicate et tendre; il vit que cet esprit, enclin à la pureté, pénétré de la dignité de l'art, cherchait encore sa voie au milieu d'aspirations diverses; il fit briller la lumière à ses yeux, et devint son guide suprême.

Pendant que l'élève studieux poursuivait ses travaux, complétait son éducation, fortifiait son esprit, bien des changements étaient survenus autour de lui; il avait perdu en 1827 son premier maître Dupaty [1]; après avoir reçu quelques conseils de Cortot, il était entré dans l'atelier de Pradier, puis les événements avaient

---

[1]. M. Duseigneur fut alors pour Simart aussi obligeant que l'avait été M. Desbœufs. Il mit son atelier à sa disposition.

marché, 1830 était venu, et le buste de Charles X était à peine achevé, que le monarque tombait du trône.

Il semble qu'alors Simart, frappé de ces agitations et de cette chute, ait voulu se réfugier dans le sanctuaire toujours calme de l'impérissable antiquité. Une nymphe, victime de la jalousie d'Apollon, expirant, cherchant à arracher la flèche vengeresse qui lui donne la mort, lui parut un sujet digne de ses inspirations, et il fit une statue de *Coronis*. Cette figure [1], exposée et remarquée au Salon de 1831, l'encouragea à se présenter au concours de l'Académie. Il y fut admis, et, s'il n'obtint pas la récompense suprême, qui ne fut pas décernée, il reçut au moins la récompense la plus élevée, un premier second grand prix, mais qui ne lui donnait pas le voyage à Rome. Ce succès, ou cet échec, l'affligea d'autant plus vivement que le sujet du concours, *Caton se donnant la mort*, l'avait fortement passionné.

Il se disposait à tenter de nouveau l'épreuve l'année suivante, lorsqu'il tomba malade. Le choléra venait d'envahir la France. Dire qu'un artiste dont l'imagination était aussi ardente que le corps était débile, fut frappé de terreur à l'apparition du fléau qui s'abattait pour la première fois dans nos contrées, ce n'est porter atteinte ni à la dignité, ni à la réputation de cet artiste, encore moins à la bonne renommée du corps des artistes. Avouons donc que Simart eut grand'peur du choléra. Heureusement pour lui, il trouva son maître Pradier dans les mêmes dispositions. Un soir,

---

1. Elle est au musée de Troyes.

dans un épanchement d'amitié, s'interrogeant mutuellement à ce sujet, ils se confièrent d'abord leurs appréhensions avec timidité, mais bientôt, voyant qu'ils se comprenaient, ils ne se cachèrent plus rien de leurs terreurs. Le lendemain, tous deux partaient pour l'Italie.

Ce ne fut qu'une course rapide. Pradier conduisit son élève à Genève sa patrie, à Milan, à Gênes, à Venise. Il voulait lui faire visiter tout ce beau pays que l'Apennin divise, que la mer environne; mais, par un scrupule d'une rare délicatesse, Simart ne voulut pas accompagner son maître à Rome. Rome devait être pour lui le prix d'une lutte nouvelle. Il aurait cru, en y entrant alors, franchir le Rubicon et se couronner de sa propre main; ou bien peut-être, regardant Rome comme une fiancée dont les trésors devaient lui appartenir un jour, ne voulait-il pas, avant l'heure, y porter un regard profane.

L'année suivante, l'Académie donna pour programme du concours un sujet heureux, mais difficile pour de jeunes esprits. C'était la fable de la Fontaine, *le Vieillard et ses enfants*. On peut voir à l'École des beaux-arts le bas-relief de Simart, qui, cette fois, obtint le premier grand prix. Une composition bien ordonnée, une application bien entendue du style antique, une exécution ferme et soutenue, avaient mérité à ce travail les suffrages de l'Académie et l'approbation du public.

Personne n'ignore que la France possède à Rome un palais d'une riche et charmante architecture, d'où la vue embrasse et domine toute la ville; dans ce palais, chacun des lauréats occupe une demeure modeste; dans les jardins, chacun a son atelier. C'est une colonie où les arts sont cultivés à la lumière du drapeau de la France. Les autres nations ont aussi à Rome de jeunes adeptes de l'art, d'écoles diverses, de penchants différents; mais toutes les aspirations, tous les rêves de brillante renommée, tous les esprits vivent sous l'empire de la foi antique; chacun de ces missionnaires, de retour dans sa patrie, y apporte cette foi dont il est animé, et cette foi, qui lutte sans cesse et triomphe toujours, suffit à maintenir l'art véritable, et lui sert à la fois de couronne et de rempart.

C'est dans la belle résidence de la villa Médicis, dans cet asile tutélaire, ouvert au travail, fermé aux inquiétudes de la vie, qu'au commencement de 1834 vint s'abriter le fils des pauvres ouvriers de Troyes. Sa piété vigilante avait assuré le repos de leurs vieux jours[1]. Simart était donc à Rome, libre de tout souci, si ce n'est celui d'élever son talent; Pradier, le maître à la main souple et gracieuse, lui avait enseigné l'art de faire vivre l'argile; il travaillait le marbre avec une grande habileté, acquise, alors que pauvre, il ne pouvait avoir recours au praticien; il se mit à l'œuvre, étudiant les marbres des musées, les beaux modèles que lui offrait la nature, étudiant surtout cette belle race qui habite la rive droite du fleuve, ces fiers Trans-

---

1. La pension de la ville de Troyes avait été portée d'abord à cinq cents francs, puis à mille francs; le jeune artiste en avait toujours disposé en faveur de sa famille.

tévérins, orgueilleux du sol natal, patriciens de la voie publique drapés dans un manteau troué, et qu'on prendrait le soir, à l'heure où l'ombre s'étend sur le Forum, pour des statues descendues de leur piédestal.

D'un esprit méditatif et parfois incertain, porté à la persévérance et cependant enclin au découragement, Simart avait besoin d'une main ferme qui le soutînt dans sa route et le relevât dans ses défaillances ; il eut cette bonne fortune de retrouver à la villa Médicis le grand artiste son maître et M. Ingres, alors directeur de l'Académie de France à Rome.

On sait que les lauréats doivent envoyer tous les ans à l'Académie des travaux qui sont exposés à l'École des beaux-arts, témoignages d'études bien ou mal réussies, d'une marche en avant ou de pas rétrogrades, présages de succès ou de revers, de renommée ou d'oubli, et qui entretiennent ainsi les relations de la colonie et de la mère patrie. Les envois de Simart firent preuve d'études intelligentes à tous les points de vue, accomplies sous la double impulsion du sentiment de l'art dont il était doué, et de la haute direction qui présidait à ses travaux. On remarqua surtout une bonne copie du *Gladiateur mourant* ; un bas-relief tout à fait dans le goût de l'antique, *Pallas enseignant à l'homme l'art d'atteler les bœufs à la charrue* ; une statue d'homme lançant un disque, qu'il nomma le *Joueur de ruzzica*, du nom qu'on donne à Rome à un exercice populaire ; et enfin une statue en marbre d'*Oreste*, tel que le montre Eschyle, poursuivi par les Euménides, cherchant un refuge à l'autel de Minerve.

Ces deux ouvrages prouvent combien déjà à cette époque le jeune lauréat était maître en son art.

Le *Joueur de ruzzica*, discobole moderne, est une belle statue, grande comme nature, observée et prise sur le fait, pour ainsi dire, avec un grand accent de vérité, sur un de ces Transtévérins dont nous avons parlé. Simart s'explique sur ce travail dans une lettre [1] qui fait connaître quelques-unes de ses opinions, et dont nous citerons des fragments :

« Je travaille à une grande statue qui prend tout mon temps. J'ai de la peine à m'arracher à ce travail... J'y mets de la passion... Sans doute l'improbation de mon bas-relief [2] par les journaux a pu me faire beaucoup de mal, mais je n'en suivrai pas moins ma route... Je n'en veux pas dévier d'une ligne. Cela est si vrai, que la figure dont je m'occupe en ce moment n'est pas plus dans le goût de la mode que mon bas-relief, et, malgré cela, j'y travaille avec toute l'ardeur que je pourrais mettre à un ouvrage pour lequel j'aurais la certitude du plus brillant succès.

» La statue dont je parle n'est pourtant pas dans le goût que j'aime le plus; car j'aime l'art quand il fait rêver, quand il saisit le cœur; j'aime l'art qui fait pleurer... C'est un athlète qui lance le disque. Je ne pensais pas traiter un sujet de ce genre, mais j'y fus

---

1. Adressée à M. Aug. Millard, qui fut depuis, en 1848, représentant du département de l'Aube. Cette lettre est citée par M. Gustave Eyriès, dans son intéressante étude sur Simart (p. 77), que nous avons consultée avec fruit. Paris, Didier.
2. Le bas-relief de *Pallas*.

entraîné par la nature ; c'est-à-dire que, me promenant autour des murs de Rome, où ordinairement les hommes du peuple se livrent au jeu du disque, je vis plusieurs hommes jouant, et, parmi eux, il y en avait un qui joignait aux avantages du corps une telle noblesse, une telle fierté en lançant son disque, que j'en fus frappé. Sa tête, dont les traits étaient prononcés très-énergiquement, avait une expression qui indiquait singulièrement combien il sentait sa supériorité sur ses adversaires, et en vérité il avait dix fois plus de force et d'adresse. Enfin je fus enthousiasmé de la beauté du geste de cet homme, de sa mâle et noble expression, et je me décidai à faire un joueur de disque... Je crois avoir fait une bonne chose... Lorsque M. Ingres vit cette statue il y a peu de jours, il m'embrassa avec effusion, me disant qu'il était beau de répondre aux critiques par un tel travail [1]. »

Eh bien, M. Ingres avait raison, et Simart sentait bien la valeur de son œuvre. Non-seulement il avait fait une bonne chose, il avait fait une belle statue, et il est à désirer pour son honneur et celui de notre École que cette figure, dont un plâtre seulement existe au musée du Louvre, soit reproduite en marbre ou en bronze, et reçoive la publicité dont elle est digne.

Ce travail fut bien apprécié, et valut à l'auteur des approbations qui lui firent oublier les critiques dont il avait été profondément affligé. Il en fut de même

---

1. Ces dernières lignes sont extraites d'une lettre adressée à M. Gadan, citée aussi par M. Eyriès, p. 79.

pour sa statue d'*Oreste* [1]. Une inspiration née du sujet même, dégagée de toute imitation servile, une étude sincère du tragique grec, lui méritèrent ce bel éloge, qu'on y reconnaissait l'Oreste d'Eschyle.

On peut considérer tout ce que l'antiquité nous a légué comme une œuvre immense, inspirée d'un même esprit. Quelles que soient les différences qu'on remarque dans le style et dans l'exécution de ces sculptures, quelles que soient les hauteurs différentes où se sont élevés les génies qui les ont créées, quelque féconde que soit la liberté d'action qui a répandu tant de variété dans l'unité, on peut dire que, depuis les marbres d'Égine jusqu'aux siècles qui ont suivi le règne d'Alexandre, où des esprits chagrins marquent le commencement de la décadence, et par delà même l'asservissement de la Grèce, lorsque les Romains appelèrent à eux tant d'artistes qui n'avaient plus de patrie, le souffle qui fait vivre ces sculptures est le même. C'est l'œuvre d'un temps, d'une époque; c'est cette œuvre immense que contemple l'artiste et que Simart étudia avec tout son amour. C'est à cette source féconde qu'il puisa, secondé par son penchant naturel au culte du génie antique, le sentiment de la grandeur et de la simplicité et la pureté de contour qui formèrent le caractère de son talent. On lui a reproché quelquefois une sorte d'inflexibilité de ligne qui semblait le résultat d'un système poussé à l'excès; mais les meilleures qualités ne

---

1. Le marbre a été donné par l'État au musée de Rouen; le modèle en plâtre est chez M. de Vandeuvre, qui fut un des amis les plus dévoués de Simart.

peuvent-elles parfois entraîner l'artiste au delà des limites du vrai ?

Dans le printemps de 1837, Simart avait quitté Rome pour parcourir l'Ombrie et la Toscane, visiter Pérouse, Assise, Viterbe, Sienne, Florence. « Que j'ai vu de sublimes peintures ! écrit-il dans son enthousiasme à un de ses meilleurs amis [1]. Quels artistes c'étaient que les peintres de la fin du moyen âge ! Ce sont eux qui ont fait Raphaël ; s'il les a surpassés par la forme, il n'est pas toujours arrivé à leur sublime expression, à leur style, qui rappelle le plus beau style des Grecs. J'ai beaucoup étudié ces maîtres, j'ai beaucoup travaillé d'après eux, et je rapporte une bonne collection de dessins. »

Il s'acheminait vers Rome. Une rumeur sinistre, qui n'était que trop fondée, lui fit hâter son retour. Ce n'était plus le jeune homme timide d'autrefois, c'était un artiste au cœur ferme et dévoué. On disait que le choléra venait d'éclater à Rome, qu'il y faisait de nombreuses victimes. Le peuple, plein d'effroi, se livrait à de sanglantes exécutions. Des étrangers, accusés d'empoisonner les fontaines publiques, avaient été assaillis, massacrés, jetés dans le Tibre. Et ses camarades, ses amis, son maître, étaient à Rome ! Il courut au milieu d'eux. La contagion les menaçait.

Tout près des jardins de la villa Médicis s'élève le couvent de la Trinité du Mont, français comme l'Aca-

---

[1]. M. Marcotte-Genlis avait continué à Simart l'amitié et le dévouement de son frère, M. Marcotte aîné, mort depuis peu. — Eyriès, *ibid.*, p. 85.

démie ; de saintes filles, qui n'avaient écouté qu'un sublime dévouement, y avaient apporté le fléau. Six jeunes religieuses périrent dans une même journée. Notre peintre Sigalon mourait dans son atelier, devant sa belle copie du *Jugement dernier*, qu'il venait d'achever. Ces tristes scènes abattirent les forces de Simart, et le mirent aux prises avec le mal ; les soins assidus, les témoignages d'amitié qu'il reçut de M. et de madame Ingres, de M. Victor Baltard, de MM. Hippolyte et Paul Flandrin, de M. Bridoux, un de ses plus chers condisciples, le rendirent à la santé. Il fit un voyage à Naples, retourna à Rome pour achever ses travaux, et revint à Paris vers la fin de 1839. Il avait alors trente-trois ans, était en pleine possession d'un talent mûri par de sérieuses études, et se devait à lui-même de chercher, par des efforts nouveaux, à monter au rang des maîtres.

Les travaux vinrent le chercher, on peut dire le surprendre, dès son arrivée. M. de Rambuteau lui demanda, pour la façade de l'hôtel de ville, deux figures en bas-relief, *l'Architecture* et *la Sculpture*[1], et plus tard, un travail important, deux grandes statues adossées aux colonnes monumentales de la barrière du Trône : *la Justice* et *l'Abondance*[2]. Ces deux colosses de pierre, aux ailes étendues, prêts à planer sur la ville immense, marquent parmi les bons ouvrages de Simart.

---

1. A droite et à gauche d'une grande fenêtre cintrée, au deuxième étage de l'aile droite.
2. Deux autres figures, tournées vers l'avenue de Vincennes, sont de M. Desbœufs.

Puis le ministère de l'intérieur lui demanda, pour la bibliothèque de la chambre des pairs, deux statues de marbre : *la Philosophie*, austère mais belle, et *la Poésie épique* [1], la tête ceinte de lauriers.

Il ne suffit plus à l'art moderne de caractériser, par les immuables attributs que leur donnait l'antiquité païenne, des divinités exilées de l'Olympe. Les Muses, toujours honorées dans cette enceinte, n'ont plus d'autels. Le temple de Thémis n'est pas fermé, mais nous l'appelons le palais de justice. Les prêtres de Mercure sont à la Bourse. L'artiste a donc une tâche difficile à remplir lorsqu'il lui faut donner la vie à de froids symboles, et s'arrêter sur la pente rapide qui mène à de vulgaires images. Il invoquera alors le secours de ces divinités errantes ; déchues du rang suprême, elles fertiliseront le champ de l'allégorie, elles appartiendront à son esprit libre ; il sait que, tombées sur la terre, elles se souviennent des cieux, et que c'est à la divine Poésie qu'il appartient de leur rendre ce qu'elles ont perdu. Il animera donc l'allégorie d'un souffle fécond, d'une forme vivante, et il éclairera des plus brillants rayons de l'art le « palais diaphane [2] » d'où elle ne peut sortir.

Nos habiles artistes ont plus d'une fois résolu le problème, et Simart a été un de ceux qui y réussirent le mieux. Cette faculté dont il était doué, que ses études avaient développée, et qui était une des meilleures qualités de son talent et de son esprit, d'animer des per-

---

1. Ces figures sont toujours à la bibliothèque du Sénat.
2. « L'Allégorie habite un palais diaphane. »

sonnages symboliques, de faire comprendre l'allégorie, de lui donner une forme noble, élevée, toujours significative, ne lui fut jamais plus nécessaire que dans le grand travail qui suffirait à l'honneur de son nom, les bas-reliefs du tombeau de Napoléon Ier.

Des travaux de sculpture devaient décorer le beau monument élevé par Visconti et contribuer à sa splendeur. Voici comment M. Duchâtel, ministre de l'intérieur, distribua ces travaux :

Deux génies de bronze, couronnés de cyprès et de voiles funèbres, veillent à l'entrée du tombeau : c'est l'œuvre de M. Duret. Douze figures de Victoires entourent le sarcophage, rappelant les batailles les plus mémorables : elles sont dues au ciseau de Pradier. Simart fut chargé d'écrire les travaux du législateur. Nous disons écrire, parce que les bas-reliefs de Simart sont des sortes d'inscriptions, taillées dans le marbre, tracées dans le noble langage et le beau style de la statuaire. Pour apprécier les difficultés de cette tâche, il faut connaître les sujets que l'artiste avait à traiter. C'étaient : la pacification des troubles civils, l'organisation de l'administration publique, la promulgation du Code, le concordat, les travaux publics, le commerce et l'industrie protégés, la fondation de l'Université, de la cour des comptes, du conseil d'État, de la Légion d'honneur. Il est certain que, si plusieurs de ces sujets convenaient à une traduction sculpturale, d'autres semblaient s'y prêter médiocrement. Ce n'est pas ici le lieu de décrire ces bas-reliefs, dont plusieurs mériteraient une analyse spéciale ; le temps nous ferait défaut, mais nous devons les embrasser d'un coup d'œil général et faire connaître la pensée qui a présidé à leur conception. Napoléon, ou son génie, toujours présent, occupe le centre de chacune de ces compositions; des groupes harmonieusement combinés se lèvent sous sa main puissante, obéissent à sa parole souveraine, et cette disposition, toujours répétée, ne produit pas la monotonie, parce qu'elle est née du sujet même; et que, par sa gravité simple et vraie, elle convient à la majesté du lieu. L'exécution est ferme et concise comme la pensée mère; l'allégorie, toujours sobre et claire, semble parfois d'autant plus heureuse que le sujet était plus rebelle. Dans le bas-relief de la cour des comptes, Napoléon, assis sur son trône, repousse d'une main l'Erreur, la Fraude, et l'Imposture, qui se voile la face, tandis que de l'autre il appelle à lui la Vérité, l'Exactitude, et l'Ordre, qui recueille les paroles de l'empereur et écrit sous sa dictée. Qui ne reconnaîtrait la fondation de l'Université dans ces figures qui symbolisent les diverses Facultés? Un enfant s'appuie plein de sérénité sur l'empereur, qui le confie aux soins de ceux qui veillent désormais sur la jeunesse du pays. La jeune femme, ou la Muse richement drapée qui personnifie les lettres, s'appuie sur un double Hermès d'Homère et de Platon, et montre de la main droite le nom de Plutarque gravé sur le cippe. Ailleurs, l'empereur réconcilie Rome catholique et la France, qui se donnent la main ; deux jeunes gens relèvent la croix. Plus loin, la Vendée apaisée, mais défiante encore, ne remet qu'à demi l'épée dans le fourreau. La Légion d'honneur est fondée.

Napoléon est debout, entre deux autels couverts de couronnes et d'étoiles. Le guerrier, le magistrat, le savant, le poëte, l'historien, l'artiste, reçoivent de sa main ces couronnes et ces étoiles. Comme couronnement de cette épopée, s'élève [1] la statue de Napoléon, en costume impérial. L'épée du héros, celle qu'il portait sur le champ de bataille, repose devant lui, au milieu de trépieds tout chargés de drapeaux. Partout, dans l'exécution de ce grand travail auquel il consacra six ans [2], et qui lui ouvrit les portes de l'Académie, Simart s'est montré historien, poëte et sculpteur.

On voit au palais du sénat un groupe d'un sentiment plein de délicatesse, *l'Art demandant ses inspirations à la Poésie;* c'est la dernière pensée de Simart, ce fut celle de sa vie entière, et on dirait que, pressentant sa fin prochaine, il ait voulu l'exprimer dans cette composition suprême, dont il n'a pu achever que le modèle [3]. L'Art, et c'est bien l'art de la sculpture qu'il a voulu caractériser, consulte la Poésie, qui se recueille. Ce sont deux jeunes génies, ailés tous deux, frères par la stature et l'élégance. Peut-être Simart, modeste, inquiet de ses œuvres, défiant de lui-même, a-t-il voulu faire entendre que le Génie auquel il a donné l'attitude de la méditation ne lui livrait pas facilement son secret, et que l'inspiration était souvent le prix du recueillement et de l'étude. Ce Génie, cependant, lui a parlé plus d'une fois.

1. Dans la salle du reliquaire.
2. De 1846 à 1852.
3. Le marbre a été terminé sous la direction de M. Duret.

Il y a au château de Dampierre, chez M. le duc de Luynes, une salle que M. Ingres devait décorer de deux grandes peintures, *l'Age d'or* et *l'Age de fer*. L'œuvre est célèbre avant d'être achevée ! M. de Luynes demanda à Simart quatre compositions, quatre frises qui devaient compléter la décoration monumentale. Simart était libre, il devait seulement faire concorder l'ordonnance générale de son travail avec les sujets choisis par M. Ingres [1].

Simart a donné pour emblèmes à l'Age d'or la moisson et les vendanges, à l'Age de fer la guerre et l'esclavage; et il a imprimé à ces compositions un si beau caractère, un style si pur, qu'il a pu croire sans orgueil que le Génie qu'il invoquait sans cesse l'avait cette fois animé de sa grâce, inspiré de sa puissance.

Nous n'essayerons pas de décrire ces bas-reliefs : nous ne réussirions pas à faire apprécier le charme et la grâce des uns, la fermeté et l'énergie des autres. Ils sont beaux par l'abondance de la composition, la richesse des épisodes, l'heureux choix des détails; le mérite de l'exécution; et c'est l'avis de quelques juges éclairés que, si un jour des fragments de ces sculptures venaient à être trouvés gisant sur le sol, on pourrait les attribuer à quelque belle époque de l'antiquité. Mais nous sommes, grâce au ciel, à d'abri de ce désastre, qui ne saurait manquer de produire une polémique des plus instructives, et tout à l'avantage de l'auteur des bas-reliefs.

---

1. Ces compositions sont antérieures aux bas-reliefs du tombeau de Napoléon. Elles ont été exécutées de 1841 à 1843.

C'est alors que M. de Luynes eut la belle pensée de faire une restitution de *la Minerve du Parthénon*, non point dans la dimension de l'œuvre primitive, mais réduite à une proportion qui serait encore colossale [1]. Plein de confiance dans le talent qu'il avait eu occasion d'apprécier, il chargea Simart de l'exécution de ce grand travail [2].

Les beaux-arts, étroitement liés à la poésie, au sentiment religieux, à l'amour de la patrie, occupent une place considérable dans l'histoire de l'humanité, et les grands noms de l'art des temps antiques nous apparaissent entourés d'un merveilleux prestige. La clarté qu'ils répandent traverse la profondeur des siècles, comme la lumière des astres traverse l'immensité des cieux. Aussi rien de plus capable d'intimider un artiste que la pensée de se mesurer pour ainsi dire avec un de ces noms éclatants. Ne sera-t-il pas écrasé dans la lutte? Comment s'élever à la souveraine beauté? L'esprit de Phidias descendra-t-il dans l'atelier du sculpteur téméraire? Quoi de plus beau qu'une œuvre qui n'existe plus! Et comment réaliser un rêve de perfection ineffable!

D'autres difficultés troublaient encore le libre arbitre de l'artiste. La description laissée par Pausanias donne-t-elle des lumières suffisantes? L'autorité si respectée de Quatremère de Quincy n'a-t-elle pu être atténuée par des études plus récentes? Tout n'est-il pas matière

---

1. *La Minerve du Parthénon* avait environ quarante pieds de haut. Celle de Simart a neuf pieds.
2. Ce travail occupa Simart de 1846 à 1855.

à discussion dans l'ajustement de la déesse, dans la disposition des attributs? Quels ornements couvriront le casque? Où placer le bouclier, la lance, le serpent Erichtonius? Quelle main portera la Victoire? Et la guerre des géants et des dieux, la défaite des Amazones, sculptées sur le bouclier, la naissance de Pandore sculptée sur le piédestal, et les bas-reliefs qui ornaient jusqu'aux sandales de la déesse, que de travail dans ces travaux accessoires! Et comment aussi le public accueillerait-il ce mélange d'ivoire et de métaux précieux, si nouveau pour lui, si éloigné de ses habitudes?

C'est au milieu de ces incertitudes, de ces entraves, de ces anxiétés, que M. de Luynes et Simart poursuivirent leur entreprise savante et hardie. On a vu à l'exposition universelle de 1855 la statue de Simart; critiquée avec violence, louée avec chaleur, elle a eu le sort des beaux ouvrages conçus en dehors des pratiques ordinaires. M. de Luynes a donné un noble asile à la vierge du Parthénon, et la reconnaissance des hommes éclairés doit se partager entre le promoteur généreux d'une tentative nouvelle dans l'histoire de l'art, et le sculpteur dévoué qui n'a pas craint d'enchaîner sa liberté dans ce travail d'artiste et d'érudit.

Simart, au reste, ne courait pas après la popularité; il l'attendait, non comme l'homme de la Fable attendait la Fortune, mais debout et laborieux. On raconte qu'un noble Génois, visitant Florence, disait à un artiste célèbre de cette ville qui lui servait de guide: « Nous sommes fils de deux belles cités, et, si je n'étais Génois, je voudrais être Florentin.— Et moi, répondit l'artiste, si je n'étais pas Florentin... — Vous voudriez être Génois ? — Non, je voudrais être Florentin. » Simart aimait la sculpture comme ce Florentin aimait sa patrie.

Le temps nous presse; et nous ne pouvons que mentionner d'autres travaux importants de Simart, exécutés dans ses dernières années. Nous citerons d'abord son beau fronton du pavillon Denon, au Louvre, *le Réveil des Arts et de l'Industrie à l'avénement de Napoléon III*. La noble ordonnance, l'aspect imposant, l'exécution magistrale de ce fronton frappent tout d'abord le spectateur. Citons encore ses remarquables et nombreuses sculptures du plafond carré au Louvre, et les deux groupes de cariatides qui décorent une des faces du même palais [1]; c'est le dernier travail qu'il lui fut donné de terminer, c'est là que son labeur s'arrête avec sa vie.

Des amitiés fidèles, les liens de la famille, l'amour d'une épouse dévouée [2], la culture des arts, des distinctions justement acquises, faisaient à Simart une existence charmante et honorée. Des projets succédaient aux travaux accomplis. Plein de reconnaissance

---

[1]. Les sculptures du salon du Louvre, de 1849 à 1851; le fronton de Napoléon III, 1855; les cariatides (au pavillon de l'Horloge, au nouveau Louvre, en face des Tuileries), 1856. Nous aurions dû citer encore : le berceau du prince impérial, un groupe de la Vierge et de Jésus enfant, à la cathédrale de Troyes; ses compositions tirées de la fable d'Orphée pour le salon de musique de M. de Vandeuvre; d'autres travaux au château de Dampierre, des portraits, etc.

[2]. Mademoiselle Amélie Baltard, qu'il avait épousée en secondes noces. Simart avait perdu, en 1849, sa première femme, mademoiselle Laure Jay, fille de l'architecte distingué, professeur à l'École des beaux-arts, qu'il avait épousée en 1841. Il reste un jeune fils de ce premier mariage.

pour sa ville natale, il voulait la doter d'un grand monument qu'il aurait élevé à la mémoire du pape Urbain IV, comme lui né à Troyes, comme lui fils d'un artisan [1]. Les dessins en étaient commencés. Il remplissait avec un zèle sincère des devoirs qu'il aimait. Il avait succédé à son maître Pradier [2] dans notre Académie, qu'il n'a fait que traverser d'un pas rapide, et où il a laissé des souvenirs profonds. Un jour fatal vint tout détruire et briser cette carrière déjà si féconde, et qui semblait avoir tant de promesses. C'est dans l'accomplissement d'un devoir que la mort vint le surprendre. Le 18 mai 1857, il se rendait à une réunion du jury de l'exposition des beaux-arts. Un accident déplorable, une chute de voiture l'étendit tout sanglant. Le mal fit des progrès rapides, et l'emporta en peu de jours.

C'est ainsi que périt Simart. Son nom restera. Le juste orgueil de ses concitoyens, déjà fiers de Mignard et de Girardon, lui a consacré un musée tout rempli de ses ouvrages. Ils seront bientôt publiés, sa renommée grandira chaque jour, et il prendra, pour l'honneur de tous, la place qui lui appartient dans la liste illustre des hommes qui font la gloire de nos arts nationaux.

1. *Voyez* dans l'ouvrage de M. Eyriès une lettre de Simart relative à ce projet de monument et à un autre travail pour la ville de Troyes (p. 378).

2. En 1852. En 1855, Simart fut nommé officier de la Légion d'honneur.

ADOLPHE NOURRIT

I. — OCCASION DE CE TRAVAIL. — LETTRES INÉDITES D'ADOLPHE NOURRIT. CARACTÈRE DE CES LETTRES. — DANS QUELLES CIRCONSTANCES ELLES ONT ÉTÉ ÉCRITES.

Des lettres d'Adolphe Nourrit ont été mises entre nos mains. Il a semblé aux amis de ce grand artiste que ces lettres, dignes d'être connues, occuperaient une place intéressante dans une esquisse de sa vie. Elles contiennent les secrets d'un noble cœur. Adressées à un ami intime, à un de ces amis précieux devant lesquels on ouvre sa pensée tout entière, sans fausse honte, sans crainte, sans réticence, elles renferment l'expression sincère de sentiments divers et quelquefois opposés. Écrites sous l'impression du moment, elles trahissent les douleurs d'une situation difficile. On y lit l'inquiétude qui a marqué la journée, et le chagrin prévu pour le lendemain. Ce qui frappe surtout dans ces lettres et leur donne un caractère tout particulier, c'est l'expression profonde, quoique contenue, d'un découragement sans remède. Si l'espérance vient briller un moment dans l'âme du malheureux artiste, elle ne jette qu'une lueur triste et froide, et ce pâle éclat est bientôt effacé. Il semble que la certitude d'une déception prochaine, inévitable, comprime les battements de ce cœur attristé et en repousse toute joie.

Deux grandes douleurs viennent sans cesse combattre les efforts persévérants que tente Nourrit pour affermir son âme et se donner le courage dont il aura besoin : la douleur de l'artiste incertain, mesurant avec anxiété les dangers qui l'attendent dans une route inconnue, et la douleur de l'exil. Et cependant cet exil était volontaire, lui seul se l'était imposé. Lorsqu'il résiste à ces impressions pleines de tristesse, on dirait qu'il s'acquitte d'un devoir envers lui-même, car sa conviction est formée : il sait que la lutte est impossible, qu'il sera vaincu, qu'il marche à la mort.

Ces lettres se rattachent toutes à la crise qui enleva Adolphe Nourrit à l'Opéra français et le conduisit à Naples, où il devait mourir. Les premières, écrites de Paris, font connaître les raisons ou plutôt les impressions qui le déterminèrent à se séparer du théâtre qui avait vu ses débuts, ses succès, où sa renommée s'était faite, et à demander à l'Italie la consécration de cette renommée. Les dernières lettres, datées de Naples, le montrent d'abord dans son isolement, dans ses travaux, dans ses études, pour se faire, comme il le dit, *chanteur italien,* en conservant cependant les qualités qui lui sont propres; puis, alors que sa femme est accourue près de lui, on y lit une inquiétude qu'il cache à son amour et qui le poursuit jusque dans la joie du succès qu'il vient d'obtenir; joie douteuse, toujours obscurcie; car ce succès, il n'y croit pas. Des témoignages éclatants devraient le rassurer, il ne les accepte pas : il croit qu'on le trompe, qu'on est plein de bonté pour lui, qu'on a pitié de sa faiblesse. Cette bonté le révolte, et cette pitié l'outrage. On devine ces divers sentiments : ils se font jour plutôt qu'ils ne sont exprimés; cachés au fond de son cœur, ils s'en échappent malgré lui. Toutefois, hâtons-nous de le dire, rien dans ces lettres ne fait prévoir la catastrophe qui fut l'œuvre d'une inspiration fatale. Ce serait faire injure à la mémoire d'Adolphe Nourrit que de penser un seul instant qu'il a accompli dans le plein exercice de sa liberté l'acte désespéré qui termina ses jours. Sa volonté, sa raison avaient succombé dans une lutte qui durait depuis trois ans et avait épuisé ses forces. Sa piété sincère et profonde, sa vive tendresse pour sa famille, tout disparut dans une nuit de délire.

Le public, réuni dans une salle de spectacle, applaudit l'acteur qu'il aime et qui l'a rempli d'émotion et de plaisir. Puis les feux s'éteignent, la salle se vide, le public se disperse, la vie factice du théâtre s'efface, s'oublie et fait face pour le lendemain à la vie réelle des affaires ou à d'autres plaisirs. Mais l'acteur rentré dans ses foyers est resté artiste. La vie du théâtre, factice pour les autres, entre tout entière dans sa vie réelle, dans sa vie d'affaires; elle n'a pour lui ni entr'actes ni lendemain; il vit toujours de cette vie; et il ne s'en sépare pas, comme on pourrait le croire, en quittant le costume du rôle qu'il vient de jouer. Ce qui pour le public n'est qu'une distraction passagère, un jeu, un délassement, est pour lui une occupation sérieuse, ou plutôt c'est sa seule occupation. Mille petits incidents, échappés à l'attention des spectateurs, le préoccupent et troublent son repos. Il n'a pas, dans tel passage, produit l'effet qu'il voulait produire. Sa voix l'a trahi à tel endroit. L'orchestre a joué trop fort ou ne l'a pas soutenu dans une ascension périlleuse. L'applaudissement désiré a fait défaut. Dans un duo célèbre et attendu, son partenaire a chanté faux, et l'a entraîné sur la pente fatale. Il est vrai que le partenaire en dit autant de son côté. Le public ne sait pas ce qui se passe dans l'âme de l'acteur, ne connaît pas les contrariétés, les chagrins qui parfois font saigner le cœur de celui qui vient de le toucher par des chants mélodieux, de l'entraîner par des accents énergiques, et à qui il vient de jeter une couronne. Il faut avoir vécu avec les artistes, au milieu d'eux, être artiste soi-même peut-être, pour apprécier les grandes douleurs de ces petites blessures qu'une imagination ardente surexcite, que des rapports imprudents enveniment, que l'inimitié se hâte d'exploiter, et que ne suffisent pas toujours à apaiser les applaudissements les plus sonores.

Dans l'esquisse que nous allons tracer, nous tâcherons de montrer l'homme et l'artiste. Nourrit, en dehors du théâtre, était un homme d'une haute valeur, un esprit d'une rare intelligence.

II. — LOUIS NOURRIT, PÈRE D'ADOLPHE NOURRIT.

Adolphe Nourrit naquit à Montpellier, le 3 mars 1802, l'année même où son père, Louis Nourrit, âgé de vingt-deux ans, et qui devint aussi premier ténor à l'Opéra, entrait au Conservatoire de musique de Paris pour y achever ses études. Méhul, frappé de la beauté de sa voix, recommanda Louis Nourrit aux soins du célèbre chanteur Garat. Trois ans après, en 1805, il débutait à l'Opéra par le rôle de Renaud, dans l'*Armide* de Gluck, et y obtenait un grand succès.

On raconte qu'un soir, après une représentation d'*Orphée*, Garat entra dans la loge de Louis Nourrit, qui venait de paraître pour la première fois dans le rôle touchant et difficile du triste amant d'Eurydice. Garat, profondément pénétré des beautés du style de Gluck, Garat, qui était lui-même un interprète admirable de ces beautés, et qui chantait les plaintes et les douleurs d'Orphée avec les larmes et les accents d'Orphée, se montra plein de contentement. Il embrassa son élève, et, devant un groupe nombreux d'artistes accourus pour le féliciter : « Après un tel succès, lui dit-il, tu peux prétendre à tout! » Nourrit, demeuré calme, lui répondit : « Je vous remercie, mon maître, mais je n'ai pas d'ambition. » Et il voulut lui prendre la main. Garat repoussa la main qu'on lui offrait, ses yeux brillèrent de colère et d'indignation. « Tu n'as pas d'ambition, malheureux! et que viens-tu faire ici ? »

Garat avait raison. Comme il avait la passion de l'art, il avait l'ambition de l'artiste ; il la voulait chez ses élèves, et ne comprenait pas le chanteur dépourvu de ce feu dont lui-même était animé.

Sans faire ici le roman de l'artiste ambitieux, et en se maintenant dans les justes limites des seuls espoirs qui lui soient permis, on peut dire qu'il doit désirer ardemment le succès, l'éclat qui l'environne, le retentissement qui le suit. Le vrai succès est le juste rayonnement du talent; il s'obtient par l'étude, grandit par le travail, se maintient par la chaleur de l'âme et la persévérance courageuse; il s'appuie surtout sur une aptitude spéciale, qui est un don, un privilége, qui devient une force, et lui conquiert tout d'abord la faveur et l'intérêt du public. L'ambition du succès est donc non-seulement permise à l'artiste, elle lui est nécessaire; elle s'impose à lui, le soutient, l'anime et le fait vivre. C'est une lumière qui brille dans son âme, qui doit, sans l'éblouir, l'éclairer sur sa propre valeur ; et lorsque cette lumière brûle d'une flamme discrète et pure, qu'elle ne se trahit pas par des écarts imprudents, qu'elle ne se répand pas au dehors en jets trop orgueilleux, elle met en relief les bonnes qualités de l'artiste, et les fait apparaître dans leur plus grand éclat.

Cette ambition naturelle et légitime, qu'auraient justifiée d'heureuses dispositions et un talent déjà distingué, Louis Nourrit en était complétement dépourvu, et l'éclipse totale de la lumière salutaire produisait en lui un contentement facile du succès, une modération dans le désir de la renommée, si rare chez les artistes, qu'il faut la signaler. Au reste, dans toutes les situations de la vie, c'est une condition réelle de bonheur que de savoir se préserver d'ardeurs trop grandes, et de se plaire au souffle des régions tempérées. Ce que Louis Nourrit appréciait par-dessus tout, ce qu'il cherchait vainement dans une carrière orageuse, c'était le calme, le repos, la vie exempte de trouble et d'agitation. Jamais le mot *emploi*, dont on se sert dans la langue des affaires théâtrales pour désigner les attributions diverses des comédiens, n'a reçu une application plus directe, plus exacte, que dans l'application qu'il en faisait lui-même à l'exécution loyale de ses obligations. Il remplissait tous ses devoirs, chantait et jouait ses rôles le mieux qu'il lui était possible, s'acquittait de son *emploi* avec conscience; mais il se reprochait, pour ainsi dire, l'émotion que ces rôles lui causaient, parce que l'émotion troublait l'équilibre de ses facultés, dérangeait son repos, et que, n'étant pas stipulée dans son engagement, rien ne l'y obligeait; il la subissait donc comme une chose fâcheuse dont il fallait se dispenser, et il cherchait à s'affranchir de l'inquiétude qu'inspire toujours, même à l'artiste le plus vaillant et le plus habitué à affronter le feu de la rampe, la présence du public, maître capricieux, inconstant, qui a des boutades imprévues, et qui se croit le droit, dont il use quelquefois, de se montrer difficile et exigeant. S'il avait choisi, ou plutôt s'il avait accepté la profession de chanteur, c'est parce qu'il avait une jolie voix, que cette voix l'avait conduit au théâtre sans efforts, par un enchaînement de circonstances auxquelles il lui eût été difficile de résister, et qu'en somme c'était une profession agréable et d'un bon revenu, quoique ce revenu fût loin de valoir ce qu'il est aujourd'hui. Louis Nourrit avait, d'ailleurs, arrangé sa vie d'une façon étrange ; il était à la fois chanteur et négociant. Comme il se connaissait très-bien en pierres précieuses, il en faisait le commerce avec une grande habileté, et on peut ajouter avec une prédilection toute particulière. Il se plaisait à contempler le diamant, le saphir, l'émeraude, le rubis, les perles ; il en aimait le feu, l'éclat, le chatoiement ; il avait fait une gamme de pierres précieuses. Ce goût favori le suivait jusque sur le théâtre, et plus d'une fois Renaud, sortant des jardins d'Armide, a montré à ses camarades de beaux diamants qu'il avait dans sa poche.

Ce caractère, ce désir d'habitudes paisibles, avaient dû nécessairement dicter à Louis Nourrit, qui se connaissait bien et ne se faisait pas d'illusion, la réponse qu'il avait faite à Garat, l'humble aveu plein de philosophie, dont le maître, peu philosophe, s'était montré si vivement irrité, et après lequel toute nouvelle tentative eût été superflue. Le professeur d'ambition n'insista pas. L'élève, trop modeste ou trop sage, refusait de sortir du calme qui lui était si cher pour se sacrifier à une divinité qu'il redoutait sans la connaître. La foi lui manquait.

Il est une ambition sérieuse et rare, qui ne s'attaque qu'à certains esprits ardents et fortement trempés. Nous l'élèverons tout de suite à son plus haut degré de puissance : c'est celle qui entraîne l'artiste, sans relâche et sans pitié, vers l'étude obstinée ; qui lui montre, — comme but suprême de ses efforts, une perfection idéale, absolue, étoile lumineuse qui brille aux confins de l'horizon, vers laquelle on marche sans cesse, sachant bien qu'on ne l'atteindra jamais, — et comme récompense, une place parmi les premières places dans l'estime et l'amour des hommes touchés des pures beautés de l'art. Noble aspiration ! rarement satisfaite chez l'artiste au cœur sincère. Rêve d'une vie entière, qui ne s'accomplit pas, et dont il ne faut pas s'éveiller, sous peine de tomber dans les ténèbres et dans le désespoir !

Cette ambition, si on ne sait la maîtriser, peut devenir redoutable. C'est ce désir implacable du bien qui s'empara du cœur d'Adolphe Nourrit, le dévora tout entier, et remplit de tristesse et d'angoisses les dernières années de sa vie.

Ainsi, tandis que le père était dépourvu même de l'ardeur nécessaire, le fils se laissait dominer par un sentiment trop élevé et trop étendu des devoirs de l'artiste, qui excéda ses forces et le fit succomber. Moins exigeant pour lui-même, plus confiant dans ses forces, ou résigné, s'il avait fallu l'être, il eût vécu heureux de l'estime de tous, entouré d'une juste renommée et de l'affection sincère qu'il inspirait à ses amis. Les annales du théâtre ne seraient pas attristées d'une page néfaste qu'on voudrait effacer; ceux qui ont connu, qui ont aimé Adolphe Nourrit ne seraient pas poursuivis d'un souvenir douloureux, dont le temps n'a pu adoucir l'amertume.

III. — Premières études d'Adolphe Nourrit.

Après l'esquisse que nous venons de faire du caractère de Louis Nourrit, on ne sera pas surpris d'apprendre qu'il n'entendait pas destiner son fils à la carrière du théâtre ; il l'aimait tendrement, et, voulant lui préparer un avenir conforme à ses propres goûts, il chercha à lui assurer l'existence qu'il aurait désirée pour lui-même : une vie facile et des travaux paisibles. Dans sa prévoyance inquiète, il l'éloigna de la demeure paternelle, où aurait pu naître et grandir l'instinct qu'il redoutait, et le plaça à Sainte-Barbe. Adolphe y fit d'excellentes humanités, en même temps qu'il y formait les premiers liens d'amitiés qui furent durables. Il ne sortit du collège que pour entrer dans une maison de commerce [1] et y apprendre la *tenue des livres*. On voit que le père était fidèle à son système de calme et d'apaisement. Le fils n'avait que seize ans, il était docile et se laissait faire.

Après un an d'exercice, le jeune *teneur de livres* était devenu très-habile. Un autre genre d'études lui fut alors proposé, ou plutôt imposé. Il s'y soumit encore de bonne grâce.

On venait d'établir dans la *Compagnie générale d'assurances* un bureau *d'assurances sur la vie*. Adolphe Nourrit entra dans ce bureau et fut employé à dresser ou à vérifier des tables de mortalité.

---

1. Chez M. Mathias, père de M. Georges Mathias, un de nos jeunes pianistes les plus brillants, et compositeur très-distingué.

Certes, ces travaux étaient une étrange préparation à la vie d'artiste qui l'attendait malgré les précautions paternelles, à son insu, et pour ainsi dire malgré lui-même; mais ce qui est plus étrange encore, c'est que le futur ténor, dont la voix et les véritables inclinations étaient sur le point d'éclore et de se manifester, montra pour ses nouvelles occupations une aptitude remarquable et s'y livra avec une ardeur toute juvénile. Ce travail l'intéressait et excitait sa curiosité. Il trouvait bizarre, à dix-sept ans, de supputer les chances probables de chacun dans la grande loterie de la vie humaine, de promener la faux de la mort sur tous les âges; il lui semblait que ses calculs avaient quelque chose de fatidique, et qu'il remplissait le rôle d'une parque. Mais ce qui le charmait surtout, c'est que ses calculs ne tuaient personne, et que la parque n'avait pas de ciseaux. Ses chefs, ravis de son intelligence, de son activité, de la netteté de son écriture, de l'élégance de ses chiffres, de la sûreté de son arithmétique, lui promettaient un bel avenir; M. Nourrit père était plein de joie.

Ce fut à ce moment même que ses prévisions furent trompées.

IV. — LA MUE DE LA VOIX. — LE DÉBUT.

Adolphe Nourrit venait d'atteindre les derniers confins de l'adolescence, et les portes de la jeunesse s'ouvraient devant lui. C'est alors que le jeune homme jette un regard curieux sur la route qu'il va parcourir, marche au-devant de la vie qui lui apparaît, et se demande comment il dépensera ses facultés, son intelligence, son cœur, son esprit et toutes les flammes nouvelles qui s'allument dans son âme.

Un phénomène auquel on n'attache aucune importance dans les habitudes ordinaires de la vie, mais qui a un grand intérêt pour le musicien, précède et accompagne ce passage de l'adolescence à la jeunesse. C'est la transformation complète de la voix. Les accents limpides et fragiles de la voix de l'enfant s'effacent peu à peu et font place à des accents colorés et solides, signe de la virilité. L'accomplissement de cette transformation, qu'on nomme la *mue* de la voix, décida de la destinée de Nourrit.

Ce phénomène, qui a une action double, puisqu'il affecte à la fois chez le même individu, et avec des chances diverses, la voix qui parle et la voix qui chante, présente dans sa marche, rapide quelquefois, ordinairement très-lente, les circonstances les plus singulières, les plus inattendues, les plus variées. Presque inappréciable chez la femme pour les observateurs inattentifs, il est très-prononcé et facilement remarquable chez l'homme. Nous ne nous occupons ici que des voix masculines et de la voix chantante.

Il peut arriver que tout l'effort de ce travail, de cette production mystérieuse de la voix virile, ait pour seul effet d'abaisser d'une octave la voix de l'enfant, c'est-à-dire de la déposer tout entière, et comme avec précaution, avec ses qualités naturelles ou acquises de justesse, de souplesse et de légèreté, dans une zone inférieure, égale en étendue à l'espace qu'elle embrassait. Il n'y aura de changé dans la voix ainsi transportée que l'apparence, le timbre, ce que les Italiens nomment le *métal*, et la voix argentine du soprano devient la voix dorée du ténor. Il semble alors que l'oreille assiste à un spectacle analogue à celui qu'offrirait aux regards d'un observateur le déplacement lent, progressif, régulier d'un terrain qui s'abaisserait par un mouvement presque insensible, avec ses riches plantations, ses gazons verdoyants, ses constructions harmonieuses, pour se fixer sur une base plus solide, sur un sol plus fécond, et recevoir une lumière plus brillante et plus chaude. Mais que de chances fatales pour une chance heureuse! tout peut être détruit, tout peut s'écrouler dans des secousses violentes et désordonnées. — C'est ainsi que la voix la plus pure, la plus étendue, la plus sonore, la plus richement douée, peut périr dans cet abaissement plein de dangers; et le plus souvent, et presque toujours, elle disparaît, éteinte, étouffée sous les décombres qui l'oppriment de toutes parts.

C'est pourquoi jadis en Italie, ce pays de la mélodie, où la beauté de la voix est estimée comme un don précieux, des parents avides vouaient des fils encore enfants, lorsque leur voix était sonore et accentuée, à un procédé qui leur conservait à jamais, non-seulement la souplesse, la légèreté, mais aussi le timbre de la voix enfantine; plus l'enfant était habile dans l'art du chant, plus sa voix était belle, plus était grande pour lui la chance de vieillir soprano perpétuel. C'étaient des voix ainsi obtenues qui, dans les solennités de la chapelle

Sixtine, pénétraient les auditeurs d'une émotion profonde lorsqu'elles s'écriaient, dans des chants remplis de tristesse : *Miserere mei, Domine !* L'homme, dans ces conditions, n'était plus qu'une voix, mais une voix touchante, sérieuse, animée, où semblaient s'être réfugiés les plus doux sentiments de l'âme et toutes les plaintes de la destinée humaine. Et quel triomphe attendait ce chanteur, lorsque arrivé à la perfection de l'art, il montait sur le théâtre, et, sous le costume d'un guerrier, d'un héros, d'un amant malheureux, répandait les trésors d'une vocalisation merveilleuse ! Notre siècle a encore vu deux de ces grands chanteurs exceptionnels, Crescentini [1] et Velluti [2]. Ils furent les derniers. On a renoncé, et c'est un honneur pour notre temps, à cette sorte d'*assurance* inconnue dans notre pays contre la perte de la voix, qui n'aurait jamais fourni ni assureurs ni assurés.

Le travail de la transformation vocale offre bien d'autres chances ; la voix de l'enfant peut, de légère et facile qu'elle était, devenir puissante et profonde, pas-

---

1. Crescentini, de 1806 à 1812, est resté à Paris, attaché à la musique impériale ; il obtint un succès immense dans le rôle de Roméo du *Romeo e Giulietta*, de Zingarelli, représenté en 1808 sur le théâtre des Tuileries. Il produisait un effet prodigieux dans l'air : *Ombra adorata, aspetta*, qu'il rendit célèbre. Il est mort à Naples, en 1846, dans un âge très-avancé.

2. Velluti a chanté sur les plus grands théâtres d'Italie de 1800 à 1829. Il se fit entendre à Londres en 1825, en 1826 et en 1829. Il s'est, depuis cette époque, retiré en Italie. Il était né en 1781 ; peut-être vit-il encore. — On donnait à ces virtuoses le nom de *sopranistes*, pour les distinguer des *sopranos* naturels. On indiquait ainsi qu'ils s'étaient consacrés à l'étude spéciale et à la pratique du *soprano*, comme on dit un *violoniste*, un *pianiste*, un *portraitiste*.

ser à la condition de basse-taille et acquérir la puissance aux dépens de la souplesse et de la légèreté. Elle peut devenir mixte, se placer entre le ténor et la basse-taille, se constituer en baryton. Une voix peut gagner une étendue exceptionnelle ou se restreindre à l'émission de quelques sons. La qualité du timbre, c'est-à-dire de la voix même, varie aussi à l'infini. De même qu'un homme dont l'esprit est cultivé peut avoir un extérieur vulgaire, de même une voix, d'ailleurs dans de bonnes conditions, peut avoir un accent vulgaire ; et c'est un grand défaut, presque toujours irrémédiable. C'est comme un de ces vices de conformation que la science est impuissante à guérir. Mais, par contre, une voix d'abord entachée de vulgarité peut se revêtir de distinction et devenir élégante. Chaque voix a un caractère, une tournure, une manière d'être qui lui est propre. La voix peut être faible ou puissante, agréable ou dénuée de charme, obéissante ou rebelle, pâle ou colorée, froide ou expressive, par sa sonorité même, indépendamment de toute étude de l'art du chant et de toute préparation vocale ; mais ces qualités ou ces défauts ne sont définitivement acquis qu'après la *mue* de la voix, qui en est l'établissement constitutif. Enfin, il peut se faire encore qu'une voix toute musicale, bien douée et richement pourvue, apparaisse et se développe pendant l'œuvre de la transformation, alors que rien ne la faisait présager chez l'enfant. Le germe caché ne devait fructifier qu'à l'aide des forces de la jeunesse. On compte, chez les chanteurs, de remarquables exemples de cette manifestation inattendue de la voix.

C'est ce qui s'était produit chez Adolphe Nourrit.

Le premier symptôme de la métamorphose qui va s'opérer est une sorte de voile âpre, dur et rauque, qui s'étend sur la voix. Sous cette enveloppe protectrice ou funeste, le germe musical fermente, pour naître ou pour mourir, s'éteindre ou se fortifier. Ce voile, ce nuage, s'était étendu sur Nourrit encore livré à ses travaux de calculateur, et, quand le voile se leva, quand le nuage se fut dissipé, un jeune chanteur apparut radieux.

Une voix lui avait été donnée, un timbre pur, frais, élégant et sonore, atteignant facilement les régions élevées, dans une demi-teinte qui avait beaucoup de charme. C'était une voix placée entre la voix que les anciens musiciens français nommaient haute-contre et celle moins aiguë qu'ils appelaient taille, et que nous avons depuis nommée du nom plus harmonieux adopté par les Italiens. C'était la rare et précieuse voix de ténor, que nos voisins qualifient quelquefois de *tenorino*, lorsque, vibrant avec moins d'éclat que le ténor dont elle procède, elle est plus propre à exprimer la grâce que la force, les sentiments contenus que les passions violentes. Mais la jeune voix de Nourrit participait de ces deux genres de voix et savait exprimer l'énergie aussi bien que la tendresse. On pouvait lui reprocher une émission parfois gutturale, et une certaine résistance au travail de la vocalisation rapide. L'étude pourrait corriger le premier de ces défauts, et amener aussi, jusqu'à un certain point, la facilité de vocalisation, toujours désirable, toujours précieuse au chanteur, mais qui n'était pas indispensable pour l'exécution des tragédies lyriques dont se composait alors le répertoire de l'Opéra français.

Et, en même temps que la voix de Nourrit s'était manifestée, des aspirations nouvelles s'étaient fait jour dans son cœur. L'instinct du chant s'était éveillé et l'agitait, et il sentait dans tout son être une sorte de rhythme harmonieux qui l'entraînait vers la musique. Il forma dès lors le projet d'abjurer un passé qui ne devait pas laisser de trace dans son existence. Son père avait vainement tenté de le détourner de sa route; la nature l'y ramenait sans trouble et sans effort.

Mais il craignait d'affliger son père, et il lui cacha le changement qui venait de s'opérer en lui. Il prit en secret quelques leçons de musique, et, encouragé par ces premières études, il consulta Garcia, alors dans tout l'éclat de son talent et de sa réputation, et lui confia sa voix, son désir et ses espérances. Après quelques mois d'épreuves et de leçons assidues, Garcia, d'abord entraîné par la conviction et la volonté prononcée de son élève, puis séduit par la grâce de sa voix et rassuré par ses progrès rapides, crut devoir révéler à Louis Nourrit, dont il était l'ami, le secret de la vocation du jeune ténor. Le père, étonné, chagrin, dut cependant céder à des prières appuyées de l'autorité et de l'amitié d'un maître tel que Garcia. Il se rendit, et livra le fils qui déjà s'était livré lui-même.

Celui-ci, heureux de l'approbation paternelle, avoua hautement sa résolution, prit congé de sa vie passée, entra plein de joie dans son existence nouvelle, et se donna tout entier à l'étude du chant et de la pratique du théâtre. Le 1er septembre 1821, il débutait à l'Opéra. Il n'avait pas encore vingt ans.

V. — LE PYLADE DE GLUCK.

Il y a dans une des grandes compositions que Gluck nous a laissées un personnage qui remplit un rôle secondaire ; le génie du musicien en a fait un personnage important, capital, et a fait, du rôle, un premier rôle.

Dans la plupart des opéras, le ténor est voué à l'amour ; il en exprime tous les transports ; il est l'*amoureux*, comme on dit en style de théâtre. Et non-seulement il est amoureux, mais il est aimé. Le baryton et la basse-taille peuvent bien aussi, dans le cours de leur existence théâtrale, ressentir les feux les plus ardents; mais, quel que soit le talent avec lequel ils les expriment, leur tendresse est ordinairement repoussée par le soprano, qui aime à chanter avec le ténor, et se plaît à moduler avec lui des gammes harmonieuses. Au ténor donc, l'amour heureux; être amoureux, c'est son devoir et sa fonction ; être aimé, c'est son droit et sa récompense.

Dans l'opéra de Gluck dont nous voulons parler [1], il n'y a pas d'*amoureux*, il y a un ami; et il y a un ténor, qui a dû déroger et passer à l'amitié. Mais ce n'est pas l'amitié froide, vulgaire, qui effleure le cœur, donneuse de conseils et avare d'action, prodigue de conso-

---

1. *Iphigénie en Tauride.*

lations et impuissante à consoler; c'est l'amitié chaleureuse et profonde, qui s'attache au malheur, en réclame sa part, et ne faiblit pas devant la mort. Ce sentiment mythologique, dont Pylade est le type célèbre, Gluck l'a mis en musique avec une puissance d'expression si grande, que, dans sa partition, l'amitié fabuleuse est devenue une réalité.

C'est ce personnage de Pylade que choisit Adolphe Nourrit pour se montrer d'abord au public, et il en remplit le rôle avec un charme si vrai, une chaleur si persuasive, une conviction si entraînante, qu'il eût fait naître l'amitié dans le cœur du malheureux Oreste, si les deux jeunes héros n'eussent été déjà de vieux amis. Et il peut être permis de faire remarquer ici, sans trop d'orgueil pour la musique, le pouvoir qu'elle exerce, et l'empire qu'elle se crée, lorsqu'un souffle énergique la pénètre et l'anime. Le Pylade de Racine est réduit à la condition de confident. Dévoué, mais inerte, il ne sait qu'obéir; il se meut comme une ombre, et l'on peut dire, sans manquer au respect et à l'admiration que l'on doit à l'auteur d'*Andromaque*, que ce n'est point Pylade. Ce n'est pas ainsi que l'a fait Gluck. Le poëte a resserré tout l'éclat de son génie pour Hermione, Oreste, Andromaque, Pyrrhus; Pylade, relégué au second plan, disparaît sous leur relief et sous leur lumière. Gluck a fait de l'ami d'Oreste un homme, une âme, une vie; il existe, parce qu'il chante. Et c'est après l'air touchant de Pylade : *Unis dès la plus tendre enfance*, après le duo sublime : *Et tu prétends encore que tu m'aimes!* qu'Oreste aurait pu s'écrier :

Oui, puisque je retrouve un ami si fidèle,
Ma fortune va prendre une face nouvelle.

Le débutant chanta merveilleusement ces deux belles inspirations, où l'amitié s'exhale en accents pleins de tendresse. Le succès fut complet, la critique fut désarmée. A peine songea-t-on à remarquer un embonpoint précoce que le jeune ténor tenait de son père, à en faire l'objet d'une observation fâcheuse, parce qu'il avait le judicieux esprit d'en prendre franchement son parti, qu'il le portait légèrement, avec une sorte d'élégance, et ne cherchait nullement à le dissimuler. C'est ainsi que, dans le monde, on se fait pardonner un défaut par la bonne grâce avec laquelle on en convient.

Adolphe Nourrit était doué d'un esprit très-fin et très-capable d'apprécier dans leurs nuances les plus délicates les circonstances qui peuvent agir sur les impressions du public, et il ne serait pas impossible que le petit déplaisir que lui causait l'embonpoint trop hâtif dont il était pourvu ait été pour quelque chose dans le choix qu'il fit de son rôle de début. Il pouvait penser, et il ne se serait pas trompé, qu'on pardonnerait un peu d'obésité à l'amitié de Pylade plutôt, par exemple, qu'à la douleur d'Orphée. Mais, comme, en même temps, il était sincèrement modeste et très-défiant de lui-même, il peut avoir préféré ce rôle par la raison qu'il était moins important que les autres rôles de ténor, qu'il tenait moins de place, qu'il servait seulement l'action et ne la dominait pas. Il pouvait se dire aussi que le public, quelquefois, dans ses bons jours, tient compte de la modestie, sait gré d'une certaine réserve; qu'il mettrait peut-être au premier rang celui qui se plaçait en seconde ligne, et donnerait beaucoup à celui qui demandait si peu. Ce calcul aurait témoigné d'une grande habileté, puisque l'événement l'eût réalisé. Enfin, il se peut encore, et nous le croyons, parce que le cœur de Nourrit s'ouvrait à tous les bons sentiments comme son esprit à toutes les bonnes pensées, qu'il ait voulu éviter jusqu'à l'apparence d'une lutte qui se serait produite infailliblement, s'il se fût montré dans un des grands rôles attribués à son père. Il ne voulait pas se présenter comme un rival, il s'offrait comme un aide, un suppléant. Il avait donc trois raisons pour adopter le personnage de Pylade : l'obésité précoce, la modestie prévoyante et le respect filial. Toutes trois étaient excellentes. On pourrait en ajouter une quatrième : il chantait très-bien le rôle de Pylade.

Après cette épreuve, plusieurs fois renouvelée et devenue décisive, Adolphe Nourrit ne devait ni ne pouvait hésiter à se produire dans tous les rôles qui convenaient à sa voix, à sa jeunesse et à son talent. Accueilli avec sympathie, apprécié et adopté par le public, rassuré désormais contre toute chance de discussion, il occupa le répertoire, chanta dans *Armide*, *Orphée*, *les Bayadères*, de Catel; *les Danaïdes*, de Salieri, et partagea le domaine du premier ténor avec son père, dont il était l'héritier présomptif, et qu'il devait éclipser en illustrant son nom.

VI. — ROSSINI A PARIS. — LE SIÉGE DE CORINTHE. — MOÏSE. M. LUBERT, DIRECTEUR DE L'OPÉRA.

Les choses marchèrent ainsi pendant cinq ans. Puis le grand mouvement musical produit par les œuvres de Rossini atteignit et agita l'Opéra. Tout y fut changé. Le répertoire allait être renouvelé. Un style nouveau allait s'emparer du théâtre et reléguer dans le silence des bibliothèques des partitions célèbres, ouvertes depuis un demi-siècle sur les pupitres de l'orchestre; c'est le destin des œuvres théâtrales, c'est surtout celui des partitions, de perdre un jour la faveur du public, facilement entraîné vers des émotions nouvelles. Mais les beaux ouvrages qui disparaissent ainsi conservent toute leur renommée, et ils sont semblables à ces grands citoyens de l'antiquité, qu'on exilait parce qu'on était las de les admirer.

Rossini, appelé par le ministère de la maison du roi, était arrivé à Paris vers la fin de 1823, et avait reçu un accueil enthousiaste. D'abord chargé de la direction du Théâtre-Italien, il avait présidé à la mise en scène de plusieurs de ses ouvrages. L'année suivante, à l'occasion du sacre de Charles X, il avait écrit *il Viaggio a Reims*, qui devait plus tard devenir le brillant *Comte Ory*. Puis il voulut préluder à la composition d'un opéra français en arrangeant pour notre scène un de ses opéras italiens, comme s'il eût eu besoin de faire un noviciat, de demander des lettres de naturalisation depuis longtemps délivrées à son génie. Il fit choix du *Mao-*

metto secondo, encore inconnu au public parisien. Le poëte Soumet traduisit et modifia le *libretto*. Rossini ajouta à la partition d'importants morceaux, entre autres la scène magnifique de la bénédiction des drapeaux, et l'œuvre ainsi transformée fut représentée à l'Opéra le 9 octobre 1826, sous le titre du *Siége de Corinthe*.

Adolphe Nourrit, que son talent désignait au choix du maître et appelait à être un des plus brillants instruments de la rénovation qui se préparait, avait été chargé du principal rôle de ténor, jeune guerrier du nom de Néoclès. Ce rôle était écrit dans un style qui ne lui était pas familier, et dans des conditions de vocalisation nouvelles pour lui. Sincèrement dévoué à l'amour de son art, sévère pour lui-même, il eut le courage, après cinq ans d'exercice et de succès, de se placer encore une fois sous la direction de son maître Garcia. Ce n'était pas assez de déclamer le récitatif avec intelligence, avec un sentiment vrai, d'exprimer avec charme toutes les nuances de la mélodie, il fallait joindre à ces qualités déjà acquises et toujours nécessaires une science du chant plus complète, et assouplir une voix parfois rebelle. Ses nouvelles études lui furent heureuses et profitables. Il avait, d'ailleurs, à côté de lui un modèle parfait de cet art du chant, madame Damoreau, engagée récemment à l'Opéra, et qui dans *le Siége de Corinthe* remplissait le rôle de la jeune princesse Pamyra; Dérivis père représentait Mahomet II, mais il n'appartenait pas à l'école nouvelle, n'avait aucune prétention à l'agilité vocale, et le maître dut simplifier pour lui tous les traits brillants répandus dans le rôle. Toutefois, par son talent de comédien, il soutint bien l'honneur du personnage. Un autre rôle de ténor, un peu effacé à l'arrière-plan, celui du gouverneur de Corinthe, Cléomène, échut à Nourrit père; celui-ci, comprenant que désormais ses services devenaient inutiles, se hâta de profiter de l'occasion qui lui était offerte, et quitta le théâtre peu de temps après cette représentation; c'est dans *le Siége de Corinthe,* en présence du fils chéri qu'il abandonnait au public, qu'il prit congé de la scène. Il se retira à la campagne, et ne jouit pas longtemps du repos qu'il avait si longtemps et si ardemment souhaité. Il mourut, jeune encore, en 1831.

L'Opéra entra largement et activement dans la voie qui venait d'être ouverte; Rossini arrangea pour la scène française son *Mosè;* il ajouta pour cette transformation de nouvelles richesses aux richesses anciennes, un premier acte tout entier, de charmants airs de danse, le finale à l'effet puissant, irrésistible, que tout le monde connaît, et il fit du *Moïse,* représenté à l'Opéra le 26 février 1827, une des plus belles œuvres musicales qui existent.

Dans cet opéra, Nourrit chanta le premier ténor, Aménophis; madame Damoreau, Anaï; madame Dabadie, la reine Sinaïde; mademoiselle Mori, Marie; et Dabadie, Pharaon; Dérivis avait fui devant les vocalisations importées à l'Opéra et avait été remplacé par Levasseur, enlevé au Théâtre-Italien par le nouveau directeur, M. Émile Lubbert, et rentrant brillamment, par le beau rôle de Moïse, à l'Opéra français, où il avait d'abord débuté.

Car un nouveau directeur avait été donné à l'Opéra. M. Sosthènes de Larochefoucauld, qui avait le département des beaux-arts, promoteur du mouvement qui s'accomplissait, avait fait choix de M. Émile Lubbert, entièrement dévoué à ce mouvement, pour en hâter et en favoriser l'expansion [1].

Il y a environ dix ans, deux jeunes voyageurs français, qui parcouraient l'Égypte, rencontrèrent non loin des Pyramides un seigneur, un *effendi*, monté sur un beau cheval et suivi de deux esclaves. L'effendi s'arrêta devant eux. C'était un homme d'un âge mur, pourvu d'une abondante barbe blanche qui lui donnait un aspect parfaitement vénérable. Il leur adressa la parole en très-bon français. Après quelques mots échangés : « Parlez-moi de Paris, messieurs, leur dit-il ; donne-t-on toujours à l'Opéra *Moïse, la Muette, le Comte Ory, Guillaume Tell?* — Certes, monsieur, ces beaux ouvrages sont toujours pleins de vie. — C'est moi qui les ai montés, messieurs ; je suis Lubbert-Bey. » Puis il piqua des deux, laissant les deux voyageurs un peu surpris d'une si singulière apparition et de cette conversation dans le désert. C'était, en effet, l'ancien directeur de l'Opéra.

Émile Lubbert était né à Bordeaux, d'une famille riche ; envoyé jeune à Paris, il y reçut une brillante

---

[1]. C'est à cette époque qu'Hérold entra à l'Opéra comme *chef du chant*. Habeneck et Valentino y étaient chefs d'orchestre.

éducation ; puis son père fut ruiné dans des spéculations commerciales, et le jeune homme, cruellement déçu dans ses espérances de fortune, se trouva heureux d'accepter la place modeste, et peu en harmonie avec ses goûts, d'inspecteur de la loterie. Il chercha des consolations dans la musique qu'il avait toujours aimée, étudia la composition sous M. Fétis, et parvint à faire représenter à l'Opéra-Comique, en 1823, un petit opéra en un acte, intitulé : *Amour et colère.* D'autres travaux de ce genre l'occupaient, lorsque, vers la fin de 1826, il fut nommé directeur de l'Opéra, qu'il gouverna jusqu'en 1831, époque de l'avénement de M. Véron. Il prit alors à ses risques et périls l'entreprise de l'Opéra-Comique, et n'y fut pas heureux. Forcé de quitter la France, il se réfugia en Égypte et fit agréer ses services au vice-roi Méhémet-Ali, qui le nomma ordonnateur des fêtes du palais. Les douceurs de la vie orientale le séduisirent, et, pour pouvoir s'y livrer sans réserve comme sans scrupule, il se fit musulman. Entré ainsi de plain-pied dans la carrière de l'islamisme, il fut promu à la dignité de bey et attaché au ministère de l'instruction publique.

Émile Lubbert était un homme de plaisir et de goût ; familier avec les langues orientales, qu'il avait apprises dans l'exercice de ses fonctions, il lisait Saadi comme il lisait Horace et Alfred de Musset, résumant ainsi l'esprit et les grâces de trois civilisations. Il est mort il y a quelques années, laissant le souvenir de son nom attaché aux ouvrages représentés pendant les trois années de sa direction. Aux ouvrages que nous avons nommés, ou plutôt qu'il a nommés lui-même en présence des Pyramides, il faut ajouter *le Dieu et la Bayadère*, de Scribe et Auber; le ballet de *la Somnambule*, de Scribe et Hérold; puis le *Macbeth*, de M. Chelard, où il y avait de belles choses, *la Belle au bois dormant*, *Manon Lescaut*. Successivement inspecteur de la loterie, compositeur de musique, directeur de l'Opéra, de l'Opéra-Comique, bey, ami d'un successeur de ce Pharaon que Rossini brave avec de si belles mélodies dans sa partition de *Moïse*, chef d'une université égyptienne, il changea bien des fois de rôle et de costume; mais son titre de directeur de l'Opéra le recommandera seul à l'attention de la postérité; sa direction fut féconde, marquée par de beaux ouvrages et de grands succès, et se rattache à une époque de transformation de l'opéra français.

VII. — CARACTÈRE DU TALENT DE NOURRIT. — LA MUETTE. — LE COMTE ORY. GUILLAUME TELL. — M. DUPREZ.

M. Lubbert règne donc à l'Opéra. La réputation de Nourrit va s'accroître et s'étendre. Il est jeune, sa voix est pure et fraîche, et il a acquis le plein exercice de ses facultés de chanteur habile et de comédien excellent, c'est-à-dire de chanteur dramatique. Ces facultés vont briller avec tout leur éclat dans la création de rôles importants, types de personnages diversement caractérisés, que Nourrit aura à faire vivre sur la scène.

L'habileté de Nourrit comme chanteur était intimement liée à son intelligence du théâtre. Chez lui, les qualités qui font le comédien se confondaient naturellement, sans aucun effort de sa part, avec son talent de chanteur. La prononciation était nette et élégante, le sentiment de la phrase musicale excellent. Aussi habile à saisir les nuances d'un rôle qu'heureux à les exprimer, comprenant le charme et le pouvoir de la mélodie aussi bien que la finesse ou l'énergie d'une situation, il séduisait le spectateur par la grâce de son chant, la distinction de son jeu, et savait au besoin l'entraîner par une action chaleureuse et théâtrale, dans la bonne acception du mot. De l'alliance de ces qualités diverses, toujours présentes et toujours associées, naissait une interprétation communicative, parce qu'elle était sympathique, et une sorte de diction harmonieuse qui donnait à chaque mot et à chaque note sa valeur et son importance relatives. Nourrit étudiait profondément un rôle, et, lorsqu'il en avait conçu et dessiné l'ensemble, il en faisait ressortir les détails par une distribution bien entendue d'ombre et de lumière. Ardent à rechercher tout ce qu'un rôle pouvait donner, il se montrait toujours ambitieux pour le personnage qu'il représentait ; il le voulait riche et généreux en *effets*, prépondérant dans l'action, bien doté dans le partage des morceaux de chant; et on suivait ses conseils : Scribe, Auber, Rossini, Meyerbeer, s'en rapportaient souvent à sa jeune expérience, à la connaissance qu'il avait de lui-même, parce qu'on savait bien qu'en ajoutant à la valeur de son rôle on ajoutait aussi aux chances du succès, et qu'au jour de la représentation l'auteur et le compositeur seraient amplement récompensés de ce qu'ils auraient fait pour le comédien et pour le chanteur. On entendait parfois le murmure d'un artiste chagrin, lésé par le déplacement d'un *effet;* mais Nourrit apaisait le murmure par le charme d'un esprit doux et conciliant, et désarmait l'artiste par la persuasion. Il prouvait alors à ses camarades que ce n'était pas son succès personnel qu'il avait en vue, mais bien celui de l'ouvrage, et que le succès se partage et compte pour tous. Et il les amenait à son opinion, et on chantait, en se donnant la main, les duos, les trios, les finales : c'est ainsi que, dans une expédition de guerre, des chefs jaloux marchent en bon accord et concourent tous ensemble au gain de la bataille.

Les trois premiers ouvrages représentés sous la direction de M. Lubbert, après *Moïse,* semblent avoir été choisis pour éclairer les qualités de Nourrit du jour le plus favorable : c'étaient *la Muette,* représentée le 29 février 1828; *le Comte Ory,* joué le 28 avril suivant, et *Guillaume Tell,* le 3 août 1829. On ne pouvait mieux rencontrer pour faire apprécier la flexibilité de son talent. Nourrit se trouvait alors dans une de ces situations heureuses et si rares dans la vie d'un artiste, où les circonstances le secondent et se prêtent à l'accomplissement de ses vœux. On eût dit qu'il marchait entouré d'un concert unanime d'approbations, d'un *crescendo* brillant de succès et de renommée.

Il est inutile de parler ici de ces trois chefs-d'œuvre, admirés sur tous les théâtres et présents à toutes les mémoires. Nourrit sut composer et représenter avec un grand art les personnages si différents de Masaniello, du comte Ory et d'Arnold ; il donna à chacun le style qui caractérise, le coloris qui met en lumière, et il fit entendre avec beaucoup de charme, et avec les nuances qui les distinguent, les mélodies élégantes, touchantes ou énergiques d'Auber et de Rossini. S'il est vrai de dire que, dans le rôle d'Arnold, il a été surpassé par Duprez, il restera toujours à Nourrit l'honneur d'avoir établi et dessiné ce beau rôle.

Duprez apportait à l'Opéra une connaissance complète et pratique de l'art du chant, et de fortes études musicales qui avaient manqué à l'éducation tardive de Nourrit. Le grand succès, on peut dire le triomphe obtenu par Duprez lors de son début dans *Guillaume Tell*, tenait aussi aux qualités qui lui sont propres : l'ampleur du style, l'exécution magistrale, la puissance de la voix, l'accentuation chaudement colorée, qualités que ne comportait pas l'organisation musicale de Nourrit, si richement doué d'ailleurs. Si, dans l'*allegro* de l'air célèbre du quatrième acte, il a été vaincu par Duprez, dont le magnifique *Suivez-moi!* entraînait la salle entière, il savait, comme lui, mais par d'autres moyens, nous toucher jusqu'au fond du cœur dans le trio, et ce cri sublime de la douleur d'un fils : *Je ne te verrai plus!* trouvait, dans l'âme des deux grands artistes, l'écho de la belle inspiration du maître, et, dans leur voix, des accents diversement modulés qui arrachaient des larmes. Et avec quelle tendresse Nourrit chantait l'air charmant du *Sommeil* de *la Muette!* avec quel art et quelle grâce les suaves mélodies du *Comte Ory*, les cantilènes légères et élégantes du *Dieu et la Bayadère !* Le paysan du *Philtre* le montra plus tard sous un aspect nouveau. Nourrit surmontait très-heureusement les difficultés vocales répandues dans des rôles de couleurs si variées ; il tournait habilement celles qu'il ne voulait ou ne pouvait aborder de front, et se livrait sans réserve à l'expression des situations où il se sentait maître. Il savait au besoin, par une transition ménagée avec beaucoup d'adresse, enchaîner les sons adoucis de la *voix de poitrine* aux sons plus fins encore de sa *voix de tête*, qui était à la fois gracieuse et sonore.

Ceux qui n'ont pas entendu Nourrit ne doivent pas conclure de ce qui vient d'être dit qu'il ne savait pas donner aux sentiments énergiques l'expansion puissante qui subjugue et force l'applaudissement. On sait quel effet il produisait dans l'admirable quatrième acte des *Huguenots*, dans le grand duo de *la Muette* : *Amour sacré de la patrie*, brillant et palpitant d'un élan chaleureux. Qu'il nous soit permis de citer aussi, seulement à titre de renseignement et comme témoignage de reconnaissance, le trio et l'air de *la Juive*. On sait de quel coloris chevaleresque il a revêtu les mélodies inspirées qui abondent dans *Robert le Diable*. Nous qui l'avons suivi depuis son entrée à l'Opéra jusqu'au jour néfaste où il le quitta, nous entendons encore ces chants qui ont cessé !

Nous n'avons pas parlé du soin que Nourrit apportait au choix de ses costumes et de l'art avec lequel il se les appropriait. Ce soin fut remarqué, pour la première fois, dans *la Muette,* qui fit une révolution dans les habitudes de la mise en scène de l'Opéra, à cause de l'étude particulière, nouvelle à ce théâtre, qu'on avait faite des costumes et accessoires [1]. Cette étude consciencieuse, Nourrit l'appliquait à toutes choses, aussi bien à la conception générale du rôle qu'aux détails de son ajustement théâtral, que le sujet fût historique ou de fantaisie, sévère ou gracieux, ou rustique comme *le Philtre.*

Il est mille fois regrettable que Nourrit et Duprez n'aient pu concourir ensemble à l'éclat de l'Opéra. En ne mentionnant que certaines des qualités qui appartiennent plus particulièrement à Duprez, nous n'avons pas non plus voulu renfermer l'emploi de ce grand talent dans d'étroites limites, et donner à entendre qu'on eût dû le consacrer uniquement à l'interprétation des passions véhémentes. Tout le monde sait avec quelle *maestria,* avec quelle profondeur de sentiment Duprez chante le *cantabile,* avec quel charme il détaille le récitatif. L'un après l'autre, ces deux chanteurs célèbres ont brillé sur notre scène par les caractères spéciaux d'une belle exécution vocale. Réunis, paraissant alternativement dans les mêmes ouvrages, ils auraient présenté le même personnage sous des aspects divers, exprimé le même chant avec des nuances différentes. Chacun avait sa place, chacun avait sa gloire. Masa-

1. Les costumes et les accessoires de *la Muette* ont été étudiés sous l'impulsion et la surveillance de M. Duponchel, qui venait d'être attaché à l'Opéra. Les décorations sont de Cicéri, les ballets d'Aumer. M. Salomé était chargé de la mise en scène.

niello, Arnold, Robert, Raoul, auraient eu deux voix et deux âmes; et ce combat généreux, ce concours qui eût rappelé ceux de la Grèce antique, aurait honoré l'Opéra français et laissé dans ses annales des souvenirs féconds... Que Dieu n'a-t-il permis que Nourrit ait accepté cette lutte !...

VIII. — 1830. — UNE RÉPÉTITION DE GUILLAUME TELL. — DIRECTION DE M. VÉRON. — ROBERT LE DIABLE.

Le lundi 26 juillet 1830, l'affiche de l'Opéra annonçait pour le soir même *Guillaume Tell*. Le matin, vers midi, tout le personnel du théâtre était réuni sur la scène. Chacun était préoccupé des graves événements qui se préparaient, car les fameuses ordonnances avaient été publiées la veille, et l'esprit de l'émeute grondait déjà. On causait de la chose publique, et on répétait *Guillaume Tell*. Un *raccord* [1] avait paru nécessaire. J'étais présent à cette répétition, seul dans la salle obscure, où pénétraient par moments des rumeurs lointaines. Lorsqu'on arriva au trio célèbre, lorsque Guillaume s'écria : *Ou l'indépendance ou la mort !* un frémissement parcourut le théâtre, et les hommes qui se tenaient au fond de la scène ou qui remplissaient les coulisses, acteurs, musiciens, machinistes, comparses,

---

1. On nomme *raccord*, en termes de théâtre, une répétition partielle d'un ouvrage, rendue nécessaire par une distribution nouvelle des rôles ou par un changement dans la mise en scène, par la présence d'un acteur nouveau, par des coupures, ou enfin destinée uniquement à rétablir la bonne exécution de quelques endroits difficiles.

soldats de garde, frappés d'une étincelle soudaine, accoururent et répétèrent le cri de Guillaume. Jamais mouvement réglé par un habile metteur en scène ne fut exécuté avec autant de chaleur et d'ensemble. Trente ans écoulés n'ont pu effacer de ma mémoire le souvenir de cette commotion rapide et l'effet de ce chœur étrange, de cette mélopée bizarre, où se trouvaient confondus le chant et le rhythme musical avec la libre expansion de la parole, et d'où s'échappait, comme un rayon de feu du milieu des ténèbres, le cri de guerre fortement accentué. Ce fut la fin de la répétition. Beaucoup de ces hommes, cachant sous leurs vêtements une arme improvisée, partirent et allèrent grossir les groupes qui agitaient le boulevard. Peu d'instants après, on reçut l'ordre de cesser la répétition, prévoyance tardive que l'émeute avait devancée, et de changer le spectacle annoncé. L'histoire sait comment il fut changé.

Alors, pendant onze jours, le théâtre est muet. Alors aussi, tout ce qui fait la force et le talent de Nourrit se met au service de la réalité. Le forum remplace la scène, et la voix du chanteur retentit sur la place publique. Du haut des barricades, il chante *la Marseillaise*. Porté aux honneurs de la milice nationale, il marche, l'épée à la main, à la tête d'une compagnie. Puis le théâtre reprend ses droits et ouvre ses portes. Le 4 août, Nourrit reparaît dans le rôle de Masaniello de *la Muette*, devenue opéra de circonstance; le même jour, il chante *la Parisienne*. Pour satisfaire au vœu populaire, il court de théâtre en théâtre et fait entendre des chants patriotiques, que le public répète en chœur avec un enthousiasme si grand, qu'il s'affranchit de la justesse et qu'il devance la mesure. Ce n'est plus un rôle que joue Nourrit, il est lui-même. Poëte, artiste, citoyen, il chante et célèbre la victoire du peuple.

Le contre-coup de la révolution ne se fit pas sentir sur-le-champ à l'Opéra. Ce fut seulement le 1er mars 1831 que M. Lubbert apprit qu'il devait quitter la direction. Il fut décidé que l'Opéra cesserait d'appartenir à la liste civile. M. Véron, nommé directeur, exerça pendant trois mois pour le compte de l'État, et, le 1er juin, après une clôture d'un mois, employée à la restauration de la salle, il fut mis en possession, à ses risques, périls et fortune, du privilége de l'Opéra. Il préluda à son active et brillante direction par le ballet *l'Orgie* et par *le Philtre*, et gagna, le 21 novembre 1831, la mémorable victoire de *Robert le Diable*.

M. Véron a raconté l'histoire de la mise au jour de ce bel opéra, primitivement destiné par les auteurs au théâtre de l'Opéra-Comique. On a lu, ou on lira dans les *Mémoires d'un bourgeois de Paris* [1], les soins qui entourèrent le berceau de cet ouvrage célèbre, et les préoccupations intelligentes de ce bourgeois de Paris, homme d'esprit et de goût, qui prévoyait que cet opéra portait sa fortune. Le rôle de Bertram, donné à Dabadie, baryton, lorsque *Robert le Diable* avait été arrangé en grand opéra, fut modifié par Meyerbeer, transporté dans le domaine de la basse-taille, et confié

---

1. Tome III, chap. IV.

à M. Levasseur, dont la voix mordante et acérée exprima merveilleusement les angoisses paternelles du démon. On trouve aussi dans ces *Mémoires* le récit des incidents qui agitèrent la première représentation. Un *portant* [1] armé de son appareil s'abat sur le théâtre aux pieds d'Alice [2] éperdue. Un nuage épais, tout garni de fer, brise ses liens, tombe du ciel, et menace mademoiselle Taglioni, qui prend la fuite avec ses nonnes. Robert, englouti dans une trappe, est forcé de suivre Bertram aux enfers [3]. On lit enfin dans l'ouvrage de M. Véron

---

1. On nomme *portants*, dans le vocabulaire du machiniste, de lourdes et longues pièces de bois, fichées dans les coulisses, munies d'échelons en fer servant aux manœuvres des lampistes, et auxquelles on accroche du haut en bas une série de lampes ou *quinquets*. C'est un de ces *portants*, garni de ses lampes allumées, qui s'abattit sur le théâtre au troisième acte de *Robert*.
2. Mademoiselle Dorus, aujourd'hui madame Dorus-Gras, créa le rôle d'Alice. Mademoiselle Falcon débuta dans ce rôle en 1832.
3. M. Véron raconte cet incident avec des détails très-curieux. « A la suite de l'admirable trio qui sert de dénoûment à l'ouvrage, Bertram devait se jeter seul dans une *trappe anglaise* pour retourner vers l'empire des morts; Nourrit, converti par la voix de Dieu, par les prières d'Alice, devait, au contraire, rester sur la terre pour épouser enfin la princesse Isabelle; mais cet artiste, passionné, entraîné par la situation, se précipita étourdiment à la suite du dieu des enfers. Il n'y eut plus qu'un cri sur le théâtre : « Nourrit est tué ! » Mademoiselle Dorus, que n'avait pu émouvoir le danger qu'elle avait couru personnellement, quitta la scène, pleurant à sanglots; il se passait alors sur le théâtre, dans le *dessous* et dans la salle, trois scènes bien diverses. Le public, surpris, croyait que Robert se donnait au diable et le suivait aux sombres bords. Sur la scène, ce n'étaient que des gémissements et du désespoir. Au moment de la chute de Nourrit, on n'avait point encore, heureusement, retiré l'espèce de lit et les matelas sur lesquels tomba M. Levasseur. Nourrit sortit de cette chute sain et sauf. Dans le *dessous* du théâtre, M. Levasseur, calme, regagnait tranquillement sa loge : « Que diable faites-vous ici? dit-il à Nourrit en le rencontrant; est-ce qu'on a changé le dénoûment? » Nourrit se pressait trop de venir rassurer tout le monde par sa pré-

l'émotion du public, les grands effets produits, et l'installation complète de ce chef-d'œuvre, qui devait rayonner de la salle de l'Opéra de Paris sur tous les théâtres du monde.

Les circonstances qui précèdent l'apparition d'un ouvrage lyrique, dans les conditions de notre grand théâtre, sont souvent intéressantes, et un livre qui raconterait *l'histoire d'un opéra avant sa naissance*, les phases diverses par lesquelles passent l'œuvre et les auteurs, pourrait être très-curieux ; il y a un abîme entre l'idée première d'un opéra et la représentation. Les difficultés d'exécution se compliquent d'une foule d'embarras accessoires. Le théâtre de l'Opéra de Paris est semblable à une armée en permanence, toujours sur le pied de guerre, livrant des combats journaliers ; il lui faut d'habiles généraux, des soldats vaillants et un matériel immense. L'ennemi, c'est le public ; mais il ne demande pas mieux que de se laisser vaincre, et il paye volontiers les frais de la guerre.

Il est des esprits charmants, un peu sceptiques, un peu railleurs, qui n'aiment pas l'Opéra français ; il y a aussi des esprits solides et sérieux qui ne comprennent pas non plus ce genre de divertissement, et, en se mettant au point de vue particulier de ces esprits aimables et de

sence, pour engager une conversation avec son camarade Bertram ; il put enfin reparaître, entraînant avec lui mademoiselle Dorus, pleurant alors de joie. D'unanimes applaudissements éclatèrent dans toute la salle, le rideau tomba, et les noms des auteurs furent proclamés au milieu d'un enthousiasme frénétique. Nourrit se fit saigner le soir même, et la seconde représentation fut retardée d'un jour. » (T. III, p. 165.).

ces esprits sérieux, qui peuvent être aussi très-aimables, il faut convenir qu'ils ont parfaitement raison. Dans l'opinion de ces personnes, l'Opéra français devrait être ce que sont quelques théâtres étrangers, une sorte d'exhibition de chanteurs, de chanteuses célèbres, de danseuses agréables, une distraction élégante à l'usage des gens du monde, propre à favoriser la digestion, à l'entourer de songes gracieux. Cette tendance utilitaire est un des symptômes du temps. Les plaisirs sérieux ne sont guère à la mode. Le vaudeville menace la tragédie, et l'opérette a de meilleures chances que l'opéra. Que les opéras de grande dimension ne soient pas du goût de la belle société, c'est un fait contre lequel il n'y a pas de discussion possible ; le spectacle, d'ailleurs, commence trop tôt, et, à cause des habitudes actuelles, un adoucissement dans la durée des grands opéras est nécessaire, immanquable : il s'accomplit [1]. Mais d'autres personnes pensent qu'il ne faut pas pour cela détruire le caractère de l'opéra français. Louis XIV, et Lulli sous l'inspiration du grand roi, lui ont imprimé, en le fondant, un cachet de grandeur qui lui assigne une place spéciale dans l'histoire de l'art, et qui est conforme à l'instinct national. Il est digne de remarque qu'en fait de distractions théâtrales, le peuple est moins frivole que les classes élevées ; les représentations gra-

---

1. Il est très-probable que désormais la plus grande dimension des opéras sera de quatre actes. Déjà *Guillaume Tell, la Favorite,* n'avaient pas excédé cette dimension. *Pierre de Médicis,* du prince Poniatowski, qu'on représente maintenant avec un grand succès, est en quatre actes.

tuites le montrent ardent à rechercher la tragédie et le grand drame lyrique, qui lui plaisent et le passionnent; et il est bizarre que le grand goût de Louis XIV et de sa cour se soit conservé dans le cœur du peuple. Les vers de Corneille, de Racine, de Molière charment les gens comme il faut, qui les savourent et les apprécient; le peuple les aime avec son instinct; ce qui est grand le frappe, et il admire avec joie. Certes, nous ne voulons pas dire que tout ce qu'on a représenté sur notre scène lyrique soit excellent, mais, quand un opéra français est bon, il reste comme un monument. Si notre Opéra n'existait pas, il est presque certain que les œuvres de Gluck, que *la Vestale, Fernand Cortès, la Muette, Guillaume Tell, Robert, les Huguenots, le Prophète, la Favorite,* qui sont nés à Paris, que Paris a tenu sur les fonts de baptême, manqueraient au grand art de la musique; et, quand nous disons « un opéra français, » nous ne voulons pas dire écrit par un maître français, mais écrit pour notre public, dont l'esprit intelligent comprend toutes les belles choses, apprécie les génies les plus différents, et qui applaudit les maîtres au théâtre et au Conservatoire. L'Opéra de Paris est un musée, un temple ouvert aux dieux étrangers, et il met à leur service la poésie, la musique, la grâce du ballet, la splendeur du spectacle.

Robert le Diable réunissait toutes les conditions du beau drame lyrique, et il a eu le destin des grandes œuvres.

IX. — NOURRIT AUTEUR DE BALLETS. — LA SYLPHIDE. — LA TEMPÊTE. LE SERMENT. — GUSTAVE III. — DON JUAN. — ALI-BABA. — LA JUIVE.

Nourrit trouva, sans l'avoir cherchée, l'occasion de s'exercer et de réussir dans un genre tout à fait étranger aux fonctions de premier ténor. Il fit deux excursions, dont une fort heureuse, dans le domaine de la chorégraphie, et contribua pour une part importante aux succès de deux danseuses renommées.

Nourrit aimait le théâtre. Il avait l'esprit poétique et ingénieux. M. Véron lui demanda un programme de ballet pour mademoiselle Taglioni, et il écrivit le *scenario* de *la Sylphide*, dont M. Taglioni père régla et dirigea la partie purement chorégraphique. Ce titre, *la Sylphide*, est devenu populaire, parce qu'il résume en un mot la grâce et le charme de la célèbre danseuse, et le ballet, un des meilleurs ouvrages de ce genre, reste au théâtre et maintient avec honneur le nom de Nourrit sur l'affiche de l'Opéra. Plus tard, pour le début de mademoiselle Fanny Elssler, Nourrit donna le programme du ballet de *la Tempête*[1]. La musique très-remarquable de ces deux ouvrages est due au compositeur Schneitzhoeffer. Celle de *la Sylphide* est riche, animée, colorée; la symphonie qui, au commencement

---

1. *La Sylphide* fut représentée le 12 mars 1832; *la Tempête*, le 15 septembre 1834. Le titre, l'idée première et quelques détails seulement de ce ballet étaient empruntés à Shakspeare. Tout le reste était de l'invention de Nourrit. Mademoiselle Elssler remplissait le rôle de la fée Alcine. M. Coralli avait réglé les danses.

du second acte, annonce et décrit le lever du soleil, est appréciée comme un excellent morceau.

Consacrons un souvenir à la mémoire de ce compositeur, dont l'esprit bizarre et original est souvent cité dans les conversations intimes de l'Opéra. Il avait fait de bonnes études musicales, jouait de presque tous les instruments, était très-habile pianiste, et avait l'imagination facile. Mais ces heureuses qualités lui furent peu profitables. Il lui aurait fallu, pour prendre parmi les maîtres la place dont son talent le rendait digne, un caractère moins insoucieux, plus de suite dans les idées, moins d'horreur du travail, et peut-être un nom moins difficile à prononcer [1].

Nourrit parut ensuite dans *le Serment,* de Scribe et Auber; dans *Gustave III,* des mêmes auteurs; dans

---

1. Schneitzhoeffer avait d'abord été timbalier à l'orchestre de l'Opéra. Il voulait quitter cette place, qui lui était devenue insupportable ; mais Habeneck tenait à le conserver, parce qu'il avait beaucoup de précision et de mesure, et qu'il connaissait bien la pratique de cet instrument. Schneitzhoeffer résolut alors de se faire renvoyer. Un soir, pendant la représentation d'un ballet, il exécuta, au moment le plus paisible d'un pas de deux gracieux, un formidable roulement de timbales, qu'il soutint avec fougue pendant deux minutes, à la grande stupéfaction d'Habeneck, des danseuses et du public, jeta à plusieurs reprises ses baguettes en l'air, les reçut comme un jongleur, et quitta l'orchestre. Il fut amnistié plus tard, et rentra à l'Opéra en qualité d'accompagnateur et de second chef du chant. Il a composé la musique de plusieurs ballets, entre autres, en 1826, celle de *Mars et Vénus, ou les Filets de Vulcain,* qui eut un grand succès. *La Tempête* fut son dernier ouvrage. Son nom faisait son désespoir. On l'appelait au théâtre *Chênecerf.* Il voulait qu'on l'appelât Bertrand. Il mettait sur ses cartes de visites Schneitzhoeffer (*prononcez Bertrand*). Il avait aussi composé la musique de *Proserpine,* ballet de Gardel, représenté en 1818. L'ouverture de ce ballet a été exécuté plusieurs fois aux concerts du Conservatoire.

Ali-Baba, de Chérubini, et dans le *Don Juan,* de Mozart, transporté en 1834 sur notre scène.

L'idée de monter dignement *Don Juan* à l'Opéra était heureuse et praticable ; la troupe en donnait facilement le moyen. Nourrit avait toutes les qualités d'un don Juan. Levasseur était un Leporello excellent. Lafond, qui avait une très-belle voix, osa chanter don Ottavio, et se fit applaudir dans l'air charmant et redoutable triomphe de Rubini. Prosper Dérivis était bien la solide et retentissante statue du commandeur. Les rôles de dona Anna, de Zerline, d'Elvire, confiés à mesdames Falcon, Damoreau et Dorus, furent rarement aussi bien chantés, aussi bien remplis, qu'ils le furent par ces habiles cantatrices. Mais le désir de *faire du spectacle* égara l'ambition trop ardente du metteur en scène et le zèle du chorégraphe. Quelques apparitions fantastiques ne furent pas du goût du public, et la musique de Mozart ne s'en accommoda pas. Toutefois on rendit justice à la bonne exécution des rôles, à l'ensemble, à la vigueur des chœurs et de l'orchestre, et on reconnut qu'une pensée essentiellement musicale avait présidé à cette tentative, qui aurait réussi, si des accessoires dangereux n'avaient donné une juste prise à la critique.

Un conte célèbre des *Mille et une Nuits, Ali-Baba ou les Quarante Voleurs,* avait servi de prétexte à l'arrangement d'une partition inédite de Chérubini, intitulée *Koukourgi,* composée en 1793, époque peu favorable à la production d'un opéra nouveau. Ce *Koukourgi* était un mandarin, une sorte de héros chinois, avare et poltron. Chérubini déposa sa partition terminée dans un portefeuille ; elle y dormit paisiblement pendant autant d'années qu'il y avait de voleurs dans le conte arabe qui devait servir à sa résurrection[1]. MM. Scribe et Mélesville, à qui on fit entendre quelques-uns des beaux morceaux de cette partition, entre autres un trio de dormeurs très-original et d'un caractère excellent, voulurent la faire connaître au public, et ils arrangèrent un *Ali-Baba* sur les principales situations de l'œuvre inédite. Chérubini, alors âgé de soixante-treize ans, soutint vaillamment et acheva rapidement le travail de ces arrangements ; mais, peu confiant dans le succès d'un ouvrage ainsi remanié, et que M. Véron n'avait accepté que par un sentiment de respect et de déférence, il ne voulut point s'exposer à des émotions qu'il aurait supportées impatiemment. Après la dernière répétition générale, il partit tranquillement pour Versailles, ayant supputé avec soin, avant de se mettre en route, la durée des actes et des entr'actes. Le jour de la première représentation, lorsque l'horloge du château de Versailles sonna huit heures : « Maintenant, dit-il, on commence l'ouverture ; » il regarda sa montre d'heure en heure, ou plutôt d'acte en acte. A onze heures vingt-cinq minutes *Ali-Baba* était terminé à sa montre, qui, disait-il, allait très-bien, et marquait

---

[1]. *Ali-Baba* fut représenté en 1833, le 22 juillet. Nourrit, Levasseur, mademoiselle Falcon remplissaient les principaux rôles. M. Duveyrier-Mélesville, père de notre spirituel contemporain, était l'auteur de la pièce primitive *Koukourgi*, qui était en trois actes, comme *Ali-Baba*.

l'heure de l'Opéra. Il se mit au lit, dormit parfaitement, ne revint à Paris qu'après avoir reçu une dépêche rassurante, et n'alla jamais voir cet opéra, dont il ne parla plus que pour dire : « Il est trop vieux pour vivre longtemps. Il avait quarante ans en venant au monde. »

En 1835, Nourrit joua le rôle du juif Éléazar.

C'est par une belle soirée d'été, dans le parc de Montalais[1], que M. Scribe me conta pour la première fois le sujet de *la Juive*, qui m'émut profondément, et je conserverai toujours le souvenir de cet entretien qui se rattache à une des époques les plus intéressantes pour moi de ma vie d'artiste. Dans l'exposition que M. Scribe me fit du sujet, de la manière dont il entendait le traiter, le rôle du chrétien Léopold, amant de la juive Rachel, était destiné à Nourrit. Éléazar, le père, eût été dévolu à Levasseur, et le cardinal à Dabadie. Mais, lorsque je commençai à m'occuper de la partition, je fus frappé des accents nouveaux que donnerait à la musique la voix de ténor, la voix de Nourrit, dans un rôle de père. Je gagnais ainsi dans le rôle de cardinal, qui est père aussi, la voix et le talent de M. Levasseur. M. Scribe fut de mon avis, et d'un commun accord nous donnâmes le poëme à lire à Nourrit, le laissant maître de choisir son rôle. « Mon choix n'est pas douteux, nous dit-il quelques jours après, j'aurai des entrailles paternelles. » Nourrit, en s'associant ainsi à notre désir, était animé du sincère

---

[1]. Le château de Montalais, près Meudon, était alors la résidence d'été de Scribe. Cette résidence est devenue depuis la propriété du maréchal Saint-Arnaud.

amour de son art. Le ténor, nous l'avons dit, tient à ses prérogatives d'*amoureux*. Il craint, en se grimant, de perdre à jamais le prestige de la jeunesse, et de laisser aux spectateurs, et surtout aux spectatrices, le souvenir durable d'un masque fâcheux, et l'empreinte trop hâtive de cet âge fatal que l'art du comédien est habile à cacher. Mais Nourrit était assez jeune et se sentait assez fort pour affronter ce danger, et il s'y livra noblement dans l'intérêt commun.

Nourrit nous donna d'excellents conseils. Il y avait au quatrième acte un finale; il nous demanda de le remplacer par un air. Je fis la musique de l'air sur la situation donnée; Nourrit demanda à M. Scribe l'autorisation de faire lui-même les paroles de l'air dont la musique était faite. Il voulait choisir les syllabes les plus sonores, les plus favorables à sa voix. M. Scribe, généreux, parce qu'il est riche, se prêta de bonne grâce au désir du chanteur, et Nourrit nous apporta peu de jours après les paroles de l'air :

Rachel, quand du Seigneur la grâce tutélaire...

Qu'on me pardonne d'avoir si longuement parlé de *la Juive*. Je sais cette histoire mieux que les autres histoires que j'ai eues à raconter, et je la raconte comme je la sais. Je me suis, d'ailleurs, laissé entraîner par le désir de consacrer un souvenir à Nourrit, à M. Levasseur, à mademoiselle Falcon, à madame Dorus, aux autres artistes qui m'ont prêté le concours de leur talent et de leur bonne volonté. Je remercie en même temps M. Véron, qui n'a pas craint de dépenser beaucoup d'argent pour monter cet opéra, et M. Duponchel, qui a fait faire de si belles armures. Les chevaux bardés de fer, les hommes d'armes qui entouraient l'empereur Sigismond, ont soutenu et protégé le compositeur et la partition.

X. — DIRECTION DE M. DUPONCHEL. — LES HUGUENOTS. — ESMÉRALDA. STRADELLA. — PREMIÈRE LETTRE DE NOURRIT.

Dans la quatrième année de sa direction, M. Véron céda le pouvoir à M. Duponchel. On trouve, dans les *Mémoires* que nous avons cités[1], les motifs qui amenèrent cette abdication, et de curieux détails sur la manière dont elle s'accomplit.

M. Duponchel, à son avénement, eut la bonne fortune de trouver le second chef-d'œuvre de Meyerbeer, *les Huguenots*, prêt à être livré au travail des répétitions. Nourrit se montra ce qu'il était toujours. Ardent à l'étude, habile à se transformer, appliquant au profit du chant et de la vérité dramatique toutes les richesses de son intelligence, il fut calviniste fervent dans Raoul, comme il avait été juif fanatique dans Éléazar, bon catholique dans Robert. *Les Huguenots* furent représentés le 29 février 1836. Il est inutile de parler plus longuement d'un ouvrage toujours jeune, et qu'on applaudit tous les jours.

1. Tome III, chap. III.

Esméralda, de Victor Hugo et de mademoiselle Louise Bertin, fut le second ouvrage donné par M. Duponchel. Nourrit remplit le rôle du capitaine Phœbus dans cet opéra, où l'on remarqua une grande abondance d'idées, un coloris heureusement dessiné et souvent une rare puissance d'expression. L'air des *Cloches*, chanté et détaillé avec intelligence par Massol-Quasimodo, est resté dans la mémoire des amateurs.

Le *Stradella*, de M. Niedermeyer, vint ensuite, et le rôle de Stradella est le dernier que Nourrit ait créé. Il y a de beaux morceaux dans cet ouvrage, dont une anecdote bien connue, vraie ou supposée, a fourni le sujet [1]. On raconte que Stradella attendrit par la beauté de son chant le cœur d'assassins soudoyés pour lui donner la mort, et qu'il fit tomber le poignard de ces mains habituées au crime. La scène principale, qui se passait dans une église, très-bien traitée par le compositeur, très-bien chantée par Nourrit, produisit un grand effet. Le trio des spadassins, écrit avec une habileté remarquable, souvent chanté dans les concerts, est toujours vivement apprécié.

Mais, avant la représentation de cet ouvrage, donnée le 3 mars 1837, Nourrit avait déjà arrêté sa rupture avec l'Opéra. Nous le laisserons parler, et dans la lettre que nous allons citer [2], il fera connaître la cause de cette fatale résolution.

---

1. MM. Émile Deschamps et E. Pacin sont les auteurs de *Stradella*.
2. Les lettres de Nourrit publiées dans cette notice sont toutes adressées à M. Ferdinand Hiller, qu'un talent élevé, un cœur excellent, un noble caractère ont rendu cher aux nombreux amis qu'il a

Paris, 26 octobre 1836.

Mon cher ami,

Je dois d'abord commencer par vous remercier de votre bonne lettre; je savais par madame *** votre indisposition, et j'avais hâte d'apprendre votre rétablissement. Vous voilà maintenant tout à fait sur pied et vous préparant à passer un doux hiver au milieu de votre famille, le cœur et l'esprit satisfaits, avec des occupations qui vous plaisent et des relations qui vous rendent heureux. Je m'en réjouis, quel que soit le regret que j'éprouve de ne pas vous voir; mais il faut aimer les amis pour eux-mêmes, et comprendre leur bonheur comme ils le comprennent eux-mêmes.

J'ai bien des choses à vous apprendre, bien des choses qui vont vous étonner; mais procédons par ordre, et, puisque j'ai d'abord une bonne nouvelle à vous donner, commençons par celle-là.

Ma femme est heureusement accouchée d'une petite fille qui se porte à merveille; voilà déjà douze jours, et la mère et l'enfant continuent à jouir d'une parfaite santé. Bien des gens ont fait la grimace en voyant arriver une cinquième petite fille; mais nous, nous recevons avec joie ce que Dieu nous donne, et nous disons : *Merci*. Que celle-ci ressemble à ses sœurs, qu'elle soit digne de sa mère, et nous pouvons être assurés qu'il y a au monde une bonne femme de plus. C'est une chance pour que les enfants de nos enfants vaillent mieux que nous. *Alleluia!*

Maintenant ce que j'ai à vous dire est grave, et peut-être vous impressionnera péniblement; mais je dois vous rassurer d'avance : tout ce que vous allez apprendre n'a été qu'en vue de ma tranquillité, de mon bonheur et surtout de ma famille.

Je quitte l'Opéra et me retire du théâtre. Voici ce qui m'a conduit à cette détermination :

laissés à Paris; il dirige aujourd'hui le Conservatoire de Cologne, et consacre à son pays ses soins et ses travaux.

La direction de l'Opéra vient d'engager Duprez, qui, depuis quelques années, tient le premier rang en Italie. Duprez ne pouvait pas se contenter de la seconde place à Paris, et il a fallu déranger ma position pour lui en faire une. Je m'y suis d'abord prêté de bonne grâce, et, en vérité, je croyais pouvoir tirer parti pour mon talent d'une émulation qui devait me pousser vers de nouveaux progrès. Mais je me suis aperçu bientôt de l'inquiétude de ma famille, de la préoccupation de mes amis, et adieu ma tranquillité! J'ai pu me convaincre aussi que j'avais besoin de cette tranquillité pour me livrer à la pratique de mon art, que toute préoccupation fâcheuse m'était funeste, et qu'enfin je n'étais pas un homme de lutte. Après avoir bien pensé à ma situation nouvelle, j'ai vu que mon avenir n'allait pas ressembler à mon passé ; que les conditions premières qui m'avaient aidé à me développer n'existant plus, je ne pouvais prévoir par quelles épreuves il me faudrait passer et comme homme et comme artiste. Ne pouvant être plus que le premier, il est clair que je n'ai rien à gagner à une lutte où celui qui vient m'attaquer n'a rien à perdre. D'ailleurs, vous savez que j'ai toujours eu l'intention de me retirer de bonne heure, et d'assez bonne heure pour me livrer à d'autres occupations. J'ai six enfants, et, tant que je vivrai, je travaillerai.

Je sais bien que je ne trouverai nulle part une carrière aussi brillante, aussi lucrative surtout, que celle que j'ai parcourue jusqu'ici ; mais cette carrière, il me fallait la quitter dans quatre ou cinq ans, et, en me retirant maintenant, c'est quatre ans que je gagne pour mon avenir.

Mon engagement avec l'Opéra finit au mois de mars prochain ; je prends ma représentation de retraite, je fais régler ma pension, que j'ai gagnée par seize ans de service, et je finis par une tournée départementale, qui doit, en un an ou quinze mois, me rapporter plus d'économies que je n'en puis faire en quatre ans à l'Opéra.

Après cela, je rentre dans ma coquille et chante pour mon plaisir du Schubert, du Hiller, et enfin tous mes Allemands que j'aime, et je me livre à des études qui ont toujours été pour moi le but de ma dernière ambition. Je ne sais pas encore au juste sous quelle forme se produira mon travail ; mais il est impossible que, quand je saurai ce que je vais savoir, quand je me serai donné une plus grande valeur individuelle, je ne trouve pas à employer mes facultés au bien-être de ma famille.

Sachez bien d'avance que c'est de l'art que je m'occuperai. Quel que soit votre jugement sur le parti que je viens de prendre, soyez bien persuadé que je ne fais pas un coup de tête ; tous mes amis ont été consultés, et ce n'est qu'après un conseil de famille que ma décision a été arrêtée.

Je puis vous dire que, depuis que ce grand parti est pris irrévocablement, le calme est rentré dans ma maison ; ma mère est plus heureuse, ma femme plus tranquille, et ma sœur m'a embrassé de joie en apprenant ma résolution.

Je n'ai jamais ambitionné une grande fortune ; mais, comme j'ai cinq filles à établir, je veux, en quittant le théâtre, me présenter dans le monde avec le plus d'honneur et de considération possible. Ma position est donc aujourd'hui magnifique pour me retirer ; tous ceux qui m'aiment m'approuvent, et votre assentiment est le seul qui me manque à présent ; j'espère que vous ne le ferez pas attendre, et permettez-moi d'y compter d'avance.

Adieu, cher ami. Si mes raisons ne vous persuadent pas, ne vous hâtez pas de me le dire, car je suis sûr que vous devez finir par être de mon avis.

Tout à vous de cœur.

Ad. Nourrit.

XI. — INQUIÉTUDES.

Environ seize ans avant l'époque où ces choses se passaient, en 1820, un début singulier avait lieu au Théâtre-Français. Le débutant n'était ni un tragédien ni un comédien. Un élève de Choron, un enfant, était venu chanter dans une représentation extraordinaire d'*Athalie*, et la pureté de sa voix, l'élégance précoce de son style avaient surpris et charmé le public. Cinq ans après, le jeune chanteur, devenu ténor, paraissait à l'Odéon, alors théâtre lyrique, dans les rôles de don Ottavio et du comte Almaviva. On applaudit le débutant parce qu'il chantait avec une méthode excellente ;

mais sa voix, agréable, svelte et facile, était si frêle, qu'à peine elle franchissait les limites de la rampe. Le chant se dessinait comme une esquisse légère et se perdait dans l'air. On disait que le soleil de l'Italie pourrait fortifier cet organe débile, et donner à l'expression vocale, juste et bien sentie, l'instrument qui lui manquait. Le jeune artiste partit, respira l'air clément, interrogea les maîtres, revint à Paris, et fut engagé à l'Opéra-Comique, où il resta deux ans. Il remplit plusieurs rôles, notamment celui de Georges dans *la Dame blanche*, avec beaucoup de grâce et une grande distinction; mais la voix n'était pas venue. Le ténor condamné, mais persévérant, retourna en Italie; et c'est alors qu'à force d'études et de volonté, victorieux de lui-même, il trouva enfin les ressources de l'expansion puissante qu'il avait jusque-là vainement cherchée, et qui fut, depuis ce moment, un des caractères de son talent. Devenu célèbre, il fut engagé sur les premiers théâtres. Donizetti écrivit pour lui, à Naples, le beau rôle d'Edgardo dans la *Lucia di Lammermoor*. Cet artiste courageux, c'est Duprez. En 1836, il était arrivé à Paris, précédé d'une renommée légitime et de la grande notoriété qu'il avait conquise pour son nom.

L'administration de l'Opéra crut alors qu'il était de son devoir de conserver à la France un artiste éminent, un artiste français, dont le talent convenait merveilleusement à notre scène lyrique. Mais rien ne se fit à l'insu de Nourrit, rien ne se fit sans son agrément. Les conditions de l'engagement de Duprez lui furent communiquées, et, dans les arrangements nouveaux nécessités par cet engagement, les deux artistes, la raison et la justice le voulaient ainsi, étaient traités sur le pied de l'égalité la plus parfaite. Nourrit, il l'écrit dans sa première lettre, « se prêta de bonne grâce » à ces combinaisons. Il dit qu'il acceptait la lutte, qu'elle lui plaisait, qu'il y puiserait des forces nouvelles.

M. Armand Bertin, membre de la commission de surveillance de l'Opéra, avait bien voulu intervenir dans les négociations. Lorsque tout fut arrêté, les droits de chacun étant bien établis et les clauses acceptées, une entrevue, ménagée avec tout le soin qu'on apporte aux entrevues les plus délicates, eut lieu dans le salon de M. Armand Bertin. Les deux artistes se donnèrent la main, parlèrent de leurs travaux futurs, et on crut qu'on verrait se réaliser ce rêve séduisant : deux premiers ténors combattant avec des armes différentes, mais avec des avantages égaux, pour leur propre gloire, le plaisir du public et la splendeur du théâtre.

Duprez quitta Paris pour faire une dernière apparition en Italie. Il avait été convenu que ses débuts auraient lieu au mois d'avril 1837, après la première représentation de *Stradella*, dont les répétitions allaient commencer. Peu de jours après la conclusion de ces arrangements, pris d'un commun accord, Nourrit laissa voir les inquiétudes qui commençaient à l'agiter et les pensées tristes qui déjà l'opprimaient. Il supputait toutes les chances de la lutte, et mettait tout le désavantage de son côté. Ce qui l'effrayait par-dessus tout, c'était le calme de son rival : « Duprez me connaît, disait-il, il m'a entendu, et il vient à moi. Il ne me craint donc pas? Moi, je vais combattre un ennemi dont je ne connais pas la force. Duprez n'a rien à perdre; moi, je n'ai rien à gagner. Que devenir si je suis vaincu! être le second, le dernier!... Ah! le poëte a raison :

> Le trône est trop étroit pour être partagé!

Mais il le faut, le sort en est jeté, je lutterai jusqu'au bout ! »

En vain ses amis s'empressaient autour de lui, le rappelaient à lui-même; en vain le public lui témoignait une sympathie qui n'aurait jamais fait défaut à un talent si vrai, si riche, si varié. Un incident qui certes aurait paru indifférent à un esprit moins agité que le sien, eut les conséquences les plus graves et les plus inattendues.

On jouait *la Muette*. Nourrit vit entrer dans la salle et se placer sur le devant d'une loge M. Duponchel et Duprez, dont il ignorait le retour. Dans la fâcheuse disposition d'esprit où il se trouvait, cette vue le troubla étrangement. Il remplissait un de ses meilleurs rôles; rien de plus naturel que le désir du directeur et du nouveau ténor, définitivement fixé à Paris, d'assister à cette représentation. Ils venaient pour applaudir. Nourrit donna à leur présence l'interprétation la plus incroyable. Le désordre de ses pensées fut tel, qu'il crut qu'on venait, avec des intentions mauvaises, l'observer, le critiquer, faire une étude de ses fautes, et ce n'est que par un effort violent sur lui-même qu'il parvint à rester en scène jusqu'à la fin de l'acte. Il se trouva hors d'état de continuer son rôle, que Lafond acheva. Rentré dans sa loge, honteux de sa faiblesse et rempli d'une douloureuse anxiété, il versa des larmes, comprenant bien, par ce qu'il venait de souffrir, « qu'il n'était pas un homme de lutte. » Il l'écrivit depuis à son ami Hiller. Dès le lendemain, il donna sa démission. Les démarches les plus actives, les interventions les plus honorables, les supplications les plus instantes, ne purent prévaloir contre sa résolution bien arrêtée.

Déjà, depuis quelque temps, la voix de Nourrit était altérée, non dans sa force, mais dans sa grâce. Il était jeune encore, il n'avait pas trente-cinq ans, mais des années d'études et de travaux laissent une trace dans la voix du chanteur dramatique. L'artiste assez maître de lui, assez habile pour ménager ses ressources, en être avare, celui qui sait arriver aux plus puissants effets par la seule perfection du chant, conserve longtemps le charme qui séduit ; mais l'artiste passionné, qui se livre tout entier à l'expression et à l'action tragiques, paye de sa voix, et quelquefois de sa vie, l'élan généreux qui l'excite et l'entraîne. Déjà la voix de Nourrit avait souffert lorsqu'en 1830, n'écoutant qu'un zèle imprudent et cédant à son exaltation, il avait prodigué sa chaleur et son âme dans les refrains ardents des chants patriotiques. L'inquiétude de sa position nouvelle, venant se joindre aux fatigues anciennes, le troubla dans l'exercice de son art. Cette inquiétude produisit un effet plus fatal encore : elle obscurcit la lumière de son esprit, la saine appréciation des hommes et des choses, et le rendit défiant envers autrui et injuste envers lui-même. Plaignons ce grand artiste! Quinze ans de succès avaient amolli son cœur, et le livraient sans défense à de cruelles tortures.

XII. — REPRÉSENTATION DE RETRAITE. — DÉPART DE PARIS. MARSEILLE.

Lorsque Nourrit eut pris ce parti, il se trouva plus tranquille; le calme et la sérénité rentrèrent dans son esprit; il donna tous ses soins aux répétitions de *Stradella*, et, après l'apparition de cet opéra, joué le 3 mars 1837, il s'occupa activement des préparatifs de sa représentation de retraite. Elle eut lieu le 1ᵉʳ avril suivant, excita le plus vif intérêt, et attira une foule immense. Cette représentation était composée, comme il est d'usage en pareil cas, de fragments de divers opéras. Le second acte d'*Armide* en faisait partie, et c'est dans cet acte que Nourrit parut d'abord.

On ne joue plus *Armide* aujourd'hui. On ne connaît plus les chants de Gluck, encore moins les vers de Quinault. Il est opportun de rapporter ici, pour les jeunes générations, quelques vers de la première scène de cet acte. Ils offraient des allusions que Quinault n'avait pas prévues et que le public saisit avec empressement. Il n'est pas question dans cette scène

..... Des lieux communs de morale lubrique
Que Lulli réchauffa des sons de sa musique.

Renaud apprend au chevalier Artémidore qu'il quitte le camp des croisés. Il récite des vers simples et harmonieux dont Gluck a noblement exprimé le caractère et le mouvement. Gluck appréciait le mérite du poëte favori de Lulli, de Quinault, déjà vieux d'un siècle, et aujourd'hui, après un autre siècle, il ne semble pas qu'il ait rien perdu de ses qualités [1].

On sait que Nourrit remplissait le rôle de Renaud.

RENAUD, *à Artémidore.*

>Allez, allez remplir ma place
>Aux lieux d'où mon malheur me chasse.
>Le fier Gernaud m'a contraint à punir
>Sa téméraire audace.
>une indigne prison Godefroy me menace,
>Et de son camp m'oblige à me bannir.
>Je m'en éloigne avec contrainte;
>Heureux si j'avais pu consacrer mes exploits
>A délivrer la cité sainte
>Qui gémit sous de dures lois!
>Suivez les guerriers qu'un beau zèle
>Presse de signaler leur valeur et leur foi,
>Cherchez une gloire immortelle,
>Je veux dans mon exil n'envelopper que moi.

ARTÉMIDORE.

>Sans vous, que peut-on entreprendre?
>Celui qui vous bannit ne pourra se défendre
>De souhaiter votre retour.

A peine laissa-t-on à Nourrit le temps d'achever les deux premiers vers de ce récitatif. Le public qui se

---

[1]. L'*Armide* de Lulli a été jouée en 1686, l'*Armide* de Gluck en 1777.

pressait dans la salle éclata en transports frénétiques Tous les vers qui prêtaient à une allusion quelconque furent applaudis avec enthousiasme ; et cependant ces allusions, pour la plupart, manquaient de justesse. On n'avait pas « banni » le chanteur, qui s'exilait de son plein gré. On ne pouvait voir dans « le fier Gernaud » le nouveau ténor, qui n'avait pas encore débuté et que le public inconstant devait acclamer quelques jours après [1]. M. Duponchel était-il l'image de Godefroy ? Mais tout cela n'était qu'un prétexte ; on n'entendit à travers ces allusions, dont on ne cherchait pas à vérifier l'exactitude, que les adieux d'un grand artiste qu'on chérissait et qu'on admirait. Ce qui était vrai, ce qui était dans le cœur et dans l'esprit de tous les assistants, c'est qu'on « souhaitait le retour » du proscrit volontaire ! Nourrit aimait l'Opéra d'un cœur jaloux. Il voulait être aimé seul et sans partage. Il quittait le théâtre comme on quitte une épouse infidèle. Jamais séparation ne fut accomplie avec plus de décision d'une part, et accompagnée de l'autre d'autant de témoignages de regrets profonds et d'affection sincère.

Nourrit quitta Paris peu de jours après, commençant dès ce moment le voyage dont il a parlé dans la lettre que nous avons citée. Il parcourut les principales villes de France et de Belgique, toujours accueilli avec enthousiasme et toujours regretté. Une fête brillante lui fut donnée à Bruxelles. Il ne poussa pas plus loin ses excursions de ce côté et n'alla pas en Allemagne,

---

1. M. Duprez débuta à l'Opéra le 17 du même mois d'avril.

comme l'a fait depuis avec tant de succès notre ténor Roger. L'intérêt qu'il excita dans tout le cours de ce voyage, les applaudissements qu'on lui prodiguait, les résultats heureux de ses pérégrinations, les offres qu'on lui faisait de toutes parts, le firent renoncer au projet si sagement conçu de revenir à Paris, au milieu de sa famille, jouir de sa renommée, et augmenter par des travaux nouveaux une fortune honorablement acquise. Plus d'une carrière était ouverte à son esprit souple et charmant. Et il le sentait bien, et il le dit dans sa lettre. Mais un désir fatal l'entraînait, et, le démon du théâtre le possédant toujours, il résolut de passer en Italie. Il voulait remplacer à Saint-Charles celui qui le remplaçait à l'Opéra.

Cependant de tristes incidents venaient assombrir le voyage si heureusement commencé, et auraient dû suffire à lui faire comprendre que le temps du repos était arrivé. Les symptômes de la maladie de voix dont il avait souffert se manifestaient plus fréquents et plus intenses. A Marseille, ils prirent un caractère alarmant et devinrent l'occasion d'une crise violente qui inspira à ceux qui en furent les témoins les craintes les plus sérieuses.

M. Bénédit, professeur de chant au Conservatoire de Marseille, a publié dans la *Gazette musicale de Paris*[1], après la mort de Nourrit, un article dans lequel il rend compte de la représentation qui donna lieu à cette crise. Nous rapporterons en grande partie ce récit plein d'in-

---

1. 1839, p. 135.

térêt. On verra quelle déplorable exaltation allumaient dans l'esprit de Nourrit les défaillances de sa voix :

« Saisi d'un enrouement désastreux, Nourrit avait lutté vaillamment pendant trois actes, lorsque tout à coup la fatigue, la crainte et l'émotion paralysèrent complétement cette voix naguère si étendue, et dont les notes pures et vibrantes, dans l'octave supérieure, avaient tant de charme et de puissance. Pâle et tremblant de douleur, il se frappa le front, fit un geste de désespoir, et sortit dans une agitation inexprimable. Craignant les suites d'un tel accident sur le caractère de Nourrit, dont j'étais devenu le compagnon presque inséparable depuis son arrivée à Marseille, je quittai sur-le-champ ma place, et j'arrivai dans la loge de Nourrit en même temps que M. Xavier Boisselot... Hélas! plus de doute, notre malheureux artiste était fou!... Je n'oublierai de ma vie cette effroyable scène! L'œil en feu, le visage égaré, Nourrit marchait à grands pas, frappait les murs avec violence, et poussait des sanglots qui déchiraient le cœur... Dans cet affreux désordre, il ne put nous reconnaître. « Qui êtes-vous?... » que me voulez-vous?... Laissez-moi... — Ce sont vos » amis qui viennent vous voir. — Mes amis?... C'est » impossible... Si vous êtes mes amis, tuez-moi... Ne » voyez-vous pas que je ne puis plus vivre, que je suis » perdu, déshonoré!... » En disant ces mots, il courut vers la fenêtre avec une impétuosité foudroyante. Nous nous précipitâmes vers lui, et, le saisissant avec force, nous l'entraînâmes vers un fauteuil où, brisé par les efforts d'une lutte inégale, il se laissa tomber sans résistance

dans un accablement profond. La crise fut longue; ranimé par les soins du docteur Forcade, Nourrit ouvrit les yeux, et, voyant la consternation muette qui régnait autour de lui, il nous demanda pardon avec la candeur et la timidité d'un enfant qui vient de commettre une faute. Nous profitâmes de cette réaction momentanée pour l'engager à reparaître : il y consentit avec résignation. Le public, instruit des événements de l'entr'acte, l'applaudit avec enthousiasme. Puis, à la fin du spectacle, nous reconduisîmes notre ami à l'hôtel de la *Darse*, où nous le quittâmes après l'avoir tranquillisé et en lui promettant de revenir le lendemain. Le lendemain, en effet, de très-bonne heure, je fus le premier au rendez-vous; Nourrit vint à moi avec empressement, comme pour me remercier de mon exactitude. « Eh
» bien, » lui demandai-je en affectant de sourire, « com-
» ment avez-vous passé la nuit ? — Bien mal; je n'ai
» pas dormi et j'ai beaucoup pleuré; dans ce moment
» encore, je faisais un appel à toutes mes forces morales
» pour combattre de sinistres pensées. La vie m'est in-
» supportable; mais je connais mes devoirs; j'ai de
» bons amis, une femme, des enfants que j'aime et à
» qui je me dois; et puis je crois à une autre vie. Avec
» ces idées-là, on peut triompher de soi-même.... Mais
» je crains tout de ma raison; si un moment elle m'a-
» bandonne, je sais que c'est fait de moi. Cette nuit, assis
» à cette place, j'ai demandé à Dieu le courage dont j'ai
» besoin en me fortifiant par de saintes lectures... Te-
» nez, voyez vous-même. » Je pris le livre qu'il me désignait sur la table : c'était l'*Imitation de Jésus-Christ.* »

A la suite de cette scène si triste, qui en faisait présager de plus tristes encore, une affection du foie dont il avait déjà senti les atteintes se réveilla, et il tomba gravement malade. Il dut revenir à Paris ; les soins de sa famille le rétablirent ; mais, persistant dans son désir d'aller en Italie, il demanda un congé au Conservatoire de musique, où son enseignement était apprécié et recherché, et partit au printemps de 1838. Il s'arrêta à Milan, se fit entendre plusieurs fois chez Rossini, en présence des amateurs les plus distingués, qui furent séduits par ce chant intelligent et sympathique, chanta à Florence et à Rome, et arriva à Naples au commencement de mai. Son ami Ferdinand Hiller reçut alors la série de lettres que nous reproduisons.

XIII. — LETTRES.

Naples, 7 avril 1838.

J'espère bien, cher ami, que, depuis nos adieux de Venise, vous avez quelquefois pensé à moi ; s'il en était autrement, vous seriez un ingrat ; car, moi, j'ai pensé bien souvent à vous. Bien souvent, je me suis rappelé avec bonheur ces huit jours que nous avons passés ensemble à Venise, et le bien que votre présence m'a fait.

Si je ne vous ai pas écrit plus tôt, c'est que j'attendais la conclusion de l'affaire que Rossini avait entamée avant mon départ de Milan. Après quelques lettres échangées entre lui et moi, nous n'avons pu arriver à nous entendre avec le directeur de la Scala ; nous sommes aisément tombés d'accord sur les conditions d'argent (vous savez que je n'y tenais pas) ; mais il ne peut me donner pour mon début les assurances que je lui demande, et puis la présence de Donzelli, qui est engagé pour les deux saisons d'automne et du carnaval, rendrait ma position difficile. C'est un *tenore sfogato* qu'il faut à Merelli, et je ne puis faire son affaire. J'ai donc remercié Rossini et refusé définitivement les offres de la direction de Milan ; je vous dirai même que je ne suis pas autrement fâché de manquer cet engagement. A l'époque du couronnement[1], on sera plus occupé des fêtes, des cérémonies publiques, que de musique et de théâtre, et vous savez de quelle importance est pour moi l'effet de ma première apparition en Italie. Je n'en suis pas moins affermi dans ma résolution de suivre la carrière italienne ; bien au contraire, chaque pas que j'ai fait dans ce pays me l'a fait aimer davantage, et j'ai plus que jamais la volonté de m'y fixer et de tâcher d'y conquérir le rang que j'avais en France. La tâche n'est pas sans difficulté, et c'est pour cela qu'elle me plaît.

Quand on ne se contente pas de faire les choses à demi, on rencontre plus d'un écueil qu'on n'avait pas deviné d'avance, et l'obstacle qu'on vient de surmonter ne vous sert souvent qu'à vous en faire découvrir un nouveau, qu'il faut un nouvel effort pour vaincre.

Mais ce ne serait pas la peine de quitter la position brillante que j'avais, de s'expatrier, de s'exposer aux fatigues d'un long voyage, aux ennuis de la séparation, de l'absence, si tant de sacrifices n'aboutissaient qu'à obtenir une chose facile. Non, parbleu ! ce que je veux est difficile, et c'est pour cela que je le veux. Ce n'est pas l'affaire de quelques jours que de perdre des habitudes de quinze ans, que de changer de nature, que de se faire Italien quand on est resté si longtemps Français. Voilà pourtant ce que j'ai à faire et ce à quoi je travaille du matin au soir avec autant de courage que de plaisir. Cela me rajeunit de dix-huit ans d'avoir à recommencer ma carrière, je dirai même une étude vocale, et, loin de me coûter, cette position d'étudiant me plaît. Je ne crains pas de me faire bien petit pour tâcher de devenir plus grand ; je me baisse et prends mon élan, afin d'arriver le plus haut possible. Naples me convient on ne peut mieux pour travailler l'accent italien et pour me façonner aux allures italiennes ; et puis, si je dois rester encore longtemps séparé des miens, Naples est le pays qui peut me donner le plus de distractractions salutaires, sans compter que l'air qu'on y respire guérit les chanteurs malades et, par conséquent, doit être propice à ceux qui se portent bien. D'ailleurs, on me fait ici beaucoup d'avances ; Barbaja veut absolument me faire débuter par *Guillaume Tell*, et, moi, je n'attends pour me lancer que d'avoir assez chanté l'italien pour

---

1. Ferdinand Ier, empereur d'Autriche, se fit couronner à Milan, en 1838, comme roi de Lombardie.

ne plus savoir chanter le français, et ce n'est pas une plaisanterie que je fais là; les deux façons, les deux méthodes sont tellement différentes l'une de l'autre, que je ne crois pas qu'on puisse se servir indifféremment et à volonté de l'une ou de l'autre. Donizetti me prête l'appui de son talent et l'influence de sa position; ses conseils sont excellents, et j'en ressens déjà un grand bien; il me traite avec amitié, en artiste, ne me fait pas de compliments, et m'arrête sur tous mes défauts; je chante tous les jours avec lui; il me reprend à chaque inflexion qui rappelle le français, à chaque son qui n'est pas dans les conditions de l'accentuation italienne, et, grâce à la franchise de ses observations et à son talent de professeur de chant, j'espère que, d'ici à peu de mois, je ne serai plus reconnaissable. Il ne me suffit pas qu'on dise : « Il chante bien l'italien pour un Français; » je veux faire dire : « On le prendrait pour un Italien. » Voilà bien de la prétention, n'est-ce pas ?

Adieu, cher ami! pensez à moi et écrivez-moi où vous en êtes de votre opéra. Je passe l'été à Naples; mon adresse est largo Carolina, n° 12, 3e piano[1], ou plutôt poste restante. Rappelez-moi au souvenir de madame votre mère.

Tout à vous de cœur.

AD. NOURRIT.

Naples, 5 mai 1838.

Mon cher ami,

Je m'étais levé avant-hier avec le projet de vous écrire; depuis deux jours, j'avais une nouvelle importante pour moi à vous annoncer, et je ne voulais pas vous la faire attendre plus longtemps, et voilà que m'est arrivée votre excellente lettre, qui aurait dû m'exciter à vous écrire encore plus vite, et qui, au lieu de cela, m'a fait remettre au lendemain le plaisir que je m'étais promis. C'est que, voyez-vous, depuis que je suis seul, mes plaisirs ne sont pas nombreux, et je cherche à faire durer longtemps ceux qui m'arrivent; ainsi, votre lettre a suffi pour me donner une bonne journée, et, aujourd'hui, les instants que je passe à causer avec vous sont autant

---

1. 3e étage.

de pris sur ma solitude. Mais arrivons à la nouvelle que j'ai à vous donner. Mon sort est enfin fixé, il n'y a plus à m'en dédire ; je suis chanteur italien, ou du moins je me suis engagé pour tel, en attendant que le public reconnaisse la validité de l'acte sur papier timbré. J'ai signé avec Barbaja un engagement de six mois, qui doit commencer au mois d'octobre prochain pour aller jusqu'à la fin de mars. Les conditions d'argent auxquelles j'ai souscrit sont moins belles que celles que me proposait M. Merelli ; mais la position est bien plus agréable pour moi. Il nous a été difficile de nous entendre avec Donzelli ; car les mêmes rôles nous convenaient à tous deux, et je ne pouvais souscrire à ce que me demandait Merelli, qui voulait me faire chanter l'opéra-buffa et les rôles de *tenore sfogato*. Ici, je serai presque le maître de choisir et mes rôles et mes opéras, et puis j'ai l'immense avantage de débuter par un ouvrage nouveau, écrit exprès pour moi par Donizetti. Si je me confie sans réserve à Donizetti pour apprendre de lui l'accentuation du chant italien, de son côté il a confiance dans l'expérience que j'ai du théâtre et est tout disposé à s'en rapporter à moi sur le choix du libretto qu'il devra mettre en musique.

Il sent la nécessité de faire du nouveau, et a déjà adopté un plan que je lui ai proposé, et qui lui offre des situations qu'il n'a pas eues encore à traiter, un sujet qui l'empêchera de se laisser aller à cette facilité dont il abuse quelquefois. Et puis sa grande ambition est d'arriver à Paris, d'arriver à l'Opéra, et, tout en donnant du nouveau à l'Italie, il veut se préparer aux exigences de notre scène lyrique. J'espère que je pourrai lui rendre une partie du bien qu'il me fait. Déjà j'ai pu juger de la confiance qu'il a en moi ; il fait un album pour Paris, et il m'a demandé d'abord quelques sujets de ballades, de romances qu'il voulait faire exécuter en italien, et puis il a désiré que je les lui écrivisse en vers français ; j'ai été assez heureux pour rencontrer juste ce qu'il voulait, et il s'est mis à l'œuvre. Mais, comme le désir de faire du neuf m'avait poussé à me développer un peu plus qu'on ne le fait dans ce genre de composition, le travail a été plus difficile pour lui, et il a dû me consulter chaque jour sur ce qu'il avait fait et sur ce qu'il voulait faire ; j'ai été aussi franc avec lui qu'il l'était avec moi ; il a suivi mes conseils presque aveuglément. Aussi j'ai bon espoir pour l'opéra que nous préparons pour mon début ; je crois que son poëte a bien compris ce que je veux, et, d'ailleurs, à mesure qu'il travaillera, je serai là pour faire retoucher ce qui ne me conviendrait pas.

Quant à Donizetti, je le vois déjà préoccupé de la nouveauté de ce sujet pour lui, et il me dit quelquefois : « Pourvu que je réussisse à bien rendre ce caractère de musique que vous désirez ! Je n'ai encore rien fait de semblable. » Et je suis enchanté de lui voir cette préoccupation ; et, en l'empêchant de composer trop vite et de se laisser aller à adopter ce qui lui vient tout d'abord, je crois que je lui rendrai un véritable service. Ainsi, nous aurons gagné tous deux à ce frottement.

Vous pensez bien que de tout l'été je ne vais plus quitter Naples ; j'attends ma famille d'ici à un mois, et, si la chaleur nous incommode par trop dans la ville, nous irons chercher le frais dans les environs, qui sont merveilleux. Je compte beaucoup sur le bien que vont me faire ces quatre mois de bon travail fait sous le ciel de Naples, au milieu du calme et des douceurs de la vie de famille, et, si Dieu permet que mes enfants et ma femme supportent bien les fatigues du voyage et ne se trouvent pas mal du séjour de Naples, j'entrerai fort et dispos dans ma nouvelle carrière avec un bel avenir devant moi. Cet avenir doit nous rapprocher l'un de l'autre, cher ami, et, comme vous, j'espère que cette rencontre nous sera bonne à tous deux.

Une fois réunis, je compte bien que nous aurons un bon bout de chemin à faire ensemble, nous appuyant l'un sur l'autre, et marchant vers le même but.

En attendant, labourons bien cette terre d'Italie pour avoir tous les fruits qu'elle sait produire, et, un jour, nous grefferons ces fruits du Midi sur une tige vigoureuse du Nord ; l'arbre et les fruits n'en seront que meilleurs. Dépêchez-vous de donner votre premier opéra, afin que votre second soit tout prêt quand je reviendrai à Milan ou dans toute autre ville où vous vous trouverez ; mais, avant de faire du tout à fait nouveau, il faut que nous montrions au public que nous pouvons nous plier à toutes les exigences purement italiennes, pour qu'on soit bien persuadé, quand on nous verra tenter des innovations, que c'est bien par choix que nous faisons ainsi, et non par impuissance de faire autrement.

Je me suis acquitté de votre commission auprès de Donizetti, qui vous remercie de votre bon souvenir et me charge de ses compliments pour vous. Il compte aller à Paris aussitôt après la représentation de son opéra, qui passera fin septembre ou au commencement d'octobre ; on lui a fait des propositions pour le Théâtre-Italien ; mais il n'a pas encore signé d'engagement. Adieu, cher ami ; quand vous aurez quelque chose de décidé pour votre opéra, ne manquez pas de me l'écrire.

Tout à vous de cœur.

AD. NOURRIT.

Après les premiers moments que vous donnerez à la joie de retrouver votre si bonne, votre si digne mère, veuillez lui parler de moi, lui présenter mes salutations affectueuses, et lui dire tout le regret que j'ai de ne pouvoir passer auprès d'elle et auprès de vous toute cette saison d'été. Quelle consolation c'eût été pour ma femme, qui va n'avoir que moi à Naples ! mais nous ne sommes pas les maîtres de choisir notre route ; il faut suivre celle qui s'ouvre devant nous. Veuillez dire un mot pour moi à tous ceux qui ne m'ont pas oublié. J'attends une occasion pour vous renvoyer votre livre.

Naples, 6 juillet 1838.

Mon cher ami,

C'est le 10 du mois dernier que j'ai embrassé ma femme et mes enfants après six mois de séparation ; je vous laisse à penser comment le temps s'est passé pour moi depuis ce jour. Il me semble que c'est hier qu'ils sont arrivés ; depuis que j'ai près de moi tous ces êtres chéris, les heures, les jours s'en vont avec une rapidité qui m'effraye ; le bonheur que me donne leur présence me fait presque oublier ce que je suis venu faire en Italie, et, quand il m'arrive de m'en souvenir, je suis épouvanté de tout ce qu'il me reste à faire d'ici à mon début. Quand j'étais seul, le travail remplissait toutes mes journées, et, comme il m'aidait à supporter les ennuis de la solitude, il avait de l'importance à mes yeux ; aujourd'hui, je travaille tout autant qu'alors, et il me semble que je ne fais rien ; il me semble que je m'endors dans mon bonheur. Ce n'est pourtant pas le moment de s'endormir, car voici arriver le mois de septembre, l'opéra de Donizetti marche à grands pas, et je ne me suis pas encore assez imprégné du vernis italien ; malgré moi, les habitudes françaises reviennent de loin en loin, et je voudrais bien, lorsque je monterai sur le théâtre, être si bien façonné aux allures italiennes, que je n'aie pas à m'en préoccuper. Il est vrai que, si j'attends d'avoir l'esprit libre de toute préoccupation pour me croire exempt d'inquiétude, j'attendrai longtemps; car il faut bien que je sache que j'ai un esprit inquiet, que je me laisse souvent dominer par des craintes chimériques, et je dois me rappeler que rarement j'ai été content de ce que je faisais, tandis que les autres, et souvent les plus difficiles, s'en contentaient. Il y a des gens qui appelleraient cela de la modestie; moi, je l'appelle de l'orgueil; ce n'est que de l'orgueil que de ne vouloir pas prendre son parti de ses défauts et de rêver une perfection qu'il n'est pas donné à l'homme d'atteindre.

De toutes les études que doit faire un artiste, la plus importante, je crois, est l'étude de ses propres moyens; il faut qu'il sache bien le point où il doit s'arrêter, pour ne pas perdre, à lutter contre son impuissance, un temps qu'il doit employer à développer ses forces. La question n'est pas d'être sans défauts; la question est d'avoir une grande qualité assez saillante pour couvrir les petites imperfections. Mais voilà que je me laisse aller à faire de la doctrine; pour peu que je continue sur ce ton, ma lettre va ressembler à un article de journal, et j'ai trop peu de temps à passer avec vous pour l'employer si mal.

Vous voilà donc à Bellaggio [1], auprès de votre bonne, de votre digne mère; je peux juger par moi-même du bien-être que vous donne sa chère présence, et je vois avec plaisir que vous en profitez pour vous remettre à votre œuvre de prédilection; car, bien que nous nous mettions tous deux à faire de l'italien et que nous nous montions la tête à ce point de le faire franchement, nous n'en restons pas moins fidèles à nos croyances, à nos amours; rien ne peut nous faire oublier nos vieilles divinités, nos Gluck, nos Mozart, nos Beethoven, notre Schubert, et, sans être ingrats envers l'Italie, à qui nous venons demander ce que les autres pays ne peuvent nous donner, nous devons porter nos regards au delà des Alpes, et croire qu'il y a quelque chose de mieux à faire que ce qui se fait aujourd'hui sous le beau ciel de l'Ausonie. Travaillez donc à votre oratorio, qui peut gagner à être écrit en Italie; ce serait une belle chose qu'une grave pensée allemande reproduite sous la séduisante forme italienne. Ne laissez pourtant pas tout à fait de côté votre opéra; il me tarde presque autant qu'à vous qu'il soit représenté, il me tarde surtout que nous ayons à le faire ensemble. La place se fait belle pour un jeune maestro; voilà Donizetti qui va dire adieu à l'Italie;

---

1. Sur le lac de Côme.

on lui fait des propositions en France qui lui conviennent, et il est probable que *Polyeucte*[1] est le dernier opéra qu'il écrira pour son pays.

Dépêchez-vous donc; j'ai déjà en tête une demi-douzaine de plans d'opéra qui pourront vous aller; nous n'aurons que l'embarras du choix. La grande affaire pour nous est aujourd'hui de réussir, et, pour cela, il faut bien nous soumettre à toutes les exigences du public, à qui nous venons demander des applaudissements; commençons par lui donner seulement ce qu'il aime, et puis, quand il nous aura adoptés, peut-être voudra-t-il nous suivre dans la route nouvelle où nous pouvons le conduire. Mais réussissons, réussissons à tout prix. Je dois pourtant avouer que, malgré mon désir de me conformer entièrement au goût du public, je n'ai pu m'empêcher de donner au *libretto* que l'on écrit pour moi une tournure un peu étrange pour ce pays.

Le maestro se pique, je crois, d'honneur, et donne tout ce qu'il peut donner de soins à cette dernière partition. Il l'écrit presque autant pour la France que pour l'Italie. Il est vrai de dire qu'on s'en occupe plus à Paris qu'à Naples, et qu'il a déjà reçu de plusieurs éditeurs de musique de Paris des offres pour la vente de cet ouvrage qu'il écrit pour moi, sans que le titre même en soit connu. Ce titre va, peut-être, nous causer un peu d'embarras; car nous avons affaire à un conseil de révision très-sévère, et, comme notre héros est un saint, il est très-possible qu'on nous force à le débaptiser, ou plutôt à le baptiser autrement, car il faut bien que notre martyr reste chrétien, quel que soit le nom qu'on lui donne. Ceci me fait penser qu'il faudra réserver pour la France le beau sujet dont nous avons parlé ensemble, le sujet tiré des *Promessi Sposi*.

Adieu, mon cher ami... Ma famille regrette autant que moi qu'il y ait si loin de Naples à Bellaggio; la société de madame votre mère rendrait ma femme bien heureuse, et mes enfants seraient en bonne disposition de se laisser gâter par elle et par vous, qui les avez mis sur ce pied. Pensez à nous autres aussi souvent que nous pensons à vous, et aimez-nous comme nous vous aimons.

Tout à vous de cœur.   AD. NOURRIT.

---

[1]. On verra plus loin que *Polyeucte,* ou plutôt *Poliutto*, ne put être représenté à Naples. Donizetti le fit jouer à l'Opéra de Paris, sous le titre des *Martyrs,* en 1840. On l'a donné récemment au Théâtre-Italien sous son titre primitif, *Poliutto*.

Ma femme trouve que je ne lui avais pas dit assez bien tout ce qu'il y avait pour elle dans vos lettres; je crois que, pour la contenter, il faudra que vous vous passiez de mon intermédiaire, et que vous lui disiez directement toutes les jolies choses que vous lui adressez.

Il y a huit *prime donne* engagées à San-Carlo, et, bien qu'à l'exception de la Ronzi, toutes ces dames n'aient pas un grand talent, le public les accepte; je ne vois donc pas de place pour mademoiselle P...; si vous la voyez, rappelez-moi à son souvenir, et faites-lui mes compliments, ainsi qu'à son père.

Naples, 16 novembre 1838.

Mon cher ami,

Avant de vous dire toutes les raisons qui m'ont empêché de vous écrire tout ce temps-ci, je dois me dépêcher de vous annoncer qu'avant-hier j'ai fait enfin ma première apparition sur le théâtre de Saint-Charles, dans *le Giuramento* de Mercadante, et mon succès a été au delà de tout ce que je pouvais espérer, et au delà de tout ce qu'il était raisonnable d'attendre. Ce public napolitain, que l'on dit si froid, si difficile, a été pour moi d'une bienveillance extrême; dès les premières mesures que j'ai fait entendre, il m'a encouragé, et cette petite romance que chante Viscardo en entrant en scène a suffi pour assurer mon succès; on a jugé tout d'abord que je savais chanter, et tout ce qu'il y avait de nouveau, d'étrange dans ma manière de jouer, a été accueilli avec un plaisir qui s'est manifesté d'une façon bruyante. J'ai été rappelé cinq fois sur la scène, et les vieux amateurs de Saint-Charles disent qu'ils n'ont pas souvenance d'un pareil début à Naples. Je devrais peut-être mettre plus de modestie à vous parler de moi; mais votre amitié a le droit de réclamer toute la vérité, quand cette vérité doit vous faire plaisir. Et puis j'ai payé ce succès par tant de chagrins, qu'il m'est pardonnable d'en jouir avec abandon.

Je ne suis pas étonné de tout ce qui vous a été dit sur mon compte; car j'ai donné prise à tous les mauvais bruits qu'on a pu faire courir sur moi; j'ai été un moment si découragé, si malheureux, que j'ai voulu quitter le théâtre, que j'étais prêt à tous les sacrifices pour racheter ma liberté. Heureusement, j'ai eu affaire à un brave homme : Barbaja a compris ma position, a senti ma peine et a eu pitié de ma folie ; il n'a pas accepté ma proposition, et m'a forcé malgré moi à être raisonnable.

Vous savez que le *Polyeucte* a été arrêté par la censure ; nous avons refait le libretto et changé nos chrétiens en *guèbres* ; mais la révision n'a pas plus voulu des uns que des autres ; c'est le sentiment religieux qu'on voulait proscrire, sous quelque forme qu'il se présentât. Vous pouvez deviner toute l'importance que j'avais attachée à débuter dans un opéra écrit pour moi, et dont le *libretto* avait été dicté par moi ; aussi vous comprenez toute la peine que j'ai éprouvée en perdant l'appui sur lequel j'avais compté pour me présenter dans la lice. Il fallut pourtant en prendre mon parti et choisir un autre opéra ; je demandai la *Lucrezia Borgia*, dans laquelle Donizetti ajoutait un air et une scène finale ; mais, par prudence, nous changeâmes le titre de l'opéra, et nous fîmes de notre sœur de pape une *Élisa*, duchesse de Milan. La censure reconnut le travestissement, et son *veto* vint encore me fermer la bouche au moment où je commençais à savoir mon rôle. Donizetti m'offrit alors de débuter par la *Pia*, qu'il avait écrit, il y a dix-huit mois, pour Venise ; le rôle du ténor ne m'était pas sympathique, et je refusai malgré tous les égards que je devais au maestro.

Cependant il fallait débuter. J'aurais bien voulu le *Guillaume Tell* ; mais comment obtenir l'autorisation de la police ? Les uns me conseillaient ceci, les autres cela ; au milieu de toutes ces incertitudes, moi, je perdais la tête, si bien que, de guerre lasse, et surtout n'ayant pas la liberté du choix, je finis par accepter *Pia* malgré mes répugnances (c'était le seul ouvrage nouveau disponible). Je me mis à l'œuvre sans courage, et l'effet que faisait l'ouvrage aux répétitions n'était pas de nature à me donner la confiance en moi-même. Ajoutez à cela que, depuis six mois, je m'étais livré sans modération au travail que j'avais cru nécessaire pour donner à ma voix l'accentuation italienne ; j'avais si bien fait même, que j'avais tout à fait changé la nature de mon organe. Fatigue, dégoûts, découragement, tout se réunit pour m'ôter toute volonté d'aller plus avant. J'étais mécontent de ma voix, j'étais mécontent de mon rôle, j'étais mécontent de la partition ; mais, comme je ne sais pas faire les choses de sang-froid, il fallut m'en aller au point de perdre la tête pour arriver à refuser un rôle déjà appris, déjà répété, un rôle de Donizetti, et cela cinq ou six jours avant la représentation. L'émotion fut telle, que je devins malade, et réellement je ne pouvais plus chanter, ou du moins je n'avais plus la force de vouloir chanter, tant j'étais mécontent de tout ce que je faisais.

C'est alors que je voulais déchirer mon engagement, au risque de toutes les indemnités que je m'exposais à payer. Heureusement, Barbaja n'accepta pas, me débarrassa de mon mauvais rôle et me laissa le temps de me rétablir. Pour me donner l'envie de chanter, il me fit espérer *Guillaume Tell*, et, comme, après quelques jours de tranquillité, ma voix me revint, et qu'elle me revint telle que vous la connaissez, je repris courage. La permission de *Guillaume Tell* n'arrivant pas, je me déterminai à accepter *le Giuramento*, et bien m'en a pris, car je ne pouvais désirer un plus beau succès que celui que je viens d'obtenir dans cet opéra. L'ouvrage entier a fait grande sensation, et depuis longtemps, à Naples, on n'avait vu une pareille réussite. Je vous écrirai avec plus de détails sur tout cela d'ici à peu de temps; mais j'ai tant à écrire depuis hier, que je fais mes lettres courtes. Barbaja ne m'a pas laissé le temps de respirer, il m'a fallu jouer deux jours de suite. Après la fatigue des répétitions, l'émotion du début, je n'aurais pas cru en avoir la force, et cependant j'en suis venu à bout, et le succès de la seconde représentation n'a pas été moindre que celui de la première. A votre tour maintenant. Tenez-moi bien au courant de ce que vous faites, et, moi, je vous promets de ne plus rester si longtemps sans vous donner de mes nouvelles. Aimez-moi toujours comme je vous aime.

Votre ami,

AD. NOURRIT.

Naples, 7 janvier 1839.

J'ai besoin que mes amis soient indulgents avec moi par le temps qui court; car je suis dans une série d'occupations et de préoccupations telles, que je ne fais pas la moitié de ce que je devrais, de ce que je voudrais faire. Ainsi, voilà plus de quinze jours que je veux vous écrire, et il m'arrive chaque matin quelque bonne raison qui m'oblige de vous remettre au lendemain. Et puis je suis encore si incertain sur mon avenir en Italie, que j'attends d'avoir pris un parti définitif pour le dire à tous ceux qui s'intéressent à moi. J'ai demandé à C... s'il serait disposé à vous donner un libretto, ou du moins à vous le vendre (et c'est mille francs qu'il les vend); mais, d'ici à un an, tout son temps est pris, et je ne le regrette pas beaucoup pour vous, bien que ce soit un homme de talent : le goût du midi de l'Italie n'est pas le goût du nord, et C... ne comprend les opéras que comme la révision les permet à Naples. Il y a bien ici un vieux poëte qui ne manque pas d'idées dramatiques; mais on dit qu'il écrit mal, et, aujourd'hui, on veut en Italie des libretti bien écrits.

11 janvier.

Voilà un mauvais commencement de lettre que je vous écrivais sous l'influence du *sirocco*, et que je n'ai pas eu le courage d'achever, tant j'étais mal à l'aise. C'est que vous ne savez pas ce que c'est que le *sirocco*, et Dieu vous en garde! Quand souffle ce vent d'Afrique, on n'est plus maître ni de ses actions ni de ses pensées; on est dominé par une influence maligne qui vous ôte toute force de faire bien quoi que ce soit; enfin, on vit comme un pauvre animal malade, on se traîne jusqu'à ce qu'on tombe dans un coin, où il faut qu'on vous laisse seul. Et nous avons ce vent-là une ou deux fois par semaine, ce qui nous fait acheter un peu cher les belles journées que nous donne le soleil de Naples. Enfin, le voilà revenu, ce beau soleil, et j'en profite pour achever ma lettre.

Cependant, cela ne me satisfait pas entièrement, et, comme l'administration n'a pas un seul bon rôle à m'offrir d'ici à la fin de la saison, et que je ne vois pas arriver de chef-d'œuvre pour l'année prochaine, je ne resterai pas à Naples au delà du présent engagement. Je ne sais même plus si je resterai en Italie, malgré toutes les propositions que j'ai reçues et pour Florence, et pour Turin, et pour Lucques, et enfin pour Milan; car partout on veut que je chante quatre fois par semaine, et, moi, je ne veux m'engager qu'à trois représentations, quitte à en donner une quatrième si je suis bien disposé, mais sans y être forcé. Cela ne suffit pas aux directeurs, qui veulent absolument leurs quatre soirées assurées. Une autre difficulté qui empêchera que je ne m'arrange avec Merelli, c'est qu'il ne me donne aucune garantie pour les rôles que j'aurai à jouer; je voulais pour le carnaval un opéra nouveau de Donizetti, le *Poliutto*, ou un de Mercadante, écrit pour moi, et je ne puis avoir aucune assurance à cet égard.

Si au moins vous aviez débuté, si vous aviez réussi, j'aurais pu être sûr de faire quelque chose avec vous; mais nous avons tous deux besoin d'appui, et il y aurait danger pour nous à débuter ensemble, arrivant tous deux avec des idées nouvelles, avec des allures étrangères. Comme je perds de l'argent en Italie, si je n'ai pas la chance d'y gagner de la gloire, je ne vois pas pourquoi j'y resterais; et, pour ne pas perdre l'effet de mon beau succès à Naples, il est peut-être prudent d'en rester là, et d'aller voir à Paris s'il n'y a pas quelque chose de bon à faire pour moi. Cependant, je ne prends encore aucun parti, car je ne veux renoncer à l'Italie que lorsque je serai bien convaincu qu'il n'y a pas d'avenir pour moi dans cette carrière.

J'ai reçu de Paris plusieurs belles propositions, mais j'ai tout refusé provisoirement; ce n'est pas de Naples que je puis juger la position qu'il me convient de reprendre à Paris. Il faut que je revoie tout ce monde, ce public, ces théâtres, ces auteurs, avant de me remettre entre leurs griffes. Voilà où j'en suis, mon cher ami, combattu par mille idées diverses, aujourd'hui voulant ceci, demain désirant cela, et, en définitive, assez peu content du présent et fort incertain de l'avenir. Dieu veuille m'éclairer et me délivrer de la terre d'exil où je suis!

Adieu, mon cher ami; je vous permets de ne pas me plaindre et de hausser les épaules; car je me rends la justice de me trouver bien déraisonnable et même quelquefois ridicule. Aimez-moi toujours.

Votre ami,

AD. NOURRIT.

Naples, 24 janvier 1839.

Cher ami,

Vous avez pu deviner, par ma dernière lettre, les dispositions d'esprit où a dû me trouver la vôtre, et si, malgré le succès, je ne suis pas content de mon séjour en Italie, vous pouvez juger de l'impression que m'a fait la nouvelle du parti que vous avez pris d'ajourner la représentation de votre opéra, parce que, dites-vous, vous ne le trouvez nullement conforme au style et au goût italiens. Ma femme, plus philosophe que moi, avait écrit une lettre de Romaine à madame Hiller, une lettre de femme forte sur le mépris du succès et sur la légèreté du jugement des hommes ; mais je me suis permis de ne pas trouver la lettre de mon goût, et elle a été déchirée. J'ai voulu vous en écrire une qui fût plus conforme aux sentiments de tristesse qui me dominaient, et voilà que je me suis laissé aller à me monter la tête et que ma lettre ressemblait à un pamphlet contre les idées musicales de ce pays ; je me suis fait justice à moi-même, et ma lettre a été retrouver celle de ma femme, si bien que le dernier courrier est parti sans vous porter un mot de nous. Cette fois, je vais tâcher de prendre un juste milieu entre ma mauvaise humeur et la noble fierté de ma femme, et, vaille que vaille, ma lettre partira.

Vous ne m'en voudrez pas, cher ami, de n'être pas tout à fait aussi philosophe que vous, et de ne pas prendre aussi cavalièrement que vous le faites le silence auquel vous vous résignez maintenant ; moi qui ne suis plus un jeune homme comme vous, je compte les moments qu'il me sera permis de consacrer au théâtre. J'avais de beaux rêves sur votre succès ; je nous voyais bientôt réunis et marchant tous deux dans une voie nouvelle ; je croyais le moment venu de faire adopter à l'Italie l'harmonie allemande et la déclamation française, tout en laissant sa belle part à la mélodie italienne, et voilà qu'il me faut encore attendre. Cependant je veux tâcher de ne pas être moins raisonnable que vous, et votre courage doit retremper le mien. Oui, je reconnais que vous avez mille fois raison, car vous êtes placé sur le terrain le plus difficile ; votre titre d'Allemand sonnera toujours mal aux oreilles milanaises, et vous arrivez avec des allures étrangères. Si tout Naples n'avait pas su que j'ai passé huit mois à m'italianiser, on ne m'aurait seulement pas écouté ; mais, en m'entendant, on a cru que j'avais appris en huit mois tout ce que je sais, et on a crié au miracle. Voilà comme quoi j'ai réussi [1].

Combien je regrette de ne pas être près de vous maintenant ! Que de choses n'aurais-je pas à vous dire pour vous aider à dresser votre nouveau plan de campagne ! Je voudrais bien surtout être en position de vous servir autrement que par mes conseils, et payer de ma personne dans la première bataille que vous livrerez.

J'attends une dernière réponse de Merelli, qui décidera du parti

---

[1]. On voit combien l'inquiétude et le mal du pays, ayant altéré la droiture du jugement de Nourrit, le rendaient injuste envers lui-même et envers le public qui l'avait applaudi.

que je prendrai : cependant, quoi qu'il arrive, je pense que je resterai encore cette année-ci en Italie, et peut-être pourrons-nous nous rencontrer. Tenez-moi toujours au courant de ce que vous comptez faire.

Quant à moi, je lutte contre les atteintes du mal du pays, et je tâche de fortifier ma raison contre mes désirs; je tâche d'oublier Paris, puisque mes amis sont d'avis que je ne dois pas y revenir encore. Aussi j'ai refusé de belles offres qui m'étaient faites; cela était bien tentant; mais j'ai résisté, et, bien que je ne sois pas content de ce que je fais ici, il me faut suivre les conseils de ceux qui m'aiment et prendre patience.

Mais voilà que je reviens à vous parler de moi quand je ne voulais penser qu'à vous. Il est vrai que tout cela est lié dans mon esprit de façon que je ne peux m'occuper de votre avenir en Italie qu'en pensant à la possibilité de nous retrouver et de faire quelque chose ensemble.

Ni vous ni moi, nous ne pourrons jamais être parfaitement heureux, parfaitement à notre aise dans ce pays; nous reverrons tous deux la terre promise, et la question est pour nous de savoir combien de temps il nous faut endurer l'exil, et de tâcher que nos ennuis présents tournent au profit de notre avenir.

En avant donc contre vent et marée; si je m'arrange avec Merelli, je tâcherai de vous faire fabriquer ici quelque libretto favorable à ce que nous voulons faire tous deux, sans cependant heurter de front les sentiments italiens; si j'ai le bonheur de planter un jour ma bannière sur le théâtre de la Scala, il faut bien espérer que je serai assez fort pour vous faire écouter, et, quand on vous aura écouté, il faudra bien qu'on applaudisse.

Malgré tout le désir que j'ai de vous revoir, ne soyez pas surpris que je ne vous engage pas à venir à Naples. Un Napolitain fait la grimace toutes les fois qu'il dit le nom de *musica francese* ou *musica tedesca*.

Tout à vous de cœur.

Ad. Nourrit.

XIV. — MORT DE NOURRIT.

Cette lettre, datée du 24 janvier 1839, est la dernière que Nourrit ait écrite à M. Ferdinand Hiller.

Six semaines après, le 8 mars, on trouva son corps brisé sur le pavé de la cour de la maison qu'il habitait.

Aucun événement nouveau ne s'était produit dans l'existence de Nourrit. Sa vie était la même. S'il se montrait parfois mécontent, inquiet de l'avenir, chagrin de n'avoir pu se faire entendre dans ce *Polyeucte* qu'il avait rêvé, et qu'un maître avait réalisé pour lui; s'il se montrait enfin tel qu'il se peint dans ses lettres, « combattu par mille idées diverses, aujourd'hui voulant ceci, demain désirant cela, souvent déraisonnable et quelquefois ridicule, luttant contre les atteintes du mal du pays, » il était toujours bon et affectueux. D'ailleurs, ce mal du pays devait bientôt guérir. On le croyait du moins! on parlait souvent dans la famille, avec les amis, d'un départ prochain et du retour dans la patrie; on attendait avec impatience la fin des engagements qui le retenaient encore. Hélas! ses restes seuls devaient être rendus à la France.

Le mal avait fait des progrès rapides. Le 6 mars, se trouvant chez madame Eugénie Garcia, on lui demanda d'écrire quelques lignes dans un album. Il improvisa les vers suivants:

Si tu m'as fait à ton image,
O Dieu! l'arbitre de mon sort,

> Donne-moi le courage,
> Ou donne-moi la mort.
> Mon âme, en proie à la souffrance,
> Est près de succomber ;
> Dans l'abîme où meurt l'espérance,
> Ah ! ne me laisse pas tomber !

On lut ces vers, on lui en reprocha la tristesse ; mais il se défendit en riant.

— C'est une romance, dit-il, un air, la cavatine d'un ténor infortuné ; on mettra cela en musique.

Le 7 mars, dès le matin, il fit connaître à la direction qu'il était malade, qu'il ne pourrait chanter dans la représentation annoncée pour le soir. Puis il sortit, et se dirigea lentement vers la belle promenade de la *Villa-Reale*. Là, il rencontra un de ses amis, M. Guillaume Cottrau[1]. Il le prit par le bras, et tous deux allèrent s'asseoir sur la terrasse qui borde la mer, et d'où l'œil embrasse un si magnifique horizon.

Alors, avec une abondance fébrile et dans une effusion suprême, il ouvrit son cœur à cet ami.

— Affaibli par la maladie, obsédé d'idées sinistres, que suis-je venu faire ici, où je suis sans puissance et sans volonté ! Ah ! je ne sais plus, comme autrefois en France, émouvoir et entraîner le peuple ! L'art a besoin de liberté, et je ne suis pas libre. Je suis un étranger, un proscrit ! je parle une langue qui n'est pas la mienne, et ceux qui m'écoutent entendent une

---

1. M. Guillaume Cottrau était le frère aîné de M. Félix Cottrau, peintre doué de qualités remarquables, mort à Paris il y a quelques années. Tous deux étaient nés à Naples, d'une famille française établie dans cette ville sous le règne de Murat ; tous deux étaient des hommes d'une grande bonté de cœur, d'un esprit charmant et distingué.

langue qui n'est pas la leur. J'ai tout donné à l'art, qui me trahit aujourd'hui. J'ai voulu m'élever, et je tombe !

— O mon cher Nourrit, pouvez-vous ainsi déchirer le cœur de ceux qui vous aiment et vous torturer à plaisir ! Que vous faut-il donc ? Quoi ! vous n'êtes pas fier de l'accueil que vous recevez chaque soir ? Je ne vous comprends pas.

— Ah ! cet accueil n'est pas sincère. C'est à la bienveillance que je le dois, c'est une dette d'hospitalité qu'on acquitte envers moi. Cet accueil, c'est de la pitié ; car je n'ai plus de talent, je ne suis plus moi, je ne suis plus rien... Et maintenant, laissez-moi vous dire toute ma pensée... On me trompe ; vous le savez bien, je suis le jouet du public.

Il y avait alors au théâtre Saint-Charles un chanteur ridicule et plein de vanité. On l'aurait sifflé, si le sifflet eût été permis à Naples. D'ailleurs, il était protégé par des personnages importants. On imagina de l'applaudir à outrance ; dès qu'il se montrait, des bravos enthousiastes partaient de tous les points de la salle. Après chaque morceau, il était rappelé, et le pauvre homme, joyeux, gonflé d'orgueil et de joie, ignorant seul la conspiration dont tout le monde était complice, paraissait et saluait le public. Le malheureux Nourrit, dans son délire, croyait être l'objet d'une dérision semblable.

Son ami parvint à le détromper.

— Oui, je suis un insensé ! dit Nourrit ; je le sens, je perds la raison. Eh bien, j'exige de votre amitié une promesse sacrée... Où donc dans cette ville est l'hôpital des fous ?...

Des paroles pleines de tendresse et d'affection apaisèrent le pauvre Nourrit. Ils quittèrent la villa, et Nourrit, rencontrant sur son chemin l'affiche du théâtre, apprit alors que la représentation annoncée pour le soir était donnée au bénéfice d'un artiste malheureux.

— Ah! dit-il, une bonne action ! j'en veux prendre ma part !

Il alla dire au directeur qu'il se portait mieux, qu'il était en voix, et qu'il chanterait.

Et il chanta merveilleusement ! jamais sa voix n'avait été plus charmante et plus pure. On l'applaudit avec transport; puis il vint retrouver sa femme et ses enfants, et fit avec eux le repas habituel. Il était calme, et, lorsqu'il se mit au lit, il paraissait heureux de sa soirée, de son succès, du service qu'il avait rendu. Le spectacle avait fini tard, et l'heure était avancée.

Rien ne troubla le silence de la nuit. A l'aube du jour, un bruit sinistre éveilla la pauvre épouse, la pauvre mère. Elle regarde, elle est seule. Une porte est ouverte, qu'elle avait fermée, et cette porte donne accès à la terrasse qui surmonte la maison. Elle s'élance. Le terrible sacrifice était accompli.

Un dernier devoir lui restait à remplir. Elle ramena à Paris ce corps brisé qu'elle avait baigné de ses larmes. Puis elle mourut de sa douleur.

Un service funèbre avait été célébré à Naples au milieu d'un concours immense [1]. Tout le monde aimait le Français qui venait de périr. A Paris, les dernières

---

1. Cinq jours après la mort de Nourrit, un service fut célébré dans

prières lui furent données dans l'église Saint-Roch, et le beau *Requiem* de Cherubini, exécuté par les artistes les plus célèbres, fut l'expression du deuil profond qui remplissait les cœurs.

Il reste de cette famille si cruellement éprouvée de jeunes enfants nés des filles de Nourrit, et un fils [1] qui soutient noblement l'honneur de son nom.

En lisant les lettres que nous avons reproduites, on a lu dans l'âme du malheureux artiste. Une triste lumière éclaire les profondeurs de son mal, et il nous semble que celui même qui ne saurait pas, avant de connaître ces lettres, que Nourrit s'est donné la mort, pourrait comprendre que le suicide en sera la conclusion

l'église de Sainte-Brigitte. On lisait cette inscription sur le portail de l'église :

SACRI OFFICI SUPREMI
A LUIGI ADOLFO NOURRIT
ARTISTA MELODRAMMATICO INSIGNE
IN QUESTO TEMPIO DOVE IL DOLENTE
A SE PREGAVA RIPOSO
FANNO CELEBRARE
I COMPAGNI E GLI AMICI
O FEDELI
QUI ORA PRECHIAMO
PERCHÉ L'OTTENGA NEL SENO
DELLA PIETA' SEMPITERNA.

« Les amis de Nourrit font célébrer les offices suprêmes dans ce temple où l'infortuné allait prier pour son repos. Prions aujourd'hui pour qu'il l'obtienne de la miséricorde éternelle. »

1. M. Robert Nourrit, jeune avocat, docteur en droit. — M. Charles Le Bouc, un de nos meilleurs violoncellistes, a épousé une fille de Nourrit. — Une autre de ses filles, madame Eugénie Nourrit, dite sœur Marie-Joséphine de Nazareth, religieuse de l'Assomption de Notre-Dame, est morte à Paris, le 15 mars 1860, à l'âge de vingt-sept ans.

fatale, de même qu'on peut dire, alors qu'on voit les symptômes funestes de certaines maladies : « Cet homme mourra bientôt. » L'espoir en la bonté de Dieu, c'est l'air que respire l'âme. L'agitation fébrile dans un cercle étroit et sans issue, où ne pénètre plus l'espérance, c'est le prélude de la mort. Si vous lisez les dernières lettres de Léopold Robert [1], qui, lui aussi, a cherché un refuge dans la tombe, vous serez frappé de l'analogie qu'elles présentent avec celles de Nourrit, non dans la forme, mais dans l'expression du trouble et du découragement. On croit voir des infortunés plongés dans un abîme obscur, s'épuisant en de vains efforts pour remonter vers la clarté du jour. L'art a aussi ses martyrs, et il choisit parfois ses victimes dans les plus illustres. Trois grands artistes ont payé de notre temps ce fatal tribut : Léopold Robert, Gros et Nourrit.

1. *Voyez* l'ouvrage de M. Feuillet de Conches : *Léopold Robert*.

BERTON

Henri-Montan Berton naquit à Paris le 17 septembre 1767. Il était fils de Pierre-Montan Berton, compositeur, surintendant de la musique du roi, et administrateur de l'Académie royale de musique.

L'administration de Pierre-Montan Berton fut brillante. Gluck fut appelé à Paris, et bientôt commencèrent les fameuses querelles des gluckistes et des piccinistes. Berton père tenta plus d'une fois de réconcilier les deux maîtres, en l'honneur desquels de célèbres écrivains échangeaient des injures, se renvoyaient des phrases sonores et quelquefois des opinions vides de sens. Gluck et Piccini soupaient ensemble chez l'administrateur Berton, s'embrassaient, se faisaient des compliments en français tudesque et italien, et, le lendemain, la guerre recommençait. C'étaient des armistices entre les chefs; mais les soldats se battaient toujours.

Le jeune Berton passa donc son enfance dans une atmosphère toute musicale. Les noms de Gluck, Piccini, Sacchini frappèrent tout d'abord ses oreilles ; il aurait fallu une nature bien rebelle pour ne pas céder à l'influence d'aussi grands noms, pour ne pas être séduit par ces grandes renommées, entraîné par ces exemples illustres. Aussi, dès l'âge de six ans, sa vocation se révèle sous la direction de son père ; il fait de rapides progrès sur le violon, et, à l'âge de treize ans, il est jugé digne d'entrer à l'orchestre de l'Opéra.

Il ne faudrait pourtant pas conclure de là qu'il fût d'une grande habileté. L'art instrumental n'était pas alors ce qu'il est aujourd'hui. De grands artistes, il est vrai, s'étaient déjà illustrés sur le violon. Corelli, Tartini avaient fondé leurs puissantes écoles ; Viotti était dans toute sa force et toute sa renommée ; des artistes français, Pagin, Gaviniès, Lahoussaye avaient déjà acquis une réputation méritée ; mais, pour quelques talents hors ligne, combien de pauvres hères fourvoyés ! Le génie de Gluck eut à lutter contre cette masse inintelligente. Berton père le secondait, dans sa rude tâche, de son autorité et de son exemple ; mais que de soins pour faire arriver jusqu'à tous la parole vivifiante ! que de peines pour animer ce lourd orchestre, si différent de celui que nous admirons ! A la place où siègent aujourd'hui des artistes éminents, d'habiles professeurs, des solistes célèbres, de jeunes et brillants élèves, espoir de l'avenir, s'agitaient de braves croque-notes, terrifiés à la vue d'une triple croche. Aujourd'hui, les violonistes planent brillamment dans les régions les plus élevées; alors l'*ut* au-dessus des lignes était pour les auditeurs, plus encore que pour les exécutants, un juste sujet d'effroi, et la tradition a perpétué le souvenir du *gare l'ut* qui, comme un sinistre *sauve qui peut*, circulait sourdement dans les rangs des symphonistes à l'approche du passage difficile.

Voilà donc le jeune Berton installé à l'orchestre de l'Opéra; mais le jeune virtuose de treize ans portait plus haut ses vues ambitieuses : il voulait devenir compositeur. Sacchini s'intéressa à ses heureuses dispositions, les encouragea, le traita en fils qu'on élève, ne cessa de lui donner, avec ses précieux conseils, des marques d'une véritable affection; enfin lui prodigua sa tendresse et ses soins, comme dit le vieil Œdipe dans le chef-d'œuvre de Sacchini.

La mort de Sacchini aurait pu apporter à son jeune disciple un nouvel et triste enseignement. Il aurait pu voir dès lors combien est féconde en chagrins la carrière de l'artiste. Sacchini, l'élève chéri de Durante, l'illustre compositeur que l'Italie, l'Allemagne, l'Angleterre s'étaient disputé, que la France avait pour ainsi dire conquis, mourait à Paris, pauvre et découragé, sans avoir joui du succès de son opéra de prédilection, celui dans lequel il avait déposé tout ce qu'il avait de mélodie dans l'âme. *Œdipe à Colone* ne fut représenté qu'après sa mort, et dut peut-être le succès qu'il obtint à la persévérante protection de la reine Marie-Antoinette, qui avait pris sous son patronage le dernier ouvrage de son maître, et voulut, en assistant aux premières représentations, en donnant le signal des applaudissements, lui payer un noble et touchant tribut de reconnaissance.

Heureusement pour l'art, les chagrins des maîtres ne découragent pas les disciples. Le pâle flambeau de l'expérience n'éclaire que les routes où nous avons passé; heureux sommes-nous s'il nous empêche de nous y égarer une seconde fois! L'année même où Sacchini mourait de chagrin, en 1786, Berton, plein d'espérance, débutait comme compositeur au Concert-spirituel. Il y fit entendre successivement, en plusieurs années, cinq oratorio : *Absalon, Jephté, David dans le temple, les Bergers de Bethléem, la Gloire de Sion*, et deux cantates, *Marie Seymour* et *Orphée dans les bois*. Ces compositions avaient réussi, et le jeune auteur vit s'ouvrir pour lui, à dix-neuf ans, les portes du théâtre. Son premier ouvrage dramatique, intitulé *les Promesses de mariage*, fut représenté à la Comédie-Italienne en 1787.

Nous voici arrivés à une époque importante pour l'art. L'école française moderne va être fondée. Cherubini, Méhul vont apparaître; Berton va continuer ses travaux; bientôt Lesueur et Boïeldieu viendront se placer aussi au rang des maîtres. Qu'on nous permette de jeter un coup d'œil en arrière, et, dans une esquisse rapide, de joindre le présent au passé.

Il n'y avait pas beaucoup plus d'un siècle que l'opéra s'était naturalisé en France. Mazarin avait appelé à Paris, à plusieurs reprises, des chanteurs italiens. Ils avaient exécuté *l'Ercole in Lidia*, de Rovetta, et le *Xerse*, de Francesco Cavalli, tous deux compositeurs vénitiens, et tous deux maîtres de chapelle de Saint-

Marc. Ces tentatives n'avaient pas eu grand succès; les chanteurs italiens partirent, mais le goût de ce spectacle resta. Un Français, Cambert, eut l'idée d'écrire un opéra sur des paroles françaises. Il s'associa à l'abbé Perrin, et tous deux, aidés du marquis de Sourdeac, célèbre par ses connaissances en machines, et de plus capitaliste, obtinrent des lettres patentes du roi pour établir des opéras à Paris et dans les provinces. De cette association naquit *Pomone*, opéra français en deux actes, chanté par des chanteurs français, paroles de M. l'abbé Perrin, musique de maître Cambert, organiste de l'église Saint-Honoré, machines de M. le marquis de Sourdeac. Ce premier essai eut lieu rue Mazarine, au jeu de paume du Bel-Air, en face de la rue Guénégaud.

Mais la discorde se mit bientôt parmi les entrepreneurs. Le marquis, bon machiniste, mais plus habile capitaliste, à ce qu'il paraît, fit saisir toute la recette de *Pomone* pour se couvrir de quelques avances. Jean-Baptiste Lulli, déjà surintendant de la musique de la chambre du roi, profita de cette guerre civile pour se faire donner, par de nouvelles lettres patentes du mois de mars 1672, le privilége des opéras, et fit bientôt oublier *Pomone* et Cambert. C'est le cas de dire, pour la millième et non dernière fois : *Sic vos non vobis*, etc., puisque Lulli passe pour le créateur de l'opéra français.

Plusieurs pauvres musiciens s'embourbèrent derrière le char de Lulli. Rameau, qui débuta en 1733, soutint seul l'honneur du nom français. Philidor et Monsigny vinrent ensuite.

C'est à Monsigny, je crois, qu'on doit le genre du drame lyrique ; jusqu'à lui, les opéras avaient été des tragédies mises en musique ou des comédies bouffonnes ; Monsigny, le premier, appliqua la musique à une action intéressante, où le compositeur trouvait dans la variété des sentiments à exprimer de nombreuses et nouvelles couleurs. Il fut, d'ailleurs, admirablement secondé par Sedaine, à qui il est peut-être plus juste et plus prudent de reporter l'honneur de cette invention. Mais, s'il fallait Sedaine à Monsigny, celui-ci ne faillit pas dans cette heureuse association et paya bien sa dette. *Le Roi et le Fermier, le Déserteur, Félix*, montrèrent bientôt quels avantages on pouvait attendre de ce mélange d'intérêt, de douce passion et de gaieté. Ce genre de drame lyrique que les Italiens naturalisèrent chez eux sous le nom de semi-séria, et dans lequel ils ont produit des chefs-d'œuvre, fut bientôt adopté par les compositeurs de toutes les écoles. Bientôt Gluck arrive en France, modifie le style dans lequel il avait écrit jusque-là, s'empare puissamment de la scène française, identifie fortement la musique avec l'action du drame, et, en cinq ans, produit cinq chefs-d'œuvre immortels. Piccini soutient une lutte inégale. Sacchini vient ensuite.

Mais, en 1787, époque où nous nous sommes arrêtés, Sacchini, comme nous l'avons dit, n'était plus. Gluck, qui depuis longtemps avait quitté la France et cessé d'écrire, venait de mourir à Vienne, chargé de gloire, d'années et de richesses. Piccini se taisait. Grétry, depuis *Richard Cœur de lion*, représenté en 1785, n'avait donné que des ouvrages insignifiants qui n'avaient rien ajouté à sa réputation et annonçaient la lassitude, sinon la décadence. Monsigny, qui avait senti s'éveiller en lui tout à coup le sentiment musical en entendant *la Serva padrona* de Pergolèse, l'avait senti s'éteindre aussi rapidement après avoir donné *Félix* en 1777. Il avait renoncé à la musique et cessé de produire.

Paesiello, Cimarosa, Mozart, enrichissaient l'art; mais ils étaient en Russie, en Allemagne, en Italie. — La place était donc libre en France. Tout se taisait ; la mort de ceux qu'on avait jusque-là nommés les maîtres de l'art, ou leur silence, semblait ouvrir la carrière à de nouveaux athlètes; ils ne tardèrent pas à se présenter.

Un jeune compositeur venait d'arriver d'Italie. C'était Cherubini. Déjà connu par de grands succès dans sa patrie, par de charmants morceaux intercalés dans les opéras qu'on représentait au Théâtre-Italien, ouvert depuis peu par Léonard (coiffeur de la reine) et sous la direction de Viotti, il essaya d'abord ses forces dans une tragédie lyrique, *Démophon*, dont les paroles étaient de Marmontel. Le succès fut froid. Cherubini comprit bientôt qu'il y avait dans le drame lyrique de grandes ressources pour le compositeur ; il déserta la tragédie et donna, en 1791, *Lodoïska*, qui eut un immense succès et fit révolution. On admira dans ce bel ouvrage une vigueur d'instrumentation, une élégance de style, un éclat inconnus jusqu'alors. Un jeune musicien français, Méhul, que Gluck n'avait pas dédaigné d'initier aux secrets de l'art, venait de donner pour son début le bel opéra d'*Euphrosine et Coradin*.

Un troisième concurrent descend bientôt dans la lice. La Révolution avait fermé les églises. Lesueur, maître de chapelle de la cathédrale de Paris, cherche un asile au théâtre. Il amène avec lui un renfort de choristes, comme lui bannis du temple, et débute par *la Caverne.*

Pendant ce temps, la grande révolution française s'était accomplie. Ce n'est pas seulement la littérature qui est l'expression de la société; les arts avaient aussi reçu l'empreinte des événements et s'étaient façonnés à la grecque. L'art grec semblait s'être assis dans le cabinet de Méhul et de Cherubini, aussi bien que dans l'atelier de David. Cette tendance égara quelquefois ces grands artistes. Mais on ne peut nier que la musique des maîtres de cette époque ne porte avec elle un grand aspect de vigueur, de pureté, d'austérité, si l'on peut s'exprimer ainsi. Le style en est toujours élevé, et c'est surtout ce qui caractérise les compositions de cette époque.

Remarquons aussi que ce n'est pas à la tragédie qu'ils demandèrent leurs inspirations, mais au drame lyrique. Gluck, d'ailleurs, semblait avoir imprimé pour longtemps à la tragédie musicale le cachet de sa main de géant.

Mais Gluck lui-même était négligé à cette époque : l'Académie royale de musique, qui avait pris d'abord le nom de Théâtre de l'Opéra, et plus tard celui de Théâtre des Arts, était abandonnée aux productions éphémères dictées par la circonstance. On y exécutait beaucoup d'hymnes et peu d'opéras. Ce fut une période d'abandon et de souffrance pour notre grand théâtre musical. Cet état de malaise dura jusqu'à l'Empire. En

1804, *les Bardes* de Lesueur eurent un grand succès ; quelques années après, Spontini y apporta deux chefs-d'œuvre.

Pendant ce temps, les deux théâtres Feydeau et Favart s'enrichissaient des productions des maîtres que nous avons nommés. Boïeldieu était venu avec sa grâce et son élégance. Dalayrac, Della-Maria apportaient leur contingent. Berton avait fortifié et élevé son style et donnait *Montano et Stéphanie* et *le Délire*.

Je me suis souvent demandé pourquoi ce bel opéra de *Montano et Stéphanie* porte ce nom. Cette question peut paraître futile ; mais, dans une notice biographique, rien de ce qui a rapport à l'histoire de l'homme dont on s'occupe n'est indifférent. Le sujet de cet opéra est, comme tout le monde le sait, l'épisode d'Ariodant de l'Arioste ; il fut d'abord offert à Grétry, qui refusa de s'en charger, et indiqua, pour le mettre en musique, le petit Berton, que l'auteur et les comédiens trouvèrent d'abord trop jeune ; il n'avait pas encore trente ans ! L'ouvrage portait-il dès ce moment ce titre ? Berton se nommait Montan, sa fille se nommait Stéphanie ; fût-ce pour flatter, pour encourager le compositeur qu'on mit l'opéra sous ce double personnage ? était-ce une précaution pour dérouter les chercheurs de sujets, précaution qui n'empêcha pas Hoffmann et Méhul de faire en même temps un *Ariodant* sous son vrai nom ? Ce mystère est descendu dans la tombe avec Berton.

Les deux théâtres rivaux finirent par se réunir. Ils aimèrent mieux mettre en commun leurs ressources que de continuer une guerre souvent ruineuse pour les deux parties. Elleviou et Martin, qui jusque-là avaient combattu l'un contre l'autre, marchèrent sous la même bannière. Elleviou, fils d'un chirurgien de Rennes, avait, comme un de nos contemporains, compositeur célèbre et critique habile, quitté les bancs de l'école de médecine pour se livrer à l'art musical. C'est sur le théâtre Favart que l'avait jeté son irrésistible vocation. Martin avait, au contraire, étudié la musique dès son enfance. Il avait voulu entrer à l'Opéra; mais les maîtres de chant d'alors ne lui avaient pas trouvé assez de creux. Il se réfugia à l'orchestre de la Comédie-Italienne. Berton a souvent raconté à ses élèves qu'entendant un jour Martin chanter, il lui conseilla de quitter son violon et ses huit cents francs d'appointements, pour monter à côté des chanteurs qu'il accompagnait. Le conseil était bon, Martin voulait le suivre; mais, ne sachant quel professeur choisir, il alla consulter M. Candeille, son oncle. M. Candeille était un vieux compositeur, auteur d'un opéra de *Pizarre* et coupable de quelques arrangements d'opéras de Rameau.

— Tu veux apprendre à chanter? dit l'oncle Candeille. Tu es musicien, tu n'as pas besoin de maître. Va sous le hangar et gueule de toute ta force.

Nous regrettons d'être obligé, historien fidèle, d'avoir à rapporter ce trop naïf conseil, que, comme on peut le penser, Martin ne suivit point.

Après *Montano* et *le Délire*, Berton donna *Aline reine de Golconde,* où brille une imagination fraîche et riante. Il est triste d'avoir à raconter qu'il s'était trouvé, quelque temps auparavant, dans un tel dénûment, qu'il avait dû, pour vivre, vendre jusqu'à son piano, cet ami du compositeur. Il écrivit donc *Aline* sans piano; ce qui ne l'empêcha pas de faire un charmant opéra, plein de motifs faciles et gracieux. *Aline* sauva le théâtre, fort embarrassé et presque ruiné par un été désastreux, c'est-à-dire superbe.

Après le succès d'*Aline*, Berton continua d'écrire; mais une maladie cruelle, la goutte, s'était emparée de lui et ne lui laissa que de rares intervalles de bien-être. Il fut moins fécond et moins heureux.

Dès 1796, Berton était entré comme professeur d'harmonie au Conservatoire de musique, créé par M. Sarrette. En 1816, il fut nommé professeur de composition et remplit ces fonctions jusqu'à sa mort.

En 1807, il avait été nommé directeur du Théâtre-Italien, et, en 1811, premier chef du chant de l'Académie impériale de musique.

Berton donna en 1827 son dernier opéra, *les Petits appartements*. Depuis ce moment, il n'écrivit plus pour le théâtre. Il publia quelques ouvrages de théorie, et commença, dit-on, à écrire ses Mémoires. Une longue maladie l'épuisa peu à peu; il s'est éteint le lundi 22 avril 1844, à neuf heures et demie du soir.

Un vieillard, ami de Berton, n'a pu s'empêcher d'être frappé de l'influence que le chiffre 7, sacramentel pour un musicien, semble avoir exercé sur sa destinée. Berton est né le 17 septembre 1767. Il a donné son premier ouvrage en 1787. Il a vécu soixante-dix-sept ans, et comptait dans son nom, Henri-Montan Berton, dix-sept lettres.

Berton fut plus philosophe que son maître Sacchini. Ses dernières productions ne furent pas heureuses. Il vit ses bons ouvrages peu à peu oubliés et bannis du théâtre. Il assista de son vivant à ses propres funérailles ; mais jamais l'égale bienveillance de son caractère ne se démentit. Les succès de Rossini seuls troublèrent un moment sa tranquillité. Il croyait, à cette époque, continuer encore longtemps sa carrière de compositeur ; il regarda l'invasion de la musique de Rossini comme une atteinte portée à ses succès futurs, et s'en émut douloureusement. Il attribua à la vogue toujours croissante du *Barbiere di Siviglia* l'insuccès de *Corisandre*. Mais bientôt sa douce humeur l'emporta et la sérénité reprit sa place dans cette âme si bonne. Philosophe pratique, il avait compris que les transformations de la musique sont fréquentes ; il se résigna à jouir de ses succès d'autrefois ; il en parlait souvent, il en caressait précieusement le souvenir, non par coquetterie, encore moins par orgueil, mais par hygiène. C'était un baume qu'il appliquait sur des blessures cachées qu'il dérobait soigneusement aux yeux de ses amis pour ne pas les affliger. C'était une espèce de philtre dont il s'enivrait et qui le faisait vivre heureux et gai dans le passé. Hélas ! tel est le destin du compositeur ! Cet axiome : *Vita brevis, ars longa*, est vrai pour l'art ; mais, pour l'artiste, pour le musicien surtout, c'est *Vita longa, ars brevis* qu'il faudrait dire. Le théâtre, comme le vieux Saturne, a bientôt dévoré ses enfants ; heureux quand ils trouvent un dernier asile dans la paix de quelque bibliothèque bienveillante !

Les obsèques de Berton ont eu lieu le vendredi 26 avril, au milieu d'un grand concours d'artistes et d'hommes de lettres. Presque tous ses confrères de l'Académie des beaux-arts, de l'Institut, ont voulu l'accompagner à sa dernière demeure, où l'attendaient les compagnons de ses travaux, Méhul, Lesueur, Catel, Boïeldieu, Cherubini et d'autres qu'il avait vus naître et qui l'avaient devancé dans la tombe, Hérold et Bellini.

LETTRES SUR LA MUSIQUE

PREMIÈRE LETTRE DE GERVASIUS [1]

Dieu soit béni, mon ami ! Ce qu'il est donné à si peu d'hommes d'accomplir, je l'ai accompli. Le rêve de ma jeunesse, je l'ai réalisé. Ce songe que j'entrevoyais dans un lointain si peu distinct, entouré d'ombres parfois si épaisses, qu'il disparaissait souvent à mes yeux, je le touche de la main, le voilà ! Et, pour comble de joie, en se matérialisant, il n'a rien perdu de ce charme

---

[1]. M. Gervasius, savant musicien allemand, trop peu connu en France, nous a autorisé à publier quelques fragments de sa correspondance. Ces lettres, écrites dans le courant de l'année dernière, n'étaient pas destinées à voir le jour ; mais l'auteur a pensé depuis qu'elles pourraient servir de préparation à la publication d'un grand ouvrage sur la musique, dont il s'occupe en ce moment, et dont l'impression est déjà commencée à Klagenfurth *.

* Le lecteur comprendra que ce nom de *Gervasius* n'est autre chose qu'un pseudonyme sous lequel Halévy abritait sa modestie. (*Note des Éditeurs.*)

indicible que lui prêtaient l'éloignement et l'ardent désir de mon imagination. Certes, vous connaissez le voyageur dont parle votre grand moraliste français, la Bruyère : « J'approche d'une petite ville, et je suis déjà sur une hauteur d'où je la découvre. Elle est située à mi-côte; une rivière baigne ses murs et coule ensuite dans une belle prairie; elle a une forêt épaisse qui la couvre des vents froids et de l'aquilon. Je la vois dans un jour si favorable, que je compte ses tours et ses clochers; elle me paraît peinte sur le penchant de la colline. Je me récrie et je dis : « Quel plaisir de vivre » sous un si beau ciel et dans un séjour si délicieux ! » Je descends dans la ville, où je n'ai pas couché deux nuits que je ressemble à ceux qui l'habitent : j'en veux sortir. »

J'ai le bonheur de ne point être ce voyageur. Au bout de la longue avenue dans laquelle je cheminais péniblement, coudoyé, heurté, souvent renversé, je voyais, loin, bien loin, une perspective délicieuse. Malgré le tumulte, malgré les bruits assourdissants qui se confondaient sur la route, j'entendais parfois les plus douces harmonies sortir de cette oasis qui se dessinait vaguement au milieu des pâles vapeurs où se perdait l'horizon. Les vents m'apportaient par intervalles les brises parfumées qui s'en échappaient, et qui souvent, hélas ! se mêlaient à la poussière du chemin. Eh bien, me voici arrivé au bout de l'avenue. J'ai trouvé ma chère oasis : elle existe; les sons harmonieux qui me charmaient de loin, je les entends, ils me charment encore; les doux parfums qui s'éparpillaient en route s'exhalent pour moi et autour de moi. Ainsi, j'ai échappé à la loi commune; ma sagesse m'a préservé de l'écueil où viennent se briser les illusions humaines, et, pour moi, les lignes arrêtées de la réalité ont conservé la grâce des contours incertains de la perspective aérienne.

Il faut vous dire maintenant, mon ami, ce qu'est cette oasis si longtemps rêvée. A d'autres les vastes ambitions! Moi, j'avais toujours désiré être professeur de musique à Klagenfurth, je le suis; mon Dieu! soyez béni!

Moi seul sur la terre, j'en suis certain, nourrissais ce désir; n'est-ce pas la preuve d'une prédestination écrite de toute éternité?

Si l'arbitre souverain des destinées humaines, celui vers lequel montent nos prières et nos vœux, avait dit à un des anges chargés d'exécuter les ordres de sa toute-puissance : « Va, descends sur la terre; un fils d'Adam a formé un modeste et saint désir; qu'il soit exaucé! » Si cet ange, animé pour un moment d'un esprit d'innocente malice (qui, j'aime à le croire, doit être inconnu à ces immatérielles substances), avait, par une erreur volontaire, choisi un autre que moi pour accomplir l'ordre qu'il avait reçu; cette couronne de béatitude, destinée à ma pauvre tête, s'il l'avait placée sur l'orgueilleuse enveloppe de quelque créature ambitieuse, quelle chute! quelle fin pour ceux qui cherchent la gloire! et comme le céleste messager aurait ri sous son auréole!

Mais il n'en a pas été ainsi. L'ange ne s'est pas

trompé; il m'a trouvé au milieu de la foule, il m'a pris par la main et m'a conduit ici.

Il faut que je vous apprenne enfin pourquoi ce vœu si ardent pour une si chétive ambition; et, pour cela, je dois vous retracer rapidement l'histoire de mes premières années.

Vous le savez, mon ami, orphelin abandonné au berceau à la pitié publique, je ne tiens à rien sur la terre. Déposé pendant une nuit obscure près la porte de Carinthie, à Vienne, recueilli par la pitié d'un choriste du théâtre, élevé par ses soins, jamais aucun autre indice qu'un papier de musique trouvé dans les langes qui m'enveloppaient n'est venu jeter la moindre lumière sur mon sort. Sur ce papier étaient tracés ces mots : « Cet enfant se nomme Gervasius; il est du sang de *si, bémol, la, ut, si naturel.* »

Cette énigme, cet oracle, resta longtemps, pour le père que le hasard m'avait donné, aussi impénétrable que les hiéroglyphes de tous les obélisques d'Égypte : il ne s'agissait là ni de Ptolémée, ni de Sésostris; il n'y avait aucun point historique à expliquer ou à éclaircir. Le sort d'un pauvre enfant trouvé était seul scellé sous cette mystérieuse inscription, et le bon et honnête Johann Gutmann, mon protecteur, n'avait pas songé à consulter quelque savant antiquaire, dont la curiosité n'eût été probablement que médiocrement excitée par le mince intérêt caché sous ces lignes.

Cet hiéroglyphe trouva enfin son Champollion. Un célèbre médecin de Vienne, le docteur Honig, passionné pour la musique, vint voir un jour le brave

Johann Gutmann, qui profitait d'une légère indisposition pour ne pas faire son service de choriste au théâtre. Le docteur Honig était médecin de l'administration ; Gutmann, pour obtenir un congé de huit jours (la seule ordonnance qu'il sollicitât de la science du docteur), fut très-aimable avec l'indulgent Esculape. Il me présenta à lui, dans l'espoir que mes grâces enfantines triompheraient d'une sévérité qu'à tort il redoutait, et obtiendraient l'inestimable faveur de ce congé de huit jours qu'il implorait vainement depuis six mois. Il raconta au docteur comment il m'avait trouvé, comment je répondais à ses soins ; il lui dit qu'il m'avait voué tout ce qu'il avait d'affection dans le cœur, et cela était vrai. J'avais alors sept ans, et je pouvais à la rigueur passer pour une petite merveille. Gutmann vanta au docteur mon aptitude admirable (selon lui) pour la musique, les progrès surprenants que je faisais chaque jour sur le piano ; j'exécutai une petite étude de ma composition, qui me valut une boîte de bonbons et quelques florins que le généreux docteur me donna, n'osant pas les offrir à mon pauvre protecteur ; enfin, j'obtins un premier succès d'artiste.

Pour clore la séance dignement, en homme qui connaît le théâtre et pour lequel la science des effets n'a rien de caché, Gutmann montra au docteur Honig le fameux papier réglé trouvé dans mon berceau, et qu'il conservait précieusement au fond de la commode où il serrait ses beaux habits, avec l'épée qu'il ceignait les dimanches et fêtes ; car Gutmann avait aussi l'honneur de faire partie de la chapelle de l'empereur.

Gutmann, tout en calculant avec justesse la progression de ses effets, ne s'attendait certainement pas à celui qu'il produisit. A peine Honig eut-il jeté les yeux sur le mystérieux papier, qui formait à lui seul toutes mes archives, unique et fragile lien qui m'attachât au monde, qu'il jeta un cri :

— Quoi! s'écria-t-il, vous ne comprenez pas! vous, musicien! vous ne vous prosternez pas devant ce symbole sacré! vous ne reconnaissez pas, sous ces quatre notes, le grand nom de Bach [1]! Vous n'avez donc jamais joué de fugues?

Car Honig n'était pas seulement un grand médecin, il était excellent musicien, et avait, dans sa jeunesse, joué sur le clavecin les belles et puissantes compositions de tous les Bach. Ce n'est pas ici le lieu de vous faire remarquer qu'il y a, entre les médecins et les musiciens, je ne sais quelle secrète affinité que j'ai eu souvent l'occasion d'observer. Cette science de l'homme, cet art, où toute l'organisation humaine fonctionne, sont-ils unis par des liens mystérieux, qui, jusqu'ici, ont échappé à l'analyse? ou bien encore les hommes qui exercent avec une certaine distinction cette science, cet art, se sentent-ils attirés les uns vers les autres par une influence pour ainsi dire magnétique? Est-ce au

---

1. On se sert encore, en Allemagne et en Italie, de quelques lettres de l'alphabet pour indiquer les notes de la gamme; A, B, C, D, E, F, G, signifient *la, si bémol, ut, ré, mi, fa, sol;* le *si naturel* s'indique par H; ainsi, les quatre notes écrites sur le papier de Gervasius, *si bémol, la, ut, si naturel*, traduites en lettres de l'alphabet, font Bach. Il y a une fugue de Bach à laquelle ces quatre notes servent de thème.

culte, est-ce aux prêtres qu'il faut attribuer cette singulière et véritable sympathie? Je reviendrai une autre fois sur cet intéressant sujet.

Gutmann était confondu, Honig était rayonnant. Je voyais dans sa belle tête, dans ses yeux, où rayonnait une douce et noble intelligence, tout l'intérêt qu'il prenait à cette découverte. Cet orphelin, cet enfant abandonné sur la voie publique, était d'un sang royal! Car, pour ces âmes honnêtes, saintement éprises de l'art, le nom de Bach renfermait autant de splendeur que celui d'un monarque. Non, Ulysse découvrant Achille sous les habits de Déidamie n'éprouva pas une joie aussi vive. Jamais, dans aucune tradition, un pâtre trouvant sous les grossiers habits d'un enfant confié à ses soins l'héritier d'un vaste empire, ne fut saisi d'un respect aussi profond! Je crois me rappeler qu'ils tombèrent à mes genoux, et qu'ils me prêtèrent serment d'obéissance et de fidélité.

Cette merveilleuse reconnaissance, qui me grandit à mes propres yeux, tout enfant que j'étais, eut une grande influence sur mon caractère, sur mes études, et, par conséquent, sur la direction que je donnai à mes idées. Tout mon avenir, c'est-à-dire ce qui est aujourd'hui mon présent, me fut fatalement tracé ce jour-là. À mesure que j'avançai en âge, le sentiment de mon isolement me remplit d'amertume, et ma passion pour la musique devint tous les jours plus impérieuse; mais cet amour pour l'art se confondit avec la tristesse qui s'amassait au fond de mon cœur. J'aimai, je chéris la musique pour elle-même, non pour cette vaine et desséchante soif de renommée, seul mobile de tant d'artistes; j'aimai la musique comme une réparation offerte à ma douleur, comme une faveur de Dieu, comme l'expression de ce qu'il y a en nous de meilleur, comme une parcelle de l'héritage céleste que nous avons perdu et dont nous nous souvenons! C'est alors que naquit au plus profond de mon être ce désir de ne vivre que pour cet art si plein de douces consolations. Pour cela, il fallait d'abord l'étudier avec persévérance, connaître tous les secrets des maîtres, ensuite, loin du bruit du monde, vivant au milieu d'hommes simples, me livrer à de nouvelles et constantes études sur la musique elle-même, non plus sur le mécanisme ou les ressources de l'art, mais sur son essence, sur sa nature, sur son gîte dans le cœur de l'homme, sur la place qu'elle occupe dans le vaste cadre de l'intelligence humaine.

Pour remplir ce double but, protégé désormais par mon bon docteur Honig, qui avait joint son affection à celle de Gutmann, je travaillai avec ardeur. Bientôt un seul maître me parut digne de couronner mes études : j'ambitionnai de devenir élève de Cherubini. Aucun sacrifice ne me coûta, non plus qu'à mes deux amis, pour arriver à ce que je regardais comme la plus haute faveur qu'un musicien pût désirer, et je partis pour Paris.

C'est là, mon ami, que je vous connus; nous reçûmes ensemble les leçons du grand maître que nous avons perdu. C'est là que nous formâmes les solides liens d'une douce confraternité; c'est là qu'a commencé la sincère amitié qui, je l'espère du moins, ne cessera jamais de nous unir. Lorsque Cherubini jugea mes études terminées, il fallut penser à remplir la seconde moitié du plan que je m'étais tracé, c'est-à-dire acquérir les moyens de vivre indépendant. J'avais aussi une dette sacrée à acquitter; il fallait assurer à Gutmann, qui vieillissait, et déjà mis à la retraite, une existence douce et honorable. Le bon docteur Honig n'avait, grâce au ciel, aucun besoin de mes secours; je le payais en vive affection, en dévouement filial. Je parcourus l'Europe, je donnai des concerts; il n'est pas impossible que le nom de Gervasius soit arrivé jusqu'à vous, apporté dans votre oublieuse capitale par quelque gazette étrangère... Pardonnez-moi, mon ami, cette petite pointe de vanité enfantine : l'artiste parvient difficilement à se dépouiller entièrement de cette recherche instinctive de la renommée. Je puis vous assurer cependant que je donnai mes concerts, qui furent brillants et productifs, dans le seul but de remplir les devoirs que je m'étais imposés.

Enfin mes constants efforts, ma longue patience furent récompensés. Un beau jour, je m'éveillai assez riche pour acheter, sous le nom de Johann Gutmann, une jolie petite maison dans la Leopoldstadt, pour pouvoir ne plus donner de concerts qu'à moi seul, et réaliser enfin mon projet de retraite en Carinthie, entre l'Italie et l'Allemagne, au pied des Alpes Juliennes, au bord d'un beau lac.

J'avais toujours eu un penchant pour ce pays agreste, aux mœurs simples, aux habitudes patriarcales, et tout devait contribuer à alimenter ce penchant : j'avais été déposé, dans mon pauvre berceau, à la porte de Carinthie; Gutmann, qui m'avait recueilli, était attaché au théâtre de ce nom; la vieille Thécla, qui m'avait élevé chez Gutmann, était de Saint-Weit et m'avait souvent parlé de ses montagnes et du lac de Klagenfurth. Un instinct secret me poussait vers ces contrées... Hélas! cet instinct ne me trompait pas : j'ai su depuis, à n'en pouvoir douter, que ma mère y avait son tombeau! C'est tout ce que je connaîtrai d'elle sur cette terre! Je garde pour moi seul ces tristes souvenirs; aujourd'hui, c'est plus au musicien qu'à l'ami que j'adresse cette lettre, déjà trop longue.

Me voici donc installé à Klagenfurth : ma demeure me plaît, le voisinage du lac et des montagnes me ravit; j'ai un jardin, de beaux arbres, des fleurs, de l'eau, un excellent piano, un orgue, des livres, des partitions. Je vis avec de braves gens qui m'aiment, que j'aime, et que j'instruis dans mon art de prédilection. Je suis libre, je le sais, je le sens, je suis presque fier.

Je me livre entièrement, avec effusion, à mon goût, à mon amour, à mon culte pour la musique dégagée de toute combinaison terrestre. Il ne s'agit plus de composer une étude pour tel éditeur de musique, un air varié, une fantaisie pour tel autre, ou d'enlever les applaudissements d'une salle à la pointe d'une gamme chromatique; non, je lave et rafraîchis mon âme aux pures émanations de cet art consolateur. J'étudie, je cherche les sources divines d'où il découle! Je crois que, le jour où j'aurai trouvé ce grand secret, j'exercerai sur les hommes un pouvoir sans bornes... pouvoir tout d'amour et de dévouement aux plus vrais intérêts de l'humanité. Ne dites cela à personne, mon ami, car on me prendrait pour un fou. Dieu m'est témoin, pourtant, que j'ai toute ma raison !

Non, me dis-je souvent, il n'est pas possible que cet art divin, cette conquête de l'homme sur la nature, sur lui-même, ne puisse voir s'agrandir encore la sphère de son influence. Certes, il est beau de voir la musique unie aux passions d'un drame, agiter profondément toute une foule pressée dans une salle de spectacle ; il est noble, il est consolant de confier à des chants pieux le soin de porter la prière au pied du trône de l'Éternel ; il est beau de donner à un orchestre seul, à ces cent voix créées par l'industrie humaine, la mission de nous exalter, de nous transporter au delà de nous-même, ou bien encore, dans une lutte corps à corps avec le public, de l'émouvoir, de le passionner par une exécution rapide, brûlante, énergique, sur l'instrument docile qui depuis l'enfance est devenu notre compagnon, notre interprète, habitué qu'il est à obéir à la main savante qui sait animer ses froides entrailles et lui ravir les plus riches combinaisons harmoniques ; mais, à côté de ces nobles et grandes destinées, que la forte déesse accomplit avec joie, certaine qu'elle est de les anoblir encore, de combien d'usages bas et vils ne la charge-t-on pas alors qu'on la dépouille de ses riches vêtements, et qu'elle gémit sous des haillons impurs ? Quoi ! le violon qui tout à l'heure a chanté, a gémi sous l'immortelle inspiration de Beethoven, de Gluck, va maintenant, flétri par des doigts ignares et grossiers, s'agiter sous le rhythme ignoble d'une danse populacière! Cela est permis! On dégrade ainsi une chose sainte! Il n'y a donc rien de sacré chez les hommes?

Loin de moi, mon ami, la pensée de réserver la musique aux plaisirs des riches, des grands, des puissants de la terre! Non! non! il faut que tous aient leur part de la manne céleste; il faut que tous viennent boire à cette source sacrée; mais je veux que la liqueur soit la même pour tous; quand les princes s'abreuvent de la plus pure ambroisie, il ne faut pas que des mains souillées viennent verser aux pauvres une boisson infecte qui les enivre et les pervertit. Purifions l'art d'abord, puis élevons les hommes jusqu'à cet art ainsi purifié! Ouvrons à tous les portes du sanctuaire! Ce sera le but constant de mes patients efforts.

Je vous le disais tout à l'heure, la musique est une conquête de l'homme sur la nature et sur lui-même. En effet, nulle part la musique n'existe : il a fallu la trouver, la faire sortir du cœur de l'homme, la chercher partout où Dieu l'a cachée. Et quels nobles organes sont chargés de nous la révéler! Le chant, ce coloris de la poésie, l'homme l'exerce par la vie elle-même, par le souffle; le rhythme, cette puissance qui exalte ses forces, le sang qui coule dans ses veines lui en a seul donné le secret. Oui, le sang bat dans nos artères la mesure de notre existence. Les moyens artificiels par lesquels l'homme augmente ses forces musicales sont le produit d'une haute et savante industrie. Les tubes où l'air se transforme en son, les cordes qui vibrent et frémissent sous les mains les mieux exercées comme sous les doigts les plus inexpérimentés, obéissent à des lois immuables. Deux voix inhabiles, guidées par cet instinct musical que recèle toute bonne organisation humaine, veulent se joindre; elles se cherchent, elles trouvent enfin un point de contact. O merveille! ces voix se sont rencontrées, elles suivent chacune une ligne parallèle, et, sans se confondre, elles s'unissent dans une double mélodie! Eh bien, à leur insu, ces voix, ignorantes de la marche qu'elles ont suivie, du pouvoir qui les entraîne, obéissent encore à des règles inflexibles. De sorte que la musique offre ce merveilleux et sublime accouplement de l'art qui crée, qui émeut, et de la science qui régit. Mais l'art seul domine en maître, la science gouverne et ne règne pas. Elle ne paraît que pour éclairer l'art sur sa propre force. Car cette science, c'est sur l'homme lui-même, sur son organisation qu'elle s'appuie. La musique emploie donc toutes les facultés humaines : intelligence, forces vitales, il lui faut tout; elle habite le cœur de l'homme et vit de sa vie.

Et l'on a osé dire que les premiers essais de musique ont été inspirés par le chant des oiseaux. Des bergers, a-t-on dit, mollement couchés sous l'ombrage, ont imité le ramage des hôtes de ces bois. Mais, ô candides faiseurs de systèmes! le gazouillement de l'oiseau le plus ramageur n'est pas plus de la musique que le rugissement du lion; c'est un bruit plus agréable, et voilà tout. Vous pouvez penser que l'esprit humain procède ainsi, et que, du ramage d'un merle, d'un rossignol, on a passé, par des degrés insensibles, par une pente naturelle, aux sublimes inspirations de Mozart et de Rossini ! Autant dire que les perroquets ont appris aux hommes à parler, et que leur babil, par une progression non interrompue, a produit l'*Iliade* et l'*Énéide*. Non, l'homme seul parle ! seul, il chante.

Ne croyez pas, mon ami, que tout ceci n'ait pas un but sérieux. Oui, je le répète, je crois que les destinées de la musique peuvent s'élever, et c'est pour faire l'essai de mes théories que je me suis retiré ici chez des hommes simples, que je gouverne comme je le veux. Ils sont bons et naïfs, accessibles à la poésie comme à la musique, et je vais faire sur eux mes expériences. Je n'ose vous dire ma pensée tout entière, vous vous ririez de moi.

Je voudrais organiser l'univers musicalement.

Naturellement, il faut commencer par un petit coin, et je vais commencer ici l'œuvre à laquelle je me dévoue.

Adieu, mon ami ; je vous tiendrai au courant de ce qui pourra vous intéresser.

DEUXIÈME LETTRE DE GERVASIUS

Comment espérer, mon ami, que vous ayez conservé quelque souvenir du pauvre Gervasius au milieu des fêtes de votre capitale? Votre industrie étale ses merveilles, et le bruit en arrive jusqu'au bord de mon lac; tandis que, comme les Hébreux captifs, j'ai suspendu ma harpe aux saules du rivage, vous, dans cet immense atelier qu'on nomme Paris, vous venez, dit-on, de créer des milliers de pianos et d'instruments de musique de toute sorte. Je n'entends parler que d'inventions nouvelles, de pianos de toute forme, de petits pianos faisant plus de bruit que les grands, de claviers sonnant l'octave, de sorte qu'avec deux doigts on frappera quatre notes, qu'avec deux mains on jouera nécessairement à quatre mains, et que les touches bientôt vont manquer aux pianistes, lesquels en vérité ne sauront plus que faire de leurs dix doigts sur des claviers si prévenants. Heureux pays que le vôtre! où cinq ans suffisent pour recommencer toute chose! Depuis que les chemins de fer et la vapeur ont rapproché les distances, on dirait que le temps reprend d'un côté ce qu'il donne de l'autre. Tout arrive plus tôt, mais aussi tout s'en va plus vite.

Combien de sonores instruments vont s'élancer de votre riche et féconde Exposition pour se répandre dans le monde entier, et propager encore le goût de la musique! Le piano est l'avant-garde, l'éclaireur de la musique; partout où il pénètre, solféges, partitions, violons et violoncelles se précipitent sur ses traces et s'installent après lui. Saluons donc cet utile précurseur, ce commode instrument sur lequel les sons tout formés s'offrent d'eux-mêmes à la plus timide inexpérience, sur lequel toute musique est écrite, comme toutes les heures d'un siècle sont tracées sur un cadran.

Que je voudrais voir la France donner au monde le signal d'une forte organisation musicale! Supposez, mon ami, qu'à une certaine heure de la journée, travaux, intrigues, passions, tout s'arrête à la fois; c'est l'heure de la musique; déjà, et par avance, le grand maître a classé toutes les voix : plus de rang, plus de distinction, plus de partis, plus de haines politiques! L'artisan quitte le marteau, le législateur descend de la tribune, l'écrivain dépose sa plume, et le soldat son épée; il n'y a plus que deux espèces d'hommes : on est ténor ou basse-taille; à chacun la nature a marqué sa place. Le signal est donné, toutes ces voix réunies dans un chœur immense s'élèvent vers le ciel. Les hymnes mélodieux franchissent les routes et se répondent d'un clocher à l'autre. Quel spectacle! quelle heure sublime! quelle puissante leçon de concorde et d'union! Qui songerait à retrouver un ennemi dans l'homme avec lequel on aurait chanté pendant une heure à la tierce ou à la sixte? Tout cœur de glace se fondrait, toute haine s'évanouirait au bout de huit jours de ce régime salutaire.

En attendant que mon rêve se réalise sur une aussi grande échelle, j'en ai commencé ici l'exécution en miniature. Tous les jours, je réunis les fidèles (et ils sont déjà nombreux) dans une vaste salle bâtie sur mes dessins. C'est le temple ou plutôt la demeure de la musique. Je vous en enverrai un jour le plan. De chaque côté de la porte principale s'élève un monument, emblème de la destination de l'édifice. A gauche, on voit une pyramide, non orgueilleuse comme celles des pharaons, mais modeste et plus utile; c'est un immense métronome qui va bientôt régler nos mouvements et diviser le temps de tous en parties égales; c'est la loi du temps. De l'autre côté, une belle et noble figure tient d'une main un faisceau d'accords et de l'autre un diapason : c'est l'image de l'harmonie, la loi du son; un tuyau d'orgue renfermé dans l'intérieur de la statue donne le *la*, qui va tout à l'heure, et à ma volonté, régulariser toutes les intonations. C'est la statue de Memnon de mon Égypte.

Tous les croyants sont rassemblés, le métronome marque la mesure, la statue fait entendre son harmonieux salut; un pur unisson lui répond et une prière à l'auteur de toute chose inaugure la séance. Puis commence la leçon, qui n'est pas uniquement consacrée à la pratique. Chaque jour explique un des mystères de l'art. La mélodie, l'harmonie, le rhythme, ces trois éléments qui successivement sont venus s'ajouter l'un à l'autre pour constituer l'art de la musique, font le texte de ces leçons ou plutôt de ces causeries.

Je voudrais vous indiquer rapidement la marche que

j'ai suivie; je tâcherai d'être aussi concis que possible. J'espère que vous aurez complétement oublié ma première lettre, car je serai obligé dans celle-ci d'effleurer encore en passant quelques points que j'ai déjà touchés dans l'autre; pardonnez-moi si, contre mon attente, vous vous en souvenez. Voici à peu près quelle a été ma première leçon :

La musique, ô mes amis, est toute dans l'homme; c'est donc là, et non ailleurs, que nous la chercherons.

Chaque individu est un appareil complet de musique, pourvu de tous les organes nécessaires à la production et à l'appréciation du son.

Ce qui distingue surtout l'homme des instruments de musique qu'il a lui-même construits à son image, c'est (outre l'appareil auditif par lequel il a la conscience du son, et dans lequel peut-être on trouvera un jour la cause de bien des rapports encore ignorés, lorsque de délicates et ingénieuses recherches seront habilement dirigées dans ce but), c'est dis-je, l'appareil rhythmique, c'est tout le système admirable dans lequel le sang roule en mesure et semble obéir à un habile chef d'orchestre, qui, à chaque instant et à intervalles égaux, frappe un temps dans nos artères.

Cet invisible chef d'orchestre, dont les fonctions commencent à notre naissance pour ne cesser qu'à la mort, nous dirige sans relâche et sait à merveille modifier sa mesure. Il nous fait passer, dans le cours de notre vie, par trois mouvements différents : dans l'enfance, dans la première jeunesse, il donne au fleuve vivifiant qui nous anime une entraînante impulsion;

les battements précipités du pouls marquent une mesure rapide ; nous vivons *allegro*. Bientôt, et peu à peu, ce mouvement accéléré se calme, cette grande vitesse s'apaise, nous arrivons par une transition insensible au *moderato* de l'âge mûr ; bientôt, trop tôt, hélas ! il change encore de mouvement, et, toujours *rallentando* et *smorzando*, nous conduit jusqu'à ce que les chants aient cessé.

Chaque individu a donc son importance musicale, suivant le degré d'excellence de son appareil auditif, suivant la dose de son intelligence artistique, suivant le degré de sensibilité du terrible chef d'orchestre dont je viens de vous parler.

Mais chacun de nous a surtout une valeur vocale et compte pour une unité dans le grand chœur des créatures intelligentes.

Examinons donc avec soin les différentes natures de voix ; étudions leur caractère, voyons si nous pouvons en tirer quelque utile enseignement.

La nature, de sa main forte et nette, a d'abord séparé les voix en deux grandes divisions, lesquelles se subdivisent à leur tour. Pour être mieux compris, je commencerai par vous faire connaître une des plus simples lois de la résonnance.

Voici une corde sonore, convenablement fixée et tendue. Je vais la mettre en vibration à l'aide d'un archet, ou simplement en la pinçant ; elle rend un son que nous nommerons *la*.

Voici une autre corde dans les mêmes conditions de grosseur et de tension ; mais elle diffère essentiellement de la première par sa longueur, qui est moindre de moitié.

Mise en vibration, elle forme aussi le *la*, et pourtant ce n'est pas le même son. Écoutez ! Celui-ci est plus doux, plus fin, plus tendre et plus incisif à la fois. Frappons les deux cordes simultanément, nous comprendrons mieux l'effet de cette double résonnance; ce n'est pas le même son ; l'unisson, c'est la sonorité nommée *octave* par les musiciens. La petite corde, pour produire son *la* aigu, exécute le double des vibrations que donne la grande, et dans le même espace de temps.

Cette première loi du rapport des sons entre eux, cette invariable obéissance du corps sonore, la nature l'a mise en pratique en nous-mêmes, et nous la subissons à notre insu.

Le son plein et majestueux produit par le plus grand appareil, c'est la voix de l'homme ; le son plus doux du second appareil, c'est la voix de la femme.

Je fis alors monter sur l'estrade qui sert aux démonstrations un groupe de jeunes gens, et je leur fis chanter le début du duo de *Don Giovanni* : *La ci darem la mano*. Je fis ensuite approcher un groupe de jeunes filles. Je leur dis de répéter la mélodie qu'elles venaient d'entendre ; il ne me fut pas difficile de leur démontrer qu'en chantant cette suave mélodie, en croyant la répéter à l'unisson des voix d'hommes, elles la traduisaient une octave plus haut.

Votre oreille l'a reçue, leur dis-je, votre intelligence l'a comprise, et cependant, lorsque vous avez voulu la reproduire vous-mêmes, vous l'avez, à votre insu, sans que votre volonté y fût pour rien, élevée d'une octave. Vous avez obéi à la loi de votre sonorité.

C'est que la femme est, par rapport à l'homme, dans les conditions du second appareil. Elle est plus faible ; sa voix est plus douce et plus tendre, ses vibrations sont plus rapides ; son intonation propre est plus aiguë. La femme est l'octave de l'homme, elle en est la moitié.

Les honnêtes gens qui donnent à leur compagne le nom peu poétique de leur moitié, sont donc, sonométriquement parlant, dans l'expression de la plus rigoureuse vérité.

Ainsi, l'octave existe de droit divin. Le jour où Dieu dit : « Il n'est pas bon que l'homme soit seul, » le jour où il donna à l'homme une compagne tirée de ses flancs, ce jour Dieu créa l'octave, hymen de deux sons, dont l'un naît de l'autre, et qui se reflètent et se confondent en un chaste embrassement.

Il ne faut pas nous éloigner de notre sujet, et parler ici des sons produits par les autres divisions naturelles du corps sonore. Nous y reviendrons plus tard. Nous ne devons aujourd'hui nous occuper que des voix.

Il y a deux subdivisions dans la voix de l'homme. L'une descend vers le grave, c'est la basse-taille ; l'autre s'étend vers l'aigu, c'est le ténor.

Nous trouvons le même ordre dans les voix de femme. La voix plus grave, c'est le contralto ; la voix plus aiguë, c'est le soprano, et, conformément au principe de sonorité humaine que nous venons d'énoncer, ces deux espèces de voix sont la répétition à l'octave aiguë de la basse-taille et du ténor.

Chacune de ces voix a un caractère qui lui est propre; elles ne diffèrent pas seulement par l'étendue, qui est le champ, l'espace où elles se meuvent, ou par le volume, c'est-à-dire la faculté d'affecter plus ou moins énergiquement l'appareil auditif; elles diffèrent encore essentiellement par le timbre, par le métal, comme disent les musiciens italiens, c'est-à-dire par la qualité du son considéré d'une manière absolue. Une oreille exercée reconnaît sur-le-champ les différentes natures de voix, et les distingue aussi facilement qu'on distingue le son d'un cor du son d'une clarinette.

Dans l'application de tout principe général, les esprits sages réservent toujours une place pour les exceptions. Les exceptions ne nous manqueront pas; le nombre des voix bien conformées est petit, beaucoup pèchent par défaut. Il est rare de trouver réunies toutes les bonnes conditions de timbre, d'étendue et de volume. Il est, d'ailleurs, d'autres qualités désirables et nécessaires à la voix qui aspire à de hautes destinées musicales. D'abord la faculté d'exprimer, d'intéresser; celle-ci doit s'allier à une sensibilité communicative et sympathique, et prend sa source dans le cœur. Puis aussi la souplesse, la faculté de parcourir rapidement et sûrement le domaine dévolu à chaque genre de voix. Cette dernière qualité, quelquefois naturelle, est plus souvent acquise et due au travail.

Il y a aussi, mais plus rarement, d'heureuses et riches exceptions. Ce sont les voix privilégiées qui s'emparent par droit de conquête du territoire du voisin, et s'étendent audacieusement de l'une à l'autre limite, réunissant ainsi sous une même domination l'étendue que se partagent les larynx vulgaires.

Il y a, enfin, les voix que l'on peut nommer éclectiques ; celles-ci se font un royaume à leur convenance, elles choisissent le territoire qui leur agrée ; un secret instinct les guide et leur dicte d'heureuses combinaisons ; elles réunissent souvent la force à la souplesse, qualités qui s'excluent d'ordinaire ; elles brillent par une sage alliance d'agréables choses. Ces voix sont classées et se nomment baryton pour les hommes et mezzo-soprano pour les femmes. Placées entre le ténor et la basse-taille, entre le soprano et le contralto, elles occupent une place honorable et recherchée. Ce sont de jolies propriétés, closes par des murs mitoyens.

Nous allons, maintenant que nous croyons avoir exposé et défini les différents genres de voix, nous occuper du timbre ou métal, c'est-à-dire des qualités expressives du son spécial de chaque voix. Pour traiter ce sujet avec toute liberté, nous l'agrandirons, en franchissant, pour un moment, les bornes où nous renferment nos études. Examinons les propriétés de la voix, non pas seulement comme organe du chant, mais aussi comme organe de la parole.

Selon nous, la véritable destination de la voix, c'est le chant. La parole, dernier vestige des accents désormais ineffables par lesquels, aux premiers temps du monde, avant la chute de l'homme, le Créateur daignait converser avec la créature, la parole n'est que le dernier retentissement des chants oubliés. Exilés sur la terre, nous avons perdu le secret de la langue des anges. La parole, brève et saccadée, qui vient expirer aux lèvres des hommes, a remplacé les chants soutenus et prolongés qui remplissaient les voûtes des cieux, comme le temps a remplacé l'éternité. — Mais retournons sur la terre.

La voix parlée est à la voix chantée ce que l'esquisse est au tableau. L'organe de la parole conserve donc, à un degré affaibli, le timbre de la voix musicale. Je dois avertir que je prends ici le mot *timbre* dans le sens le plus restreint et uniquement comme l'affiche de la voix, comme l'étiquette du sac, si l'on peut s'exprimer ainsi, et abstraction faite du plus ou moins de charme que la voix peut avoir; car, de même que certaines couleurs, certaines nuances affectent agréablement l'œil, de même certaines voix ont une grâce qui leur est propre et séduisent par la seule émission du son.

La voix marquée au timbre de la basse-taille est sonore. Elle se meut majestueusement; mais, par cela même, elle a quelque lourdeur : l'articulation est nette mais lente. C'est une machine puissante dont l'emploi exige de constants efforts. Comme, en général, chez les hommes bien organisés les facultés sont faites les unes pour les autres, la basse-taille est ordinairement l'apanage du savant, de celui que des études sérieuses, faites en silence, ont retenu longtemps loin du commerce des hommes; c'est l'organe du juge, du médecin d'autrefois, de tous ceux dont la mission est d'instruire ; la basse-taille parle peu, peu de mots lui suffisent, car on l'écoute avec attention et déférence ; on la respecte comme on respecte tout ce qui est grave : c'est un costume imposant devant lequel on s'incline.

Le ténor est plus sociable. Comme il faut nécessairement moins de souffle pour mettre en jeu le larynx léger du ténor ou du baryton que le large larynx de la basse-taille aux vastes parois, la voix du ténor est facile, l'articulation est légère. Si cette voix est tombée en partage à un homme d'imagination, si les idées naissent vives et claires dans son cerveau, cet homme trouvera dans cet organe un docile instrument ; les paroles obéiront instantanément à la pression de l'idée et viendront nettes et lucides se placer dans sa bouche, comme un bon clavier obéit à la légère pression d'une main exercée, et fait éclore à volonté et sans efforts des gammes rapides, de brillants arpéges. Les chaînes d'or qui, dans les figures antiques, sortent de la bouche de Mercure, sont l'emblème de la voix de ténor. Tous les grands orateurs de l'antiquité ont dû être ténors ou barytons. On dit qu'un de vos hommes d'État, célèbre par sa merveilleuse facilité d'improvisation, qu'un des plus grands orateurs de votre pays, qui compte de si grands orateurs, a un ténor très-élevé. N'est-ce pas une preuve à l'appui de mon assertion ?

Ainsi, la basse-taille est grave, puissante, réservée et docte. Jupiter a une basse-taille ; Minos, Hippocrate, Agamemnon, ont des basses-tailles.

Le ténor est ardent, pénétrant, tendre, impétueux.

Apollon a un ténor; Achille, Hector, Endymion ont des ténors.

L'éclectique baryton participe des deux voix : Mars, Romulus, Numa Pompilius sont des barytons.

Si nous voulions aussi assigner aux voix de femmes des places dans l'Olympe ou parmi les célébrités de l'antiquité, nous dirions que Vénus, Hélène, Hébé étaient de brillants sopranos. Junon, Clytemnestre, Cléopâtre étaient probablement de magnifiques contraltos; Diane devait avoir un mezzo-soprano.

Puisque je me trouve engagé dans les voix de femmes, je me permettrai à ce propos une observation toute vocale : on a de tout temps reproché aux femmes d'abuser un peu de la parole. Il faut qu'il y ait quelque chose de vrai dans ce reproche, aussi ancien que le monde, et peut-être contemporain de l'octave. Cette douce facilité de langage, faussement ou justement attribuée aux femmes, est le résultat naturel et nécessaire de leur appareil vocal. C'est tout simplement un fait de sonorité. Ce larynx mobile et élastique obéit avec plus de promptitude et de souplesse encore que celui du ténor; la parole jaillit plus pressée et plus abondante. Les femmes parlent parce qu'elles sont soprano, ou contralto, ou mezzo-soprano, c'est-à-dire parce qu'elles sont femmes. D'ailleurs, qui songe à s'en plaindre? Leur langage n'est-il pas la plus suave harmonie de la terre? Dieu leur a accordé une douce voix, Dieu leur a ordonné de parler pour nous consoler dans nos afflictions, nous soutenir dans nos travaux, nous charmer dans nos loisirs. Dans la grande partition du monde comme dans celle d'un opéra, la femme chante toujours la première partie.

Encore une observation, mais celle-ci relative aux basses-tailles et purement musicale. Les Italiens, qui ont le goût fin et un admirable instinct pour toutes les choses d'art, ont toujours donné dans leurs opéras bouffes le rôle le plus bouffe à la basse-taille. D'après ce que nous avons dit de la noblesse et de la majesté de cette voix, cela paraît faux et absurde au premier coup d'œil. Eh bien, c'est précisément de ce contraste que naît tout l'effet comique. Faites chanter le rôle bouffe à un ténor, le but sera manqué. Mais quand la basse-taille, qui parle ordinairement au nom des rois ou des pères, quitte son allure grave pour se lancer dans la rapide gymnastique de l'opéra bouffe, il y a dans l'opposition de l'organe et de l'emploi une irrésistible force comique. Certes, ce choix dénote un sentiment exquis, une ingénieuse appréciation. Dans un autre ordre d'idées, et à toute la distance qui sépare les nobles exercices de l'esprit des plaisirs matériels du cirque, les Romains étaient guidés par un instinct de ce genre lorsqu'ils faisaient, dans leurs fêtes publiques, exécuter des pas de deux ou de quatre, ou danser la polka du temps à de graves éléphants, jadis peut-être dressés pour les combats! Mais les temps ont changé et les chants de don Geronimo, de Leporello, de Figaro, nous procurent de vives jouissances dont les Romains n'avaient certainement pas l'idée.

Voici, mon ami, une lettre bien longue! Ordinairement, après nos causeries, je fais exécuter à mes auditeurs quelque beau chœur de Palestrina ou de Hændel. Je voudrais avoir pareille consolation à vous offrir! Adieu Klagenfurth

---

TROISIÈME LETTRE DE GERVASIUS

Si je ne vous écris pas plus souvent, mon ami, c'est que j'éprouve parfois de terribles hésitations. Au moment de prendre la plume : « A quoi bon? me dis-je; pourquoi raconter ma vie, simple et pauvre, mes efforts cachés, mes secrètes études? Qu'importe à mes amis, désormais séparés de moi par toute l'étendue de leurs préoccupations mondaines, que mes leçons aient fructifié, que les échos de nos montagnes répètent d'harmonieux ensembles, que Balzamina ait une voix angélique? (Je vous parlerai une autre fois de Balzamina.) Comment d'aussi petits événements pourraient-ils les intéresser, même un moment?... Non, non; gardons pour moi seul les joies, les craintes, les rêves, les espérances qui viennent peupler mon désert et animer ma solitude. »

Mais vous voulez bien me demander des nouvelles de mon école et de mon enseignement. Je puis donc vous le dire (et je le dis avec joie), je vois prospérer l'institution que j'ai fondée. Le modeste temple élevé par mes mains, l'asile consacré à la musique, ouvert à tous ceux qui la cherchent, réunit maintenant sous ses lambris de sapin toutes les bonnes voix de la contrée. Les mauvaises voix mêmes ne sont pas repoussées; lorsqu'elles sont patientes et dévouées, l'indulgence les accueille, le travail les éprouve, l'étude les redresse; les rudes sont adoucies, les faibles fortifiées, les pauvres enrichies. Grâce à la charité du maître, à la foi des disciples, chacun trouve donc ici l'emploi de sa valeur vocale. Aussi la réputation de l'école s'étend et gagne le pays. On vient, comme en un pieux pèlerinage, visiter le maître de Klagenfurth. Sa parole est reçue avec respect, sa doctrine sans discussion : on l'aime, on l'écoute, on le croit.

Pardonnez-moi ce préambule. Vous connaissez, vous respectez trop les habitudes musicales pour ne pas me permettre un petit prélude.

Je vais maintenant continuer le compte rendu de mes leçons.

Je vous ai montré l'homme sonore, agissant dans les limites des voix de basse, de baryton, de ténor; la femme, comme un pur miroir reflétant dans les octaves supérieures cette division naturelle, et devenant contralto, mezzo-soprano et soprano.

Il y a peu de chose à dire des voix d'enfants. Pour le musicien, l'enfant est une femme. L'étendue de la voix est la même. Elle accepte les mêmes divisions. — Mais le timbre a quelque chose de caractéristique. Il est en général plus résistant et en même temps plus élastique. Il est aussi, s'il est permis de s'exprimer ainsi, plus transparent, et, à travers la transparence du son, on en aperçoit la virginité. La voix du jeune garçon est beaucoup plus accentuée que celle de la jeune fille ; elle accuse énergiquement la note et semble prévoir le moment où une métamorphose prochaine, en la précipitant du haut de l'octave où elle se meut, va changer l'imberbe contralto en basse-taille vigoureuse. Il faut traiter avec délicatesse, avec ménagement, les voix d'enfants. Des études trop répétées les fatiguent et les usent promptement, surtout au moment de la transformation vocale. Plus d'une voix, prématurément excitée, sollicitée hors de propos, avorte pendant cette crise et meurt avant d'être née. Ainsi périt la chrysalide, ainsi s'éteint dans la prison dont il ne peut forcer l'enceinte le papillon aux ailes brillantes. Respectez donc ce germe fragile; secondez le travail de la nature, ne le devancez pas : *Maxima debetur puero reverentia.*

J'ai fait ici une remarque assez singulière, c'est qu'en général les braves gens chantent juste. Certes, je ne veux pas dire qu'il faille proscrire les créatures imparfaites dont le larynx est défectueux ou l'oreille mal disposée, ni rien conclure contre leur moralité ou leur intelligence ; mais enfin je ne puis me défendre d'une impression favorable, d'une prévention de bon augure, pour le novice qui, de prime abord, gravit hardiment et sûrement les degrés de l'échelle musicale. Il me semble que cette rectitude dans l'intonation est l'indice d'un cœur droit; que cette appréciation instinctive de la justesse des sons ne peut venir que d'un esprit sain. Je me trompe sans doute, car, dans ce pays, beaucoup d'hommes d'esprit de ma connaissance chantent faux, et je ne pourrais non plus, sans injustice, ne pas reconnaître en eux toutes les qualités du cœur; mais je crois, et l'on est fondé à croire que, dans le cours d'une vie plus ou moins agitée, leur voix aura éprouvé quelque accident fâcheux, quelque avarie qui l'aura fait dévier et l'aura jetée hors du droit chemin. Cette supposition est admissible et elle concilie tout. Tout homme étant né chanteur, toute voix humaine est juste; c'est son droit et son devoir; mais c'est un droit qui périt si on ne l'exerce, un devoir qu'il faut exiger si l'on veut qu'il soit rempli; et puis, d'ailleurs, cet organe est si fragile, tant de causes peuvent en altérer la pureté! O Muses, chastes sœurs d'Apollon, protégez les voix humaines!

Nous avons, dans cette incomplète ébauche, indiqué rapidement les principales propriétés de l'homme sonore. Nous l'avons vu, armé de la double faculté de produire le son musical et de l'apprécier, réunissant ainsi deux appareils, dont l'un est le complément de l'autre; doué en outre d'un admirable instinct, d'un sentiment qui lui est propre, qui lui est réservé; et enfin pourvu d'une faculté plus précieuse encore et dans laquelle se résument les autres : celle d'employer à la manifestation de cet instinct une nombreuse famille de sons, variés dans leur timbre, dans leur puissance, comme dans leur sexe.

Car le son, participant entièrement de la nature humaine, a les deux sexes. Si vous jetez les yeux sur un clavier, vous verrez où commencent les sons mâles, où finissent les sons femelles. Seulement, il faudra vous faire remarquer que les sons placés à la partie moyenne de cette échelle des voix sont neutres; communs aux deux grandes divisions, ils reçoivent de la voix qui les produit le costume qui leur est nécessaire et les fait reconnaître.

Mais le son, cet agent impondérable, ce traducteur insaisissable du sentiment poétique et musical dont l'homme est doué, le son, qui semble naître d'un souffle, du balancement d'une corde, d'où vient-il? Quelle est la source abondante, intarissable qui le fournit? Nous savons d'où vient la lumière. D'où rayonne le son? Est-il réellement fils de l'air? Non; comme la lumière, le son traverse et pénètre l'air; l'air est la route qu'il suit, le chemin que Dieu lui a tracé, le véhicule sur lequel il arrive jusqu'à nous. Mais sa source est ailleurs. Mes idées sur ce point diffèrent essentiellement des idées reçues, je le sais; si je n'étais bien assuré de toute votre amitié pour moi, j'hésiterais à vous les communiquer; mais, confiant dans votre indulgence, je vais vous les exposer le plus simplement que je pourrai; qu'importe d'ailleurs une erreur de plus; erreur d'un homme de bonne foi, qui cherche la vérité, erreur tout à fait inoffensive, et qui certes ne troublera pas la paix du monde?

Pour vous introduire dans ce que je ne voudrais pas nommer mon système (ce mot est trop ambitieux, trop absolu, trop orgueilleux), disons mes idées, ou, si vous voulez, mes doutes, il faut que je vous fasse connaître quelles inductions m'y ont amené. Ayez donc la patience, la bonne volonté de me suivre pas à pas dans la route où je m'engage et où je ne vais marcher qu'en tremblant.

Malgré la modestie de cet exorde, modestie qui n'est là que pour vous, je dois vous confesser que, pour moi, ce que je vais vous dire est absolument vrai, et que j'en sens l'inébranlable évidence; mais c'est une de mes douleurs de ne pouvoir la démontrer. Que la science est heureuse, et que je voudrais pouvoir lui emprunter quelques-unes de ces formules nettes et précises, j'oserai dire arrogantes à force de vérité, qui ne laissent pas de place à la négation, pas de refuge à l'incrédulité et qui tuent même le doute!... Mais pardonnez-moi cette digression, j'allais dire cette modulation inopportune; je rentre dans mon thème.

Deux sens importants fonctionnent chez l'homme : l'un reçoit la lumière, l'autre attend le son.

Vous voyez, par la différence des expressions que l'on est obligé d'employer pour caractériser la mission de ses organes, que les deux précieux agents avec lesquels ils nous mettent en contact n'ont pas le même mode d'action. En effet, si la lumière est partout, le son, à l'état de son, semble n'exister nulle part. La lumière nous enveloppe de son brillant réseau, nous inonde par un flux incessant; le son naît, nous frappe, expire au même instant. Le silence paraît être l'état normal de l'atmosphère dans lequel nous vivons; le son, un accident dans le silence. Que mille bruits divers s'élèvent et se confondent, que les créatures s'éveillent et s'agitent, que les vents s'élancent, que la foudre éclate, de ces bruits retentissants, il ne restera rien : le silence les efface.

Les bruits, les sons, quels qu'ils soient, qu'ils semblent à notre oreille gracieux ou discordants, aimables ou terribles, ne seraient-ils donc, en effet, qu'un désordre, un choc passager, un trou dans le grand manteau dont nous enveloppe le silence? Le silence est-il donc la règle, et le son l'exception? Le silence est-il le fond permanent, continu, perpétuel, sur lequel brillent et se perdent les sons, comme rayonnent et s'éteignent les météores pendant une nuit obscure?

Voilà ce que je ne puis croire, voilà ce que ma raison, mon orgueil, ma foi de musicien ne sauraient admettre. Il n'en peut être ainsi. Le son joue un rôle trop important dans le grand spectacle du monde pour n'être qu'un désordre, un trouble, un accident. Les créatures, dites-vous, ont le don de la voix, l'homme a celui de la parole; il parle, il produit le son. Autant voudrait dire que l'œil de l'homme, en s'ouvrant, produit la lumière. — Non, non, croyez-le bien, Dieu a tout fait. Il a préparé la sonorité comme il a préparé la lumière. Il a disposé pour tout ce qui respire cet agent merveilleux à l'aide duquel s'émettent au dehors toutes les impressions de joie ou de bonheur, de douleur ou de crainte, cette belle manifestation de la vie, commune à toutes les créatures; cette chaîne intelligente qui commence au cri de l'insecte pour s'élever aux plus nobles accents qui puissent s'exhaler d'une poitrine humaine. — Non, le silence, cette sombre nuit de l'oreille, n'est pas la règle du monde. — Il est impossible, en raisonnant par analogie, qu'il n'y ait pas dans l'admirable organisation de l'univers une source du son, éclatante, puissante, abondante, comme celle de la lumière. Toute créature y puise, toute créature en reçoit la dose nécessaire, mesurée à l'avance par l'éternelle sagesse. Tout ce que les créatures récoltent, Dieu l'a semé.

Lorsqu'un voyageur veut reconnaître le cours d'un fleuve, que fait-il? Il en suit les méandres; il parcourt les sinuosités de la rive jusqu'à ce qu'il ait ravi au fleuve le secret de sa naissance. — Étudions le trajet d'un son : prenons-le sur la terre; suivons-le lorsqu'il remonte dans les plaines de l'air; élevons-nous avec lui vers le ciel, nous y trouverons le secret de son origine.

Je ne ferai pas un nouvel appel à votre indulgence, c'est votre confiance tout entière que je réclame; soutenez-moi de votre foi, laissez-moi croire que je vous persuade; écoutez ma voix, cette voix qui s'élève vers Dieu pour lui demander le secret de ce retentissement qui lui porte mon ardente prière, secret que j'oserai peut-être chercher près de son trône.

N'est-il pas vrai, mon Dieu, que vous avez répandu autour de nous, semé dans l'air que nous respirons, un fluide bienfaisant qui nous enveloppe, nous presse, et dont nous ressentons la divine influence? Heureux celui que ce fluide céleste pénètre; il est aimé de vous! Plus il sera soumis à son action et plus il sera perméable, plus sa place sera marquée haut dans l'ordre des intelligences. Il aura de nobles pensées et de généreux instincts. Plaignons les natures vulgaires et disgraciées!

Il en est qui traverseraient les couches les plus épaisses du fluide salutaire sans en absorber une parcelle !... Peut-être, un jour, Dieu leur dispensera-t-il aussi le bien que son impénétrable volonté leur a refusé jusqu'ici !

Ce fluide adorable, source de tout ce qui est bon sur la terre, j'oserai vous le nommer, c'est le fluide musical.

Il contient tous les éléments des sons qui peuvent affecter l'oreille humaine; pour condenser ces éléments, pour les combiner, les produire à l'état de son, il ne faut que des opérations que vous connaissez déjà, et sur lesquelles nous reviendrons plus tard.

Cette pure émanation d'en haut, quoique éminemment musicale, favorise toutes les intelligences et s'associe à tous leurs travaux, quel que soit le cercle dans lequel elles s'exercent. C'est le lien des esprits. De là cette antique croyance, répandue chez tous les peuples, que tous les arts sont frères, que tous les arts se tiennent par la main. De là la naïve et charmante allégorie d'Apollon et des Muses, ses sœurs; l'esprit de l'homme est un, le même souffle l'anime. Qu'importe la direction que suit le navire? Le vent qui gonfle ses voiles est toujours le vent. Le génie de l'homme est plus vaste et en même temps plus souple qu'on ne pense. Il se prête à tout. Mais le temps lui manque, il choisit. Au lieu de suivre tout entière la chaîne qui unit les connaissances humaines, il en détache un fragment.

Je laisse aux savants le soin de reconnaître, d'apprécier, de classer le fluide que je signale ici à leurs investigations, car mon observation serait incomplète et entachée de nullité pour beaucoup d'esprits si la science ne la confirmait pas. Peut-être ce fluide n'est-il autre que le fluide électrique, cet agent puissant et mystérieux qui ne se révèle qu'accompagné de lumière et de sonorité, réunissant ainsi, dans son brillant cortége, les deux sources de toute joie humaine.

Peut-être est-ce aux confins du monde, aux limites de notre atmosphère, qu'il faut chercher le sublime mystère de la production du fluide sacré. A mesure que la terre, entourée de son atmosphère, s'avance dans l'espace sans bornes où gravitent les mondes, elle déplace et refoule une couche d'éther qui bientôt, repoussée par le soleil et les autres sphères qu'elle rencontre, revient, toute chargée des brûlantes émanations du soleil, vers la terre, qui de nouveau la pénètre et lui imprime ainsi d'incessantes ondulations. Par ces frottements, ces chocs réguliers de notre atmosphère et de l'éther qui constituent de véritables vibrations, se développe un son continu, pur comme les lumineuses régions où s'accomplit le phénomène, immense comme l'immensité dans laquelle il retentit. Je pourrais vous dire quel doit être ce son, à quelle octave de l'échelle musicale il appartient ; je pourrais vous dire en quel ton tourne la terre.

Nous ne pouvons entendre ces sonorités, nées aux confins du monde, pas plus que nous ne pouvons sentir le mouvement qui nous emporte avec la terre. Nos sens ne sont pas aptes à percevoir ces impressions, hors de toute proportion avec notre nature bornée ; nous en serions écrasés. C'est par notre intelligence seule que nous apprécions ces mouvements généraux, dont nous ne pouvons éprouver la sensation.

Les sons ainsi produits n'arrivent donc pas à notre oreille; mais ils pénètrent l'atmosphère, ils l'imprègnent, s'y dissolvent, et, restant en suspension dans l'air, ils y forment ce gaz, ce fluide dont je vous parlais et qui renferme tous les éléments des sons. Vous le voyez, le monde ainsi disposé est un orgue immense; il ne s'agit plus que d'extraire les sons qu'il contient : c'est ce que nous ferons facilement.

C'est à l'aide des instruments de musique que nous allons opérer cette soustraction. Car, à ce point de vue, les instruments de musique ne produisent plus, ne créent plus le son. Nous épargnons au noble fluide cette profanation; nous lui restituons son origine supérieure. Les instruments de musique vont le chercher dans l'air, ils l'appellent. Ils en réunissent les éléments épars dans l'atmosphère; ce sont, à proprement parler, des instruments de précision propres à l'extraction, à la manifestation du son.

Si l'instrument est bien construit, s'il est conforme à des lois constantes, immuables, que le génie de l'homme a devinées, les atomes musicaux se réunissent, se combinent avec l'air environnant; le phénomène se produit, le son se manifeste.

Dieu a donc permis que le son obéît à la corde, au tube, à la surface vibrante, à la voix qui l'appelle dans de certaines conditions de régularité et d'ordre que nous vous ferons connaître plus tard. Le fluide sonore vient se poser sur l'agent qui le sollicite avec intelligence, comme le fluide électrique quitte le nuage qui le recèle pour suivre la tige conductrice que le génie de l'homme a envoyée à sa rencontre.

Une loi bien simple préside au phénomène de la manifestation du son. Tout corps élastique, vibrant régulièrement dans l'air, a la propriété de réunir et de combiner les atomes musicaux.

Si les conditions nécessaires ne sont pas rigoureusement observées, si les vibrations n'ont pas leur entière liberté, la combinaison se fait mal, le son avorte : nous n'entendons qu'un choc, un bruit.

Ainsi, ce que nous nommons bruit n'est qu'un son incomplet; ce n'est pour ainsi dire que le rudiment du son. Ce sera, si vous voulez, un son mort-né, à qui le temps et l'espace ont manqué pour se développer, et qui périt faute d'air; ou bien encore, dans d'autres circonstances qu'il serait superflu d'énumérer ici, ce sera un mélange informe d'éléments incompatibles, dont l'amalgame ne produira qu'un corps sans cohésion qui éclate, se brise au moment même où il apparaît.

Le son musical n'est donc en réalité qu'une succession de chocs précipités, rapides, qui se confondent, s'unissent pour former, à l'aide de points sonores très-rapprochés, une ligne sonore non interrompue. Vous pouvez faire la facile expérience de la conversion du bruit en son musical : parlez; puis, arrêtant la voix au hasard sur une voyelle quelconque, prolongez, comme sur un plan horizontal bien nivelé, le son sur lequel vous aurez émis cette voyelle; cette prolongation constituera un véritable son musical et représentera un degré de la gamme. Voilà tout le secret de la transmutation de la parole en chant. Vous voyez donc que, malgré toute la différence que notre oreille apprécie entre le bruit et le son, ils sont tous deux enfantés par des moyens analogues, et se composent des mêmes éléments, le son n'étant dans la réalité qu'un bruit épuré, fixé, solidifié ; ainsi le charbon vulgaire devient le diamant précieux.

Il n'y a donc, en effet, d'autre différence du bruit au son que la sustention, la durée et l'action volontaire ou involontaire du sentiment musical, qui nécessairement a une immense influence sur la manifestation du son et sur la direction qu'il reçoit. Si la vie de l'homme était plus longue, s'il avait plus de temps à donner à la manifestation du son, il joindrait toujours le chant à la parole, devenus désormais inséparables et se prêtant un mutuel secours. Il élèverait ainsi le son à la plus haute puissance. Ses désirs, ses passions s'exprimeraient par des intonations régulières, intelligentes, pleines de chaleur et d'animation qui ajouteraient à ses discours une énergie, une force de conviction irrésistibles. Comme cette expression serait plus naïve, elle devrait être d'autant plus vraie qu'elle voudrait être accentuée, profonde, incisive, entraînante. Pour atteindre son plus haut point de persuasion, elle ne pourrait se passer de sincérité. Le mensonge serait trop facilement reconnu; il serait donc plus difficile, plus rare; il serait peut-être impossible! Ce serait le règne de la vérité!... Mais la vie de l'homme est bornée! Il se hâte, il parle, il ment.

Car l'homme est évidemment créé pour le chant,

nous l'avons dit. En se bornant au bruit de la voix parlée, il ne remplit pas entièrement sa destination. Toute son organisation témoigne qu'il est au suprême degré doué de la faculté d'extraire le son musical du fluide qui le recèle. En outre, par son contact incessant avec ce fluide qui le pénètre et l'imbibe, qu'il respire avec l'air, il acquiert une affinité singulière avec la sonorité elle-même. Comme un chimiste habile sait séparer, réunir, combiner les différents gaz flottant dans l'air, de même le musicien, avec un art merveilleux, sait choisir, parmi les sons aussi suspendus dans l'atmosphère, ceux qui lui sont nécessaires, ceux qui ont le plus de sympathies entre eux et pour lui.

Car, s'il y a des sons qui s'attirent, il y en a qui se repoussent. Si nous contraignons des sons de familles différentes à s'associer, ils se plaignent, gémissent, et, comme eux, nous éprouvons une sensation douloureuse; car, je vous l'ai dit, notre affinité avec eux est complète : nous souffrons de leurs peines, nous tressaillons de leurs joies; tout est commun entre eux et nous.

L'art consiste à modifier, à adoucir, à vaincre ces répugnances naturelles. On peut, à force de soins, de caresses, décider des sons ennemis à s'associer pour un certain temps sans éprouver ni faire éprouver de sensation fâcheuse. — C'est ce que le musicien appelle préparer la dissonance.

Mais ces alliances contre nature ne peuvent être de longue durée. L'étranger introduit par artifice dans une famille de sons étroitement unis, comme un malfaiteur dans une maison honnête, doit bientôt céder sa place au son légitime, qui reprend, avec un bonheur que nous partageons, le rang qu'on lui avait enlevé pour un moment. — C'est ce que les musiciens nomment sauver ou résoudre la dissonance.

Ces principes étant posés, nous marcherons désormais d'un pas plus rapide dans la démonstration des phénomènes musicaux. Adieu.

. . . .

LE BARON DE STORA

I

LE DUEL. — LE MAITRE DE CHANT.

Je suis arrivé à Paris au mois d'octobre 1843, jeune, gai, avide de plaisir, recherchant les fêtes, les bals, les spectacles, aimant le jeu, les chevaux, tout ce qu'on aime enfin dans la jeunesse, et qu'on voudrait aimer toujours. En outre, je ne manquais pas d'argent, j'avais un crédit très-honorable sur une des premières maisons de la capitale. Dans ces conditions pleines d'agrément, et dans ces heureuses dispositions, dont je sentais et appréciais vivement tout le prix, je m'installai au premier étage d'un hôtel de la rue de Rivoli, bien décidé à mener joyeuse vie et à satisfaire brillamment tous mes goûts.

Avec une fortune suffisante pour soutenir l'honneur de mon nom, et un nom assez honorable pour qu'il me permît de dissiper ma fortune, il ne me fut pas difficile de m'introduire, avec toute sorte d'avantages, dans la vie élégante et dorée des clubs et des coulisses; grâce aux conseils de mes nouveaux amis, je me mis assez vite au courant des mystères peu mystérieux de la vie parisienne de haut goût, à laquelle je me livrai avec chaleur, sans scrupule comme sans réserve; mais bientôt un petit incident, interrompant à l'improviste le cours de mes plaisirs et de mes agitations, vint me condamner à une retraite forcée et tempérer l'ardeur de mes entraînements juvéniles.

Un soir que j'avais dîné gaiement avec quelques-uns de mes amis au café de Paris, j'arrivai à l'Opéra, où on jouait un ballet nouveau, je ne saurais vous dire lequel. Quoique j'eusse d'habitude une place dans une des loges *des lions*, dans une de ces loges qu'on nommait alors infernales, j'avais ce soir-là loué une stalle d'orchestre pour mieux juger de l'effet de la représentation et jouir à la fois du spectacle de la salle et de celui du théâtre. Mais je voulais surtout contempler et admirer de face une jeune débutante, brillamment échappée aux évolutions du corps de ballet, et venant pour la première fois s'élancer joyeusement, à la tête de ces troupes légères, sur ce théâtre, où elle avait, jusque-là, vécu ignorée, et combattu en soldat obscur.

La jeune prêtresse de Terpsichore, ou, si vous l'aimez mieux, la petite élève de M. Mazilier, m'intéressait vivement par sa grâce et me touchait par sa modestie; je voulais prendre une part active au succès qu'elle devait nécessairement obtenir, mais qu'il fallait savoir enlever par des manœuvres habiles et savamment combinées. Je lui avais promis d'abord ma protection et mon concours éclatant, puis les murmures flatteurs de plusieurs de mes amis dont les mains, enchaînées par des liens que je connaissais, n'osaient se compromettre ouvertement; puis, enfin, les applaudissements frénétiques de quelques-uns de mes compatriotes nouvellement arrivés, et qui, par conséquent, libres de tout engagement antérieur, devaient me seconder avec vigueur et donner un cours bruyant et prolongé à l'enthousiasme que je leur avais imposé et que j'étais, au reste, parfaitement en droit d'exiger; car j'étais l'étoile polaire de ces enfants du Nord, je les guidais à travers les plaisirs de la capitale, et ils devaient, par nos conventions, se bien garder de s'amuser sans ma permission, me suivre partout où je les conduirais, et former au besoin un bataillon sacré toujours prêt à m'obéir et à me seconder suivant l'occasion.

Lorsque je me présentai à l'orchestre, jugez de mon désappointement en trouvant ma stalle occupée! C'était une erreur du bureau de location qu'il eût été facile de réparer; mais j'avais dîné généreusement, et, ce qui mettait le comble à la contrariété que j'éprouvais, ma protégée était déjà en scène; j'avais manqué son entrée! Dès qu'elle m'avait aperçu à l'entrée de l'orchestre, elle m'avait décoché un long regard tout baigné de tendresse, qui venait se confondre avec une pirouette étincelante qu'elle enlevait et terminait en ce moment, et que je me hâtai d'applaudir avec transport et avec rage. Ce regard qu'elle m'avait adressé, où je lisais les reproches que méritait mon peu d'empressement, mon arrivée si inconcevablement tardive, ce regard m'exalta. Je parlai un peu vivement au *gentleman* qui occupait, au mépris de mon droit, la stalle que j'avais retenue; l'usurpateur sans le vouloir me répondit de même. Une querelle dans les règles s'engagea, mais sans bruit, sans esclandre, en gens comme il faut, et, le lendemain, je recevais de mon adversaire un bon coup d'épée qui me traversa la main droite, me confina dans mon appartement et me donna tout le loisir de faire de longues réflexions.

Ma blessure était sérieuse et exigeait des précautions, et, dans la solitude où me jeta le dénoûment de cette fâcheuse rencontre, il fallut bien me créer des distractions et tromper mon oisiveté forcée; je passais tout à coup d'une agitation fiévreuse à une immobilité plus fiévreuse encore, il est vrai. J'eus du courage, et, dès que je pus m'occuper, pour trouver un remède à l'ennui qui me dévorait, je résolus de me remettre à la musique, que j'avais étudiée avec succès et avec amour dans mon enfance. J'avais la voix de ceux qui n'en ont pas, c'est-à-dire un baryton restreint dans ses limites, descendant peu et ne montant guère; mais le timbre en était assez agréable. Je pris un maître de chant, lequel me trouva une voix superbe et entreprit, à vingt francs le cachet, de faire de moi un Rubini de salon : je devrais dire un Tamburini, puisque je n'avais pas la prétention de ténoriser.

Mon maître était un vétéran du Théâtre-Italien, exilé de ce noble champ de bataille, où il avait compté cent triomphes, s'il fallait l'en croire, par les années et par un catarrhe, dont il éprouvait toujours un accès au milieu de ma leçon; accès qui, par conséquent, retardait mes progrès, puisqu'il réduisait d'autant l'heure consacrée à mes exercices vocaux, et qui, en outre, me coûtait chaque fois une boîte de bonbons pectoraux, que je présentais à mon maître pour qu'il y puisât avec la discrétion convenable, mais qu'il se hâtait de glisser dans sa poche. Cette poche avait probablement une communication secrète avec sa poitrine; car, dès que la boîte était tombée dans le gouffre, la toux se calmait. Je l'ai toujours soupçonné d'avoir eu à cette époque une maîtresse fort enrhumée.

Don Filippo Dardanelli (car il était Napolitain, et portait le *don* avec fierté), ou il signor Dardanelli, ou tout uniment M. Dardanelli, ou enfin M. des Dardanelles, comme l'appelait mon valet de chambre, chantait réellement bien. Il avait du style et aimait la bonne musique, qu'il comprenait et qu'il sentait avec une vraie passion. Voilà pour le beau côté; mais voici le revers de la médaille : il avait une voix déplorable, éraillée, rabotant l'oreille dans les chants doucereux ou légers, et pleine de cahots déchirants dans l'expression tragique ou douloureuse. Mais ce n'était rien encore : il chantait horriblement faux; trop haut quand il faisait sec, trop bas quand il pleuvait. C'était un vrai baromètre.

Comme il était bonhomme au fond, qu'il était dévoué

à son art, qu'il s'était attaché à moi (probablement parce que je le payais bien), qu'il disait à mes amis que je faisais de grands progrès, ce qui me flattait, et qu'en somme je n'avais à lui reprocher que l'abus des boîtes de bonbons, je le traitais bien, et je supportais sans me plaindre les inégalités hygrométriques de sa voix trop sensible; mais, un jour qu'il pleuvait à verse, je n'y pus tenir, et, l'interrompant au milieu du duo de *Mosè*, qu'il chantait avec moi :

— Maître, lui dis-je, il me semble que c'est bien faux.

— C'est vrai, me répondit-il.

— Qui chante faux, vous ou moi?

— C'est moi.

Je le regardai; il ne riait pas, et parlait très-sérieusement et très-tranquillement.

— Mais comment, vous, si bon musicien, chantez-vous si faux?

— Parce qu'il pleut.

— Mais hier?

— Le temps était trop sec.

— Mais ne pourriez-vous, en vous écoutant bien...?

— Je m'écoute.

— Eh bien?

— Je chante faux, mais j'entends juste.

— Comment?

— Pour moi, je chante juste.

— Mais comment savez-vous que vous chantez faux?

— Parce que tout le monde me le dit. Au théâtre, mes camarades, le chef d'orchestre, le souffleur, les machinistes, les lampistes, le caissier quand je touchais mon mois, tout le monde me le disait. Le public me le disait aussi quelquefois à sa façon, vous savez... J'ai fini par le croire.

Je n'avais rien à répondre ; tant de bonne foi, tant de respect pour l'opinion d'autrui, tant de résignation me touchait. Dardanelli me paraissait plus vertueux que Caton, plus sage que Socrate, plus *juste* même que le *juste* d'Horace, j'étais recueilli dans mon admiration, quand sa quinte de toux le prit ; je lui offris un bonbon ; il prit la boîte, la mit dans sa poche, accepta son cachet, et ouvrit la porte en me disant :

— A demain, monsieur le comte ; voici de la pluie pour huit jours, je sens cela à mon *la bémol*, qui est mon indicateur, mon criterium, et qui ne me trompe jamais. Il est terriblement en déroute aujourd'hui !

Comme il allait me quitter, il s'arrêta :

— Bon ! j'oubliais le meilleur ; je suis comme Figaro, *il meglio mi scordavo !* Sachez, monsieur le baron, que, jeudi prochain, à neuf heures du soir, j'ouvre mes salons ! Voilà une nouvelle qui fera du bruit dans le monde! Vous lirez dans les journaux : « Le célèbre professeur Dardanelli, le maître à la mode, a ouvert ses salons. » Disons tout bonnement mon salon. Maintenant que vous commencez à sortir, il faut venir, cela vous distraira ; il faut assister à cette petite fête. Je réunis tous mes élèves et quelques-uns de leurs amis. Il y aura de jolies dames, de charmantes jeunes personnes. Ce sera de la musique intime, en famille. Là, vous pourrez être tranquille, on chantera juste, je ne chanterai pas. Et puis j'aurai d'excellents rafraîchissements, des glaces de toute sorte, que vous ne connaissez pas encore à Paris, des *graniti*, des glaces dures que nous nommons *mattoni*, c'est parfait! Tout cela vient d'un fameux glacier napolitain, qui vient de transporter son utile industrie à Paris. Que ne peut-il aussi y transporter le beau ciel et l'air pur de cette belle patrie que j'ai quittée si jeune, et qui ne m'a jamais rappelé! *dolce ed ingrata patria!* Je suis sûr que rien qu'à l'aspect du Pausilippe, mon *la bémol* reprendrait son aplomb. Et tout serait dit, car c'est là ma blessure! Croiriez-vous, monsieur le baron, que, lorsque j'ai rêvé de Naples, ou quand tout bonnement je reçois une lettre, une simple lettre de Naples, je chante juste toute la journée?...

— A votre place, mon cher maître, j'aurais une correspondance très-active avec Naples.

— Euh! euh! les ports de lettre sont bien chers! Allons, allons, à jeudi, n'est-ce pas, monsieur le baron? vous me ferez cet honneur.

Et il partit en chantonnant : *Il meglio mi scordavo! il meglio mi scordavo!*

II

LES OREILLES. — LE DIAMANT.

Parmi mes amis se trouvait un personnage assez remarquable et qui, tout en partageant nos plaisirs, passait cependant au milieu de nous pour un homme se livrant à des études sérieuses. Il était singulier dans ses habitudes. Souvent il disparaissait pendant des semaines entières, puis revenait se joindre à nous, sans que personne sût à quoi il avait employé son absence. C'était un Hongrois; on le nommait le comte Étienne Kesthély de Rosenwald; il paraissait riche et menait un assez grand train. C'était un homme d'environ trente-cinq ans, grand, bien fait, d'une belle figure, quoiqu'il y eût quelque chose de dur et d'âpre dans sa physionomie, où l'on remarquait comme une empreinte sinistre, qui s'effaçait cependant dans la chaleur d'une discussion, mais qui reparaissait et reprenait son niveau dans le calme, comme un indice révélateur. Il avait l'abord froid et l'œil caustique; il était très-instruit, parlait facilement toutes les langues de l'Europe, savait l'hébreu, l'arabe et, je crois, le sanscrit, et se tenait toujours soigneusement au courant de toutes les découvertes scientifiques modernes. Au XVe siècle, il eût été alchimiste ou astrologue. Aujourd'hui, en 1854, il serait certes à la tête du parti des tables tournantes, dont il est peut-être l'inventeur ou l'introducteur en Europe. Mais alors, en 1843, il se contentait d'être galvaniseur, électriseur, mais surtout magnétiseur.

Il avait, en effet, une passion profonde pour le magnétisme, dont il était un des apôtres les plus fervents; il était sérieusement convaincu que cette science mystérieuse devait bientôt changer les destinées humaines; que là se trouvait le lien qui nous enchaînait au monde invisible et surnaturel; que la bonté de Dieu voulait bien nous montrer cette route, mais que la paresse naturelle à l'homme, son ignorance, sa faiblesse, son orgueil, son dédain pour ce qu'il ne comprend pas sur-le-champ, et surtout une terreur instinctive dont on ne se rendait pas compte, nous empêchaient d'y marcher d'un pas ferme et résolu. Pour lui, s'il cherchait, il trouverait. Comme tout adepte qu'illumine une foi ardente, il était intolérant et ne permettait pas le doute le plus léger à l'endroit des prodiges qu'il nous racontait journellement, et dont, disait-il, il avait été un des témoins, et le plus souvent un des acteurs.

Ce jour-là, il devait déjeuner chez moi; et, en effet, à peine il signor Dardanelli m'eut-il quitté, qu'on m'annonça le comte Rosenwald.

— Qu'avez-vous donc? me dit-il. Vous paraissez bien gai.

Car je riais encore de ma conversation avec mon maître de chant.

Je la lui racontai.

— Trouvez-vous rien de plus bizarre, lui dis-je, que la situation perplexe des oreilles de ce pauvre homme, et le double rôle qu'elles jouent dans sa vie de musicien? La plus légère dissonance dans la voix d'autrui, une intonation à peine douteuse le révolte et lui fait jeter des cris d'angoisse, et, pour lui, il chante faux le plus bravement du monde, et sans sourciller. Il voit la paille, non dans l'œil, mais dans la voix du voisin, et ne sent pas la poutre qui fait chavirer la sienne. En vérité, je trouve là le sujet d'une fable, d'un apologue plein de moralité... Mais qu'avez-vous? Vous ne m'écoutez plus...

En effet, je le voyais préoccupé de la vue d'un petit meuble en palissandre d'une forme assez singulière que je tenais à la main, et dont il cherchait à deviner l'usage.

— Mettons-nous à table, lui dis-je, et, puisque votre curiosité est un peu excitée, quoique vous ne m'en disiez rien, je vous raconterai, tout en déjeunant, l'histoire de cette petite boîte qui attire votre attention ; je vous préviens d'abord, et pour ne pas vous tromper, qu'elle ne vous offrira rien de bien merveilleux, et je vous avertis, en outre, que je serai forcé de vous parler musique, ce que vous n'aimez guère, je crois; mais je tâcherai d'être bref.

— Quoi donc? est-ce un instrument de musique?

— Oui, vous avez raison, c'est un instrument de musique. Mais voici le déjeuner. Or, écoutez, si vous le voulez bien toutefois, et arrêtez-moi dès que je vous ennuierai; je me tairai au premier signal.

— Vous savez, mon cher Étienne, que, pendant que j'étais malade, et très-malade, des suites de ma maudite blessure (qui m'empêche de vous servir aussi bien que je le voudrais), j'ai reçu les soins d'un jeune chirurgien, très-habile et très-instruit, que, d'un commun accord, nous avions amené sur le terrain. Il me soigna parfaitement, et me guérit assez bien pour que je puisse au moins découper ce perdreau et vous offrir tout à l'heure un petit verre de mon excellent château-margaux, que vous appréciez. Lorsque j'entrai dans ma convalescence, et que mon docteur sut que j'étudiais la musique, il me dit qu'il s'était aussi beaucoup occupé de musique. « Mais non pas au même point de vue que vous, ajouta-t-il. Je n'ai jamais eu la prétention d'être un chanteur, quoique d'illustres exemples eussent pu m'y autoriser. Mais la musique m'a toujours paru quelque chose de si intéressant, je dirai de si merveilleux; elle touche d'une manière si délicate, si directe, si intime aux mystères de notre système nerveux ; car, pour moi, elle me magnétise (vous voyez que le docteur empiétait sur votre domaine), que je voulus l'étudier en médecin, en physiologiste. Mes premières observations, mes premières études à ce sujet se portèrent naturellement, et par une induction facile à concevoir, sur les oreilles. Je crois être le premier qui soit entré dans cette voie, et j'acquis sur ce point une telle expérience, une telle intelligence, un tel instinct, si vous voulez, que j'étais parvenu à deviner, à la simple inspection d'une oreille, le plus ou le moins d'aptitude du sujet pour la musique. » Mais buvez donc, mon cher comte, pour vous donner le courage de m'entendre jusqu'au bout.

— Point, point; continuez, je vous écoute; vous ne m'ennuyez pas encore.

— Je poursuis donc. « Vous concevez, continua mon

jeune docteur, à combien d'examens minutieux il avait fallu me livrer pour arriver à cela. J'avais, comme vous le pensez bien, commencé mes travaux par ce qu'ils pouvaient m'offrir de plus agréable et de plus instructif à la fois, l'étude des oreilles féminines, et, pour cela, j'avais demandé et obtenu mes entrées dans tous les théâtres de Paris, je veux dire ceux où l'on chante ; on avait bien voulu, dans des vues toutes scientifiques, me nommer médecin de l'Opéra, de l'Opéra-Comique, de l'Opéra-Italien. J'avais même étendu mon empire jusqu'aux théâtres de vaudeville, où je trouvais aussi de jolis sujets d'étude et d'inspection. Tous ces titres facilitaient singulièrement mes recherches et développaient mes facultés d'appréciation. Admis dans les loges des artistes, dans ces charmants réduits soigneusement interdits aux profanes, j'obtenais quelquefois la permission, la faveur d'observer de près les oreilles de ces dames, d'en mesurer les contours, les sinuosités. J'étais devenu si habile, que je puis dire que je déchiffrais une oreille à première vue ; l'oreille était devenue pour moi la musique elle-même, et je lisais une oreille comme un musicien bien instruit dans son art lit une partition. Je disais sans me tromper, sans hésiter même un seul instant : « Oreille de soprano, de » mezzo-soprano, de contralto, oreille juste comme de » l'or, fausse comme un jeton... » Vous pensez bien que je renfermais dans mon for intérieur cette dernière observation. Je vous assure que cette étude était pour moi pleine de charme et véritablement féconde en enseignements. Je vous dirai un autre jour, ajouta mon docteur, à quels bizarres rapprochements, à quelles conclusions singulières et inattendues, et souvent vérifiées par l'expérience, mes expertises consciencieuses m'ont souvent amené. » Voulez-vous un peu, mon cher Étienne, de cette gelée d'ananas?

— Volontiers.

— Dois-je continuer?

— Je n'y vois pas d'inconvénient.

— Vous m'encouragez comme j'encourageais le docteur. « Vous saurez qu'en outre, me dit-il encore, les oreilles, je parle toujours des féminines, au point de vue moral, m'ont expliqué ou révélé bien des choses cachées au vulgaire, inconnues des mortels ignorants. Les oreilles changent d'aspect suivant les occupations, les émotions de la journée. Tout se transforme, la couleur, la transparence, les contours de ces sinuosités que la nature y a si finement dessinées. L'oreille après souper, par exemple, a un caractère tout particulier, tout exceptionnel. L'oreille qui a joyeusement veillé n'est plus la même que celle qui a paisiblement dormi sous l'aile maternelle. Je vous confie là bien des mystères; mais vous êtes discret, et vous me garderez le secret. J'ai reconnu, et j'ai classé vingt-deux variétés principales d'oreilles, et cinquante-six sous-genres. Il y a l'oreille discrète, l'oreille sincère ou loyale, l'oreille candide, l'oreille chaste, puis aussi l'oreille avare, l'oreille avide, l'oreille impure. Il serait trop long de vous exposer mon système dans tous ses développements. Ce sera, d'ailleurs, le sujet d'un cours que je compte professer à la Faculté, ou à l'Opéra. »

— Vous vous taisez ?

— J'attends vos ordres.

— J'ai des raisons particulières pour vous prier de continuer.

— En vérité ? J'obéis. « Cette étude persévérante, ajouta toujours mon Hippocrate, m'a quelquefois cependant valu des désagréments. Tout n'est pas rose dans la science ; mais il faut bien savoir s'exposer et se dévouer au besoin. Ainsi, un jour qu'à l'Opéra j'examinais attentivement l'oreille d'un soprano, un monsieur, un étranger que je n'avais jamais vu, porteur d'une canne surmontée d'un diamant, entra brusquement dans la loge, tira de sa canne, prohibée par les règlements d'une police prévoyante, un large glaive, une sorte de coutelas, et, trouvant probablement que j'étudiais avec trop de conscience une oreille sur laquelle il avait peut-être des droits, il exprima la prétention sauvage de me couper les miennes... »

— C'est vrai, dit tranquillement Rosenwald en m'interrompant ; tenez, voici la canne, voici le diamant, voici le glaive.

— Quoi ! lui dis-je en riant, c'était vous ?

— Moi-même : je me battis le lendemain avec votre Hippocrate, le docteur Claudien ; je le blessai légèrement ; après quoi, je lui abandonnai tout à fait les oreilles en litige et leurs dépendances.

— Vous avez là un beau diamant, lui dis-je en regardant la canne.

— N'est-ce pas ? Oui, il est beau ; c'est moi qui l'ai fait.

— Comment! que voulez-vous dire? Il est donc faux?

— Faux? Voyez.

Et, prenant sur la table un beau flacon en verre de Bohême, auquel je tenais beaucoup, il y promena rapidement son diamant, en fit deux morceaux, et les déposa sur la table d'un air de triomphe.

— Oui, lui dis-je avec un soupir, il n'est que trop vrai.

— Eh bien, vous le voyez, s'écria-t-il en s'animant, et sortant tout à coup de son calme habituel, il est vrai, très-vrai, et c'est moi qui l'ai fait.

— J'avoue que je ne comprends pas.

— Hélas! je ne comprends pas plus que vous, et c'est là mon éternel désespoir! Sachez, mon cher Gustave, que j'avais déposé et oublié au fond de mon laboratoire, dans un coin tout à fait obscur, derrière des cornues, des vases de toute forme, tout au bout d'un réduit inaccessible à l'œil comme à la main, une petite fiole de cristal de roche hermétiquement bouchée, et contenant une poussière de charbon que j'avais au préalable vigoureusement magnétisée. Figurez-vous mon étonnement, ma joie immense, mon ravissement surhumain, lorsqu'un soir, au bout de quelques mois seulement, le hasard d'une installation nouvelle m'ayant conduit dans ce sanctuaire obscur et poudreux, et ayant amené sous ma main cette fiole ainsi rendue à la demi-clarté d'un jour ténébreux, j'y trouvai ce magnifique diamant, immédiatement reconnu pour incontestable par mes yeux exercés, par mes yeux éblouis des feux qu'il lançait de toute part! Jamais Aladin, aux prises avec la lampe merveilleuse, jamais Ali-Baba, dans la caverne des quarante voleurs, n'éprouva un saisissement pareil. Je me crus un magicien, un gnôme, un esprit de feu, j'eus peur de moi-même. Je promenais mes regards avides dans ce réduit obscur, et, me croyant tout à coup descendu au centre de la terre, dans ces cavernes profondes où le diamant naît en silence sous la pression des siècles, j'appelai à haute voix les génies des ténèbres, leur demandant mes diamants. J'avais brisé la fiole, et mes lèvres brûlantes couvraient de baisers ce diamant qui n'était qu'à moi seul, ce diamant que le soleil allait éclairer pour la première fois, ce diamant que j'avais créé, ce diamant mon fils! Je sentais ma raison chanceler dans mon cerveau. « Quelle victoire! me disais-je; quel triomphe pour la science, et quelle source de richesses!... » Mais voyez, Gustave; à quel tourment je suis destiné! il y a quatre ans déjà que cette aventure m'est arrivée. Depuis ce temps, je me consume en efforts superflus, en épreuves de toute sorte. J'ai essayé toutes les combinaisons possibles de carbone, j'ai introduit dans des fioles exactement semblables à la première, faites du même cristal de roche, toutes les poussières imaginables de charbon. Ces fioles, je les magnétisais jusqu'à épuisement, je leur donnais ma chaleur, ma force, ma volonté de fer, j'aurais voulu leur donner ma vie avec mon sang! Vaines tentatives! rien! rien que cette noire poussière qui vient me montrer le néant de mes recherches!... Ah! j'ai depuis reconnu ma faute, j'ai versé dans le silence des nuits bien des larmes amères! car j'ai été moi-même l'auteur de mes tortures et l'artisan de ma ruine!

Je le regardais en silence; il me faisait mal, j'étais touché de cette grande douleur, et je n'osais lui demander quelle faute il avait commise.

— Je n'aurais pas dû, dit-il enfin lentement et d'une voix sourde, casser la première fiole; c'est elle qui faisait le miracle, c'est dans ses flancs que résidait le secret que je cherche aujourd'hui. Sans doute, les molécules en étaient disposées d'une façon particulière, et renfermaient une grande richesse magnétique. Ah! le supplice de Prométhée n'est rien auprès de celui que j'endure!

J'étais moi-même terrifié et comme anéanti devant cette puissante conviction. Pour lui, il se tut et parut plongé dans de pénibles réflexions. Il était comme accablé sous le poids de ses pensées. Sa figure était livide et décomposée, et jamais je ne vis mieux dans tous ses traits cette expression sinistre qui en était le principal caractère.

Il se leva au bout de quelques minutes, passa la main sur son front comme pour chasser les idées qui l'obsédaient, prit un petit verre de vin qu'il effleura à peine de ses lèvres, et me dit avec une fausse gaieté, et comme un homme qui veut oublier :

— Mais tout cela ne m'apprend pas ce que contient votre fameuse petite boîte; vous m'avez parlé d'une foule de choses, sans me dire un seul mot de ce qu'elle contient. C'est un instrument de musique, disiez-vous?

— Oui, et le voici.

Alors j'ouvris la boîte, et j'en tirai, avec respect et précaution, une paire d'oreilles admirablement préparées par un habile anatomiste. C'était un bijou charmant à voir, et qu'on pouvait, par conséquent, regarder et observer sans éprouver aucune impression fâcheuse.

Sur une petite tablette d'ébène, soigneusement polie et vernie, incrustée dans tout son contour d'une double bordure d'argent et d'écaille, ouvrage de Boule lui-même, s'élevaient deux petites tiges d'or. Chacune de ces tiges soutenait une oreille si ingénieusement disposée, si adroitement préparée, que l'œil y distinguait facilement tout le trajet que parcourt le son, et pouvait en suivre la course à travers toutes les sinuosités des canaux les plus fins et les plus délicats. Rien n'y manquait, et on y admirait, sans effort comme sans recherches pénibles, l'œuvre merveilleuse de l'éternelle sagesse, en même temps qu'on était forcé de rendre justice à l'art et à la science du préparateur.

— Vous voyez que j'ai eu raison, Étienne, de vous dire que c'était un instrument de musique, ou du moins, si vous me cherchez querelle, un instrument pour la musique. En existe-t-il un plus merveilleux que cet admirable appareil ?

» Le lendemain de ma conversation avec le docteur Claudien, pour me continuer, les pièces à la main, la démonstration de son système, il m'avait apporté ce petit bijou d'une nouvelle espèce.

» — Quoi! lui dis-je, ces oreilles immobiles et glacées aujourd'hui ont vécu, ont entendu ?...

» — Elles ont vécu, elles ont entendu, elles ont reçu tous les bruits de la terre; elles ont tressailli sous la vibration d'une voix aimée. Les accents de la joie, de la tendresse, de la prière, de la terreur, les ont émues. Mais, rassurez-vous, vous n'avez jamais rencontré, dans ce monde du moins, celui qui leur a dû ces émotions diverses. Il y a longtemps qu'il dort du sommeil éternel. Mais quel rôle a-t-il joué dans notre comédie, dans ce drame tragico-bouffon qui recommence sans cesse, et où changent seulement les costumes et les décorations? Fut-il soldat, moine, artisan, laboureur? fut-il bon ou mauvais, sensible ou cruel? Qui le sait? et que vous importe? et que m'importe? Tout ce que je puis vous dire avec certitude, c'est, premièrement, que ces oreilles, si soigneusement conservées, étaient des oreilles modèles, parfaitement construites, et c'est ce qui leur vaut probablement l'honneur d'arriver entre vos mains; et, deuxièmement, c'est que celui qui les a portées a disparu de la terre depuis deux cents ans environ. Il ne faut donc pas nous attendrir, il serait trop tard pour le pleurer. Regardez cette date, d'abord; puis ensuite le nom de celui qui nous a légué ce beau travail.

» Alors il me montra, gravée sur cette petite plaque de nacre que vous voyez là, incrustée sur une des faces de la tablette, cette date : 1660; et, de l'autre côté, sur cette plaque semblable, cette inscription : G.-C. F. PRÆP.

» Voici l'explication qu'il me donna de cet hiéroglyphe: Cette préparation, m'assura-t-il, était l'ouvrage de la jeunesse du fameux médecin de Louis XIV, Guy-Crescent Fagon; ce sont ces initiales que vous voyez scintiller sur la nacre, et il y avait près de deux siècles que ce monument précieux, témoignage authentique des études sérieuses du célèbre docteur, était dans la famille de Claudien, car sa grand'mère avait porté cet illustre nom de Fagon.

» Comme je le priais de me laisser pour quelques jours cet héritage respectable :

» — Je ferai mieux que de vous le prêter, me dit-il, je vous le donne. Je pars dans un mois pour un voyage scientifique qui me mènera peut-être plus loin que je ne voudrais : je vais faire une petite promenade le long de l'Afrique centrale ; si je péris dans cette course un peu aventureuse, si la fièvre me tue, si les crocodiles me mangent, si mes guides m'assassinent, si un roi noir m'empoisonne ou me fait étrangler pour me voler deux aunes de calicot rouge ou bleu, car je cours toutes ces chances agréables, au moins, mon cher malade, vous restera-t-il là, sur cette petite table, un léger souvenir du docteur Claudien; et peut-être direz-vous une fois : « Il fut mon mé-
» decin, mon ami; que les sables du désert lui soient
» légers! »

— Allons! allons! je suis content du docteur Claudien, dit Rosenwald en se disposant à me quitter. Et qu'est-il devenu? est-il en effet parti?

— Il est parti il y a huit jours, et, à l'heure qu'il est, il vogue vers le Sénégal; j'espère bien qu'il nous reviendra en bonne santé, et riche d'observations nouvelles sur les oreilles noires, ce cher et bon docteur!

Voilà, mon cher Étienne, toute l'histoire de ma petite boîte en palissandre ; ma conversation avec Dardanelli m'avait inspiré le désir de regarder ces oreilles modèles, ces oreilles préparées par l'illustre Fagon, et j'allais les étudier de nouveau quand vous êtes entré.

— A propos de Dardanelli, ne m'avez-vous pas dit qu'il *ouvrait ses salons* jeudi ? Puis-je vous accompagner chez cet original ? voulez-vous que je vienne vous prendre ? A neuf heures, je serai à votre porte.

— C'est à merveille, et je vous attendrai.

— A jeudi donc, mon cher hôte ; je vous laisse ; étudiez ces oreilles, cela ne vous apprendra pas grand'chose. Les sciences, hélas ! ne nous montrent que l'extérieur de toute chose ! tout le reste est mystère et nous échappe. Adieu, je vais aller voir si mon charbon s'est fait diamant ; il y a bien six mois que je n'y ai regardé. Ah ! pourquoi, dans ma joie d'enfant, dans ma joie insensée, ai-je brisé la première fiole ! Jamais, Gustave, je ne me pardonnerai ce premier mouvement, bête et naturel comme tous les premiers mouvements ! Ah ! ce regret me pèse là comme un remords : que dis-je ? bien plus qu'un remords !... Mais je ne connais pas encore le poids de cette faculté de l'âme.

— Je le crois, mon cher magicien ; allez donc visiter vos fioles et leur donner le coup d'œil du maître. Qui sait ! peut-être allez-vous trouver quelque pierre magnifique qui vous attend avec impatience.

— Ah ! mon cher, si la métamorphose s'est accomplie, si j'ai un second fils, je vous le donne, fût-il plus beau que le *Régent*, plus brillant que les étoiles du firmament! Mais vous me garderez le secret, et vous direz que ce diamant vous vient en droite ligne d'un descendant de Tippoo-Saïb.

— Je vous le promets!

— A la bonne heure, c'est entendu. A jeudi donc, neuf heures.

— A jeudi.

III

LE CONCERT. — L'INCOGNITA.

Le jeudi suivant, à neuf heures précises du soir, on vint m'avertir que le comte Rosenwald m'attendait à ma porte, dans sa voiture. J'étais prêt, et je l'eus bientôt rejoint.

— Vous êtes l'exactitude même, mon cher Étienne, lui dis-je en montant en voiture.

— Oui, je n'aime pas à me laisser surprendre ou dominer par notre ennemi, par le temps. L'exactitude est un duel avec le temps.

— C'est un duel, hélas! où je suis vaincu trop souvent! Je ne suis pas aussi brave que vous. A propos, et mon diamant? et Tippoo-Saïb? lui dis-je en montant en voiture.

— Ah! mon cher, ne m'en parlez pas, mon charbon est plus noir que jamais! Mais, dites-moi, votre Dardanelli ne demeure-t-il pas rue d'Astorg, un petit pavillon au fond d'une cour, au bout d'une avenue?

— Précisément ; mais comment savez-vous cela ?

— Je le sais... par hasard, par ouï-dire, comme tout le monde. — Rue d'Astorg, dit-il au valet de pied. Puis la voiture partit.

— Mais maintenant, dites-moi quel caprice, mon cher Étienne, vous fait désirer de m'accompagner chez Dardanelli, vous qui détestez la musique ; car je connais vos goûts, je vous ai étudié cent fois dans la loge que nous partagions à l'Opéra. La danse seule a le privilége de vous séduire et de captiver votre attention. Vos yeux et votre lorgnette fonctionnent avec une remarquable activité pendant le ballet, qui a toutes vos sympathies, toutes vos admirations, tous vos applaudissements. Vous donneriez Mozart et Rossini pour une pirouette.

— Cela dépend des jambes qui la font, mon cher *dilettante*, mon cher *pazzo per la musica*. Mais, en somme, cela est vrai, j'en conviens, sans confusion, sans rougir, sans me voiler le visage, oui, j'aime peu la musique.

— Je vous plains, mon cher magicien, mon cher Albert le Grand.

— Je n'aime pas qu'on me plaigne, je vous en préviens, mon cher *fanatico* ; et, puisqu'il en est ainsi, je vous dirai alors, crânement et sans vergogne, que je n'aime pas la musique. Je ne conçois pas que des hommes raisonnables passent leur temps à composer, inventer, aligner sur un papier réglé des gargouillades, tandis que d'autres créatures mâles et femelles gazouillent à qui mieux mieux et consacrent leur vie et toutes leurs facultés à tourmenter leur pauvre gosier ; et l'on devient célèbre avec tout cela ! on devient un *maestro*, un maître ! En vérité, cela me passe ; décidément, la musique me crispe et me porte sur les nerfs. Pourquoi ne pas laisser tout cela aux oiseaux, qui s'en acquittent si bien ?

— C'est une proposition qu'on peut soumettre au directeur des beaux-arts.

— Après cela, je vous le dirai naïvement, je conviens, je confesse que c'est un sens qui me manque ; aussi je ne proclame pas à haute voix mes opinions à cet égard ; je n'ai pas cet orgueil stupide qui porte certains hommes à se faire une vertu et une force de leur ignorance ou de leur incapacité. Non, je me tais humblement, et suis bien éloigné de me composer un titre de gloire, un diadème, une couronne, de mon manque total d'intelligence sur ce point. Mais je ne crois pas non plus être, à cause de cela, un homme déshonoré, perdu de réputation, bon à jeter aux gémonies, à donner en pâture aux bêtes. En tout cas, ce ne sont pas les bêtes qui manqueraient. Assez de bonnes gens, fort honorables et très-distingués d'ailleurs, aiment la musique ou feignent de l'aimer ; je ne veux pas les troubler dans leur jouissance, je leur laisse cette passion sincère, ou cette prétention ridicule, et ne demande pas qu'on les conduise au bûcher.

— Allons, pour ma part, bête ou non...

— Ah ! mon cher Gustave !...

— Je vous sais gré de cette tolérance.

— Mais la danse, les groupes, les attitudes gracieuses charment et ravissent mes regards. La danseuse est un rhythme vivant, une poésie qui respire, et, quand j'ai fait de la chimie toute la journée, quand j'ai pâli, frémi, tremblé au fond de l'âme pendant mes longues séances de magnétisme, la danse me calme, me ranime, me repose, me ramène sur la terre, en me jetant au milieu d'une sorte de demi-réalité confuse et voilée, où je continue agréablement mes songes.

— Le magnétisme vous passionne donc toujours?
— Plus que jamais.
— Vous a-t-il dit son dernier mot? Sortez-vous des expériences vulgaires? arrachez-vous quelque chose à ce terrible sphinx, ô jeune OEdipe?
— Peut-être.
— Allons, convertissez-moi, séduisez-moi, faites de moi un adepte; je suis tout prêt à me laisser convaincre.
— Je suis sur la voie d'une découverte admirable.
— En vérité?
— Admirable, vous dis-je, et dont les résultats, si j'étais assez heureux pour les voir se confirmer, changeraient la face du monde, mais pour moi, pour moi seul, à mon profit unique; car je garderai mon secret.
— J'en serais charmé pour vous; pour moi, non; car je vous avoue sincèrement, et bêtement, que le monde, avec la face que je lui connais, avec sa face de tous les jours, cette face de bonhomme qui me sourit assez volontiers, me convient et me plaît beaucoup, et je ne lui demande pas d'en changer.

— Vous êtes jeune, vous ne parlerez pas toujours ainsi. Allez, allez, laissez faire le temps.

— Votre face sera-t-elle meilleure? les femmes seront-elles plus jolies? J'espère que vous mettrez bon ordre aux choses de la musique, et que vous mettrez, par conséquent, un frein aux gargouillades. Mais encore une fois, et cela est très à-propos, dites-moi donc pourquoi vous m'accompagnez chez le signor Dardanelli? Est-ce pour détester un peu plus cette pauvre musique, et vous faire, une bonne fois pour toutes, bien crisper vos nerfs, afin de n'y plus revenir?

— Vous êtes curieux et tenace, Gustave.

— Du tout, je suis surpris, et cherche à vous comprendre.

— Eh bien, peut-être vous le dirai-je au retour.

Et, tout en devisant de la sorte, nous étions arrivés rue d'Astorg, devant la demeure du signor Filippo Dardanelli. La voiture pénétra sous la voûte, roula dans l'avenue et nous déposa devant le perron, que nous eûmes bientôt franchi.

Lorsque nous entrâmes dans le salon, le concert venait de commencer. Il y avait beaucoup de monde, et la société était de bon aloi. Comme dans tous les concerts du monde, cette société se fractionnait en deux parties, les auditeurs et les exécutants; mais, là, ces deux publics étaient unis par les liens les plus étroits, et animés d'une sympathie réciproque : c'étaient deux alliés et non pas deux ennemis, et on comprenait bien qu'on n'allait pas livrer une bataille, mais bien cimenter une union par des chants venant d'un côté, par des applaudissements venant de l'autre. De jeunes filles simplement parées, de jeunes femmes d'une élégance pleine de goût, des jeunes gens, dont quelques-uns venaient pour le chant, et dont beaucoup venaient pour les chanteuses, composaient le chœur ; de jeunes mères, des frères, des sœurs, des amis, quelques maris dévoués, composaient le public. Heureux artistes ! heureux public ! toujours satisfait, toujours charmé, dont le contentement s'échappait en légers murmures, et se mêlait parfois aux discrètes modulations du chœur harmonieux. C'est ainsi qu'une source fraîche et pure, cachée au fond d'un bois, coule doucement au souffle de la brise.

En vérité, je pensais tout cela, car j'étais jeune et je me sentais réellement sous le charme de cette réunion. Tout était jeune aussi autour de moi, excepté Dardanelli et le chœur qu'on chantait, car il était de lui ; mais cette musique vieillotte et anodine, parée de ces fraîches voix et de ces fraîches toilettes, semblait jeune à l'œil. Il me semblait voir une douairière habilement attifée, dont les rides disparaissent sous des flots de rubans. On voyait bien çà et là quelques grands parents ; mais ils étaient aimables et modestes, et de même que le chœur qu'on venait d'exécuter, ils se retrempaient dans cette atmosphère gracieuse et juvénile.

Je ne vous ferai pas le programme du concert, vous ne l'attendez pas de moi ; je l'ai, d'ailleurs, complétement oublié : tout ce que je me rappelle aujourd'hui, c'est qu'au moment où un morceau venait de finir, et pendant qu'on l'applaudissait, la porte du salon s'ou-

vrit, une jeune femme parut, s'arrêta quelques instants
sur le seuil, et, après avoir cherché des yeux un siége
vide, alla s'asseoir dans un angle du salon.

Tous les regards se portèrent sur cette jeune femme
qui, sans fausse timidité, comme sans assurance af-
fectée, venait ainsi de pénétrer seule dans le sanctuaire. Mais elle ne sembla nullement troublée, et
conserva une attitude simple et parfaitement naturelle.

Dardanelli alla à elle, la salua respectueusement,
s'excusa de ne pas avoir été au-devant d'elle dès son
entrée dans le salon. Elle l'accueillit avec grâce, avec
un sourire un peu triste, mais plein de charme; puis
elle échangea quelques mots avec deux ou trois des
jeunes personnes du chœur, s'assit au milieu d'elles
sur une des banquettes réservées aux chanteurs, prit
un cahier de musique, et se disposa à faire sa partie
dans un morceau d'ensemble qu'on allait chanter.

Il me fut impossible d'écouter ce morceau d'ensemble. Je ne voulais plus qu'une seule chose : distinguer
au milieu du chœur la voix de la nouvelle venue, et
je me fatiguais en efforts superflus pour l'isoler et la
découvrir. J'éprouvais une sorte de colère contre ces
voix importunes qui se mêlaient ainsi à la seule voix
que j'eusse voulu entendre, et qui ne lui permettaient
pas d'arriver à moi pure et sans mélange. Ce chœur
qui tout à l'heure me paraissait plein d'harmonie, je le
trouvais maintenant odieux et insupportable.

Mais j'allais enfin connaître cette voix si ardemment
désirée! Dardanelli lui demanda si elle voulait bien
chanter, et lui proposa plusieurs morceaux; après

quelques incertitudes, elle choisit la romance de *Guillaume Tell : Sombres forêts;* alors elle se leva, s'approcha noblement et simplement du piano, y prit place, fit un court et excellent prélude, doux et brillant à la fois, tout imprégné de pures harmonies, et, s'accompagnant elle-même avec une grande habileté, elle chanta cette belle mélodie d'une voix angélique, d'une voix divine, avec la perfection du goût le plus pur et du sentiment le plus exquis.

Je ne sais si je vous ai dit qu'elle était belle. A quoi bon vous le dire? ne l'avez-vous pas deviné? Elle était belle de cette beauté qui se révèle aux grands peintres, et que le pinceau de Raphaël ou de Léonard de Vinci a su fixer sur la toile, comme le type éternel de cette beauté vraie qui n'a pas besoin d'ornements, et que Dieu donne quelquefois tout entière, dans toute sa perfection comme dans toute son abondance, sans en rien retenir au fond de sa main puissante.

Elle chanta, et, pendant qu'on applaudissait, cette fois loyalement et sincèrement, puisqu'il était évident qu'elle n'avait ni parent ni ami dans la salle, elle alla reprendre sa place sur son humble banquette, recevant avec un plaisir visible les félicitations qui lui venaient de toutes parts. Moi, j'étais plongé dans une extase véritable, à tel point que je ne m'étais pas aperçu que Rosenwald lui-même, cet indifférent à la musique, cet insurgé contre son pouvoir, avait lui-même déposé sa froideur habituelle et applaudissait avec frénésie, comme entraîné et subjugué malgré lui.

— Eh bien, lui dis-je, vous êtes vaincu !

— Moi? Nullement, me dit-il en rentrant sur-le-champ dans son calme habituel; je conviens que ce chant est un bruit agréable, mais ce n'est pas le chant que j'applaudis. Vous, vous êtes dupe de vous-même; moi, je sais ce que je fais, parce que je sais ce que j'éprouve. C'est la femme, c'est cet ensemble gracieux, ce sont ces proportions harmonieuses que j'applaudis. Son chant n'est qu'une émanation d'elle-même, une manifestation de ce rhythme vivant, de cette poésie vivante dont je vous parlais. Je l'applaudis, non pas parce qu'elle chante, mais parce qu'elle est.

— Mais convenez au moins que ce chant, cette voix divine est une perfection de plus.

— Le chant met en lumière toutes ses perfections, et en action tout l'équilibre de ses beautés, voilà tout; mais je conviens que, par cela même, il la fait valoir et lui donne toute sa force et toute sa puissance. Un rayon de soleil qui viendrait la chercher dans l'obscurité et l'éclairerait d'un jour harmonieux, produirait un effet analogue, et vous n'applaudiriez pas le rayon du soleil.

— Vous êtes un homme terrible.

— Allez, tout se tient dans ce monde, croyez-moi; ce qui chante si bien en elle, ce sont ses yeux, d'où s'élance un si beau regard; cette chevelure si riche, ses dents qui sont des perles, sa bouche si purement dessinée, le contour admirable de toute sa personne...

— Et comptez-vous pour rien l'intelligence qui illumine son noble front? Ah! vous l'analysez trop pour que vous puissiez la trouver aussi belle qu'elle l'est véritablement. Vous la passez au creuset de votre chimie; vous la traitez comme une substance qu'on décompose, et tout à l'heure vous allez la réduire en formule. Vous gâteriez toute la création si on vous laissait faire. Moi, je la vois, je la regarde, et j'admire avec ignorance, avec ravissement, un des plus beaux ouvrages de Dieu. Je ne lui demande pas compte de sa beauté et ne fais pas l'inventaire des dons qu'elle tient de la grâce divine.

Il me semblait que, pendant que je parlais ainsi, Rosenwald me regardait d'un air légèrement railleur; mais, habitué à son scepticisme, je n'y fis pas autrement attention; d'ailleurs, un grand mouvement se fit au moment même dans le salon, parce que la chanteuse, profitant du passage d'un valet qui offrait des glaces, et du désordre qu'il occasionnait, s'était éclipsée sans bruit et venait de disparaître. Tout le monde entoura M. Dardanelli, et je m'approchai vivement du groupe qui se formait et qui l'accablait de questions.

— Quelle est cette jeune personne?
— Je l'ignore.
— Mais son nom?
— Je ne le sais pas.
— Son pays?
— Qui le sait!
— Sa demeure?
— M'est inconnue.
— Mais enfin!... monsieur Dardanelli... Vous conviendrez... il n'est pas possible...

Toutes ces interpellations se croisaient comme un

feu roulant que le pauvre professeur recevait en pleine poitrine.

— Laissez-moi parler, dit-il enfin, si vous voulez savoir ce que je sais, et, quand vous le saurez, vous verrez que vous ne saurez rien.

On fit silence, le cercle se rétrécit autour de Dardanelli, qui toussa, et put enfin dire ce qui suit :

— Il y a environ trois mois que cette jeune personne, accompagnée d'une sorte de dame de compagnie qui a bonne façon, et que vous auriez pu voir ce soir dans le petit salon qui précède celui-ci, si vous y aviez regardé, est venue me demander des leçons de chant. Je l'entendis, et je fus tout d'abord émerveillé, ne voyant, je vous l'avoue humblement, rien à lui apprendre. Cependant elle persista, et me fit l'honneur de me demander des conseils; vous voyez si elle en a profité ! Elle vient ici deux fois par semaine, ne m'a jamais dit ni son nom ni sa demeure, que je n'ai jamais eu non plus le courage de lui demander. Quant à son pays, comme elle parle parfaitement toutes les langues connues, il m'est impossible de rien deviner à cet égard; elle parle italien comme moi, français comme vous, allemand comme Gœthe ou Schiller, anglais comme un membre du Parlement. Un jour, elle rit, parce qu'elle vit que, sur un petit calepin où j'écris mes heures, je l'avais désignée par ce mot : *l'Incognita*.

» — Oui, c'est bien, me dit-elle, conservez-moi ce nom, je l'accepte parfaitement.

» — Je pourrais cependant, lui dis-je, chercher à deviner; sur le cachet que vous me donnez, je vois un O.

» — Vous croyez? répondit-elle en riant légèrement de son rire un peu triste. Eh bien, ne cherchez pas plus longtemps, vous ne trouveriez rien; ce n'est pas un O, c'est un zéro.

» Puis elle partit, et je ne sais rien de plus, n'ayant jamais, par une discrétion que vous comprendrez, remis ce chapitre sur le tapis. Elle vient, chante, me consulte sur un trait, sur une note, sur une phrase, m'écoute gentiment, suit mes conseils avec confiance, sans objections; puis elle se retire, toujours avec sa duègne; et, comme elle me paye très-bien, honorablement, exactement, et comme c'est tout ce qu'il me faut, et comme je suis très-satisfait de ses procédés, de ses progrès, de sa vocalisation, de son style, de son goût, je la trouve une élève parfaite, accomplie, sublime, et suis bien décidé à n'en jamais demander davantage.

Un long concert d'exclamations entremêlées d'une foule de conjectures de toute sorte suivit ce petit récit; chacun se perdait dans un dédale de suppositions plus ou moins hasardées. Ce qu'avait dit Dardanelli devait nécessairement fournir un large thème aux imaginations de chacun. Aussi ne se faisait-on pas faute de qualifications. « C'est une fée, — une aventurière, — une nymphe, — une apparition! — c'est Corinne, — ou Sapho! — c'est Norma, — c'est Jeanne d'Arc qui chante, — ou Agnès Sorel, etc., etc. »

Tout le monde était d'accord, cependant, sur les belles manières, l'air parfaitement noble et distingué de l'Incognita. Quant à moi, dès que cela fut possible, je m'emparai du pauvre Dardanelli, qui succombait, et, le menant dans un coin isolé :

— Voyons, lui dis-je en lui offrant une boîte de bonbons exquis, soyez sincère : ce que vous venez de dire est une leçon faite d'avance pour tout le monde, un thème convenu entre vous et l'Incognita. Mais, à moi, votre élève, votre ami, votre bon ami, vous allez me dire la vérité, n'est-ce pas? tout bas, entre nous, pour moi seul. Vous savez que je suis discret comme la tombe : quelle est cette charmante personne?

— Je vous jure sur les mânes d'Alexandre Scarlatti (c'était son plus grand serment), sur celles de Dominique son fils, de Léo, de Jomelli, de Durante surtout, de Porpora, de Hasse le Saxon, de Zingarelli, mon honoré maître, sur tout le Conservatoire de Naples, que j'ai dit la vérité pour vous comme pour eux, la vérité vraie, et qu'il me serait impossible de dire autre chose.

— Eh bien, je vous demande seulement de me dire une chose que vous savez nécessairement. Quels sont ses jours et ses heures de leçon?

— Scarlatti m'est encore témoin que je n'en sais rien. Elle n'a ni jours ni heures fixes; quand elle veut prendre une leçon, elle m'écrit le matin, et, d'ailleurs, je lui ai promis de ne jamais dire à personne le jour ni l'heure convenus.

— Eh bien, ne me le dites pas, écrivez-le-moi.

Il se prit à rire, refusa, avec une énergie féroce d'abord, puis toujours décroissante; car, comme je l'attaquais et l'étourdissais de toutes les façons, par la flatterie, par l'amitié, par des promesses, il s'attendrissait et mollissait peu à peu devant mes instantes prières ; j'atteignis enfin avec ravissement au point extrême du *decrescendo*, du *smorzando* de sa résistance, qui se perdit bientôt dans un vague *pianissimo*, et il finit par me promettre, non sans m'avoir fait jurer vingt fois de garder un secret absolu, de me faire savoir, dès qu'il en serait instruit lui-même, le jour et l'heure choisis par l'Incognita pour la prochaine leçon. Il était temps, car j'étais épuisé par mes efforts, et ma victoire m'avait exténué.

A ce même moment, Rosenwald vint tranquillement me frapper sur l'épaule.

— Voulez-vous que nous partions? me dit-il. Ma voiture est prête.

Je n'avais plus rien à apprendre ni à attendre ; je partis avec lui, dans une extrême agitation cependant.

Quand nous fûmes en voiture, nous gardâmes le silence pendant quelques instants. Il me semblait qu'une barrière s'élevait entre nous, et je sentais qu'une chose inconnue, mystérieuse, réelle cependant, nous séparait et changeait nos relations. Ce fut lui qui parla le premier, et il me dit d'une voix très-douce et avec des inflexions très-amicales, presque caressantes :

— Tenez-vous toujours, mon cher Gustave, à savoir pourquoi j'ai désiré vous accompagner chez M. Dardanelli?

— Comme vous voudrez, mon cher Étienne.

Je prévoyais que nous entrions dans les sentiers de la

diplomatie, et qu'il fallait être prudent, réservé, ne rien livrer à l'ennemi.

— Permettez-moi de vous dire que, si vous ne tenez plus à l'apprendre, je tiendrais beaucoup à présent à vous le dire. Veuillez vous rappeler que nous sommes presque convenus que je vous le confesserais en sortant de chez le professeur, alors que vous paraissiez, en plaisantant il est vrai, désirer le savoir. Mais maintenant, mon cher Gustave, l'heure de la plaisanterie est passée.

— Vous m'intéressez beaucoup, cher comte, fis-je en riant autant que je le pouvais. Allons, je suis prêt à vous entendre.

— Eh bien, je vous ai accompagné pour vous dire ceci : Au nom de notre repos, je dirais au nom du mien si ce pouvait être une raison pour vous, au nom de nos relations amicales et affectueuses, je vous supplie de ne plus penser à la personne que vous venez de voir, et qui paraît vous occuper beaucoup.

Il avait prononcé cet ultimatum d'une voix grave et accentuée, posément, carrément, et cependant avec une légère émotion que je ne lui avais pas encore vue. Tant qu'il avait parlé, mon cœur avait battu avec force, car une sorte d'intuition me faisait prévoir la conclusion où il allait arriver. A ces dernières paroles, je bondis malgré moi sur la banquette.

— Vous saviez donc qu'elle devait venir ?
— Oui !
— Vous la connaissez donc ?
— Oui !

— Êtes-vous son mari, son frère, son amant?

— Je ne suis rien de tout cela.

— Mais alors où est votre droit?

— Je n'ai pas de droit, je vous adresse une prière.

Je réfléchis quelques instants; je voulais moi-même me donner le temps de me calmer avant d'aller plus loin, pour ne pas lui laisser l'avantage du sang-froid, car il avait retrouvé, en apparence du moins, sa tranquillité ordinaire.

— Mon cher comte, puisque nous négocions, je voudrais vous demander le temps de réfléchir. Vous sentez que je ne puis me rendre ainsi à une première sommation, qui, du reste, je vous le dis sérieusement, est conçue en termes trop gracieux pour que je ne l'aie pas recueillie avec soin et gravée dans ma mémoire. Si vous le voulez bien, nous reparlerons de cela un autre jour.

— Nous en reparlerons aussitôt que vous le voudrez, et je viendrai vous voir.

Et, comme nous étions arrivés chez moi, je descendis de voiture; nous nous séparâmes en échangeant, par habitude, une poignée de main; mais ce n'était déjà plus qu'une vaine formule; c'était le salut que se font deux adversaires qui vont se mesurer de près, le salut que se faisaient dans le cirque les gladiateurs destinés à mourir; c'était la traduction en pantomime, et sur une modeste échelle, de cette sublime politesse de Fontenoy : *Messieurs les Anglais, tirez les premiers!* Chacun de nous, après cette fausse poignée de main, semblait attendre et prévoir le feu de l'ennemi. Quant à moi, j'étais charmé de me trouver seul. La présence de Rosenwald me devenait importune, odieuse. Son calme feint ou réel m'irritait. Je sautai avec joie hors de la voiture qui nous réunissait. Comme un homme délivré d'un lourd fardeau qui l'étreint et l'oppresse, je soulevai ma poitrine, et respirai amplement et avec délices l'air frais du soir, l'air libre de la voie publique; puis j'entrai à grands pas sous l'arcade et m'élançai sur ma porte, que j'ébranlai d'un violent coup de marteau.

IV

L'INSOMNIE. — ARMIDE.

— Eurydice! Eurydice! m'écriai-je en franchissant rapidement les degrés, assailli, je ne sais pourquoi, par cette réminiscence classique au milieu de mon trouble et de mon émotion.

J'entrai chez moi comme un insensé. Daniel, mon valet de chambre, vieux serviteur de ma famille, m'attendait, suivant sa coutume.

— Vous pouvez vous retirer, Daniel.

— Quoi! comment!... M. le baron n'a pas besoin de moi?

— Non, Daniel.

— M. le baron va-t-il donc sortir de nouveau? Faut-il faire atteler?

— Non, Daniel.

— M. le baron n'est pas malade?

— Non, Daniel.

— M. le baron veut-il du thé?

— Non.

Daniel m'avait vu naître, ne m'avait jamais quitté. Il m'aimait d'une tendresse sans bornes, avec un dévouement à toute épreuve, et se croyait, par conséquent, le droit d'être parfois insupportable.

Mais il se tut à l'instant même; il savait, par expérience, que lorsque je ne mettais pas *Daniel* au bout de ma réponse, il devait garder le silence, devenir muet. Je coupais court ainsi à ses offres de services, à ses interrogations pleines d'un intérêt réel, mais dont le plus souvent je n'avais que faire. J'avais, d'ailleurs, et depuis longtemps, inventé pour notre usage particulier toute une série d'intonations, une espèce de gamme chromatique de *Daniel* bien accentués, à l'aide de laquelle il comprenait le plus ou le moins d'à-propos et de convenance de son intervention dans mes affaires. Daniel était un ancien soldat d'un régiment de cavalerie que mon père avait commandé autrefois. Il m'obéissait avec une ponctualité toute militaire. Tout devenait consigne pour lui; il avait organisé parmi mes gens, dont il avait le commandement supérieur, une sorte de service régimentaire, et je suis sûr qu'un de mes *non!* bien sec, bien détaché, qui était pour lui l'indice d'une disgrâce méritée, était en même temps un coup de canon qui prescrivait un silence général dans le camp.

Il se retira lentement et comme à regret, en jetant cependant sur moi, à la dérobée, un regard inquiet, car mon agitation ne lui avait pas échappé.

Dix ans ont passé sur ces souvenirs; mais, loin de les avoir affaiblis, ces dix années les ont gravés plus profondément dans ma mémoire, et j'éprouve encore aujourd'hui dans toute leur vitalité les impressions de cette époque de mon existence; les sensations les plus légères, les plus fugitives, sont empreintes au fond de mon cœur comme dans un daguerréotype ineffaçable. Je vois encore l'ombre et la lumière de ces jours écoulés; j'entends les paroles, les chants, les accords qui ont frappé mon oreille. Toutes les forces de ma vie se sont concentrées dans ce passé.

Quand Daniel m'eut laissé, quand je me trouvai seul, je sentis comme un redoublement de cette fièvre naissante qui allait m'envahir tout entier et m'envelopper de son réseau brûlant. J'arpentai à grands pas mon appartement; j'ouvris les fenêtres qui donnaient sur les Tuileries, et m'accoudai sur le balcon. La lune éclairait magnifiquement le jardin solitaire, et découpait sur le pâle azur du ciel les bras des grands marronniers encore dépourvus de feuilles. Je n'entendais d'autre bruit que celui des pas des sentinelles veillant sur la terrasse, que j'embrassais d'un regard. Je crus un moment que j'allais voir la première scène d'Hamlet; mais j'attendis en vain Horatio et Marcellus, et l'ombre n'apparut pas. Je pus distinguer encore, sur la vaste place où s'étendait ma vue, la voiture qui emportait Rosenwald, et j'en entendis le roulement lointain, qui s'éteignit bientôt et se perdit dans le silence.

Mais ni le silence de la nuit, ni l'air qui m'arrivait

à grands flots, ne purent calmer mon excitation. Je n'étais plus le même, je ne me reconnaissais pas, mon âme ne m'appartenait plus, et, dans ce trouble singulier qui agitait et bouleversait tout mon être, je m'étonnais et ne pouvais comprendre qu'un changement aussi profond eût pu se faire aussi rapidement. Je m'observais et je lisais en moi-même pour la première fois, me demandant comment j'avais vécu jusque-là. Il me semblait parfois qu'une vapeur s'élevait dans mon cerveau, que j'étais ivre; mais cette ivresse m'éclairait et me faisait prendre en pitié ma vie d'autrefois. Je croyais sentir rouler en moi les flots d'un feu pur, qui pénétrait et renouvelait mon âme. Mon cœur s'agrandissait et remplissait toute ma poitrine; mais il n'était pas assez vaste encore pour contenir le sentiment qui m'opprimait et qui débordait hors de moi-même. Mon sang coulait plus riche et plus ardent. Mon cœur était bruyant, et chacune de ses pulsations sonnait avec force dans mon oreille. Mes artères battaient violemment le rhythme de ma vie et en doublaient la vitesse et l'énergie. Tout un monde se révélait, et mon existence me paraissait nouvelle; des reflets pleins de chaleur et de lumière rayonnaient dans un immense horizon. J'en voyais les lueurs, j'en sentais l'embrasement. J'étais rempli d'une joie divine: l'amour se levait pour moi.

Les paroles de Rosenwald ne m'avaient fait aucune impression et j'en avais perdu jusqu'au souvenir. Que m'importaient d'ailleurs, désormais, Rosenwald, ses prières, les périls où je pouvais m'engager? qu'était pour moi, à cette heure, la destinée entière de Rosenwald pesée dans la balance que ma passion emportait? J'appelais le danger, j'appelais la tempête. Tout cela n'était-il pas mon amour lui-même?

La nuit tout entière se passa dans cette agitation, que j'essayai de tromper, ne pouvant ni ne voulant la calmer. Je pris un crayon, et j'essayai vingt fois de copier l'image empreinte dans ma pensée. Mais l'image restait dans mon cœur, et je déchirais avec colère les froides lignes, les contours imparfaits et inanimés que ma main inhabile traçait sur le papier. Puis, la lune se cachant tout à coup derrière d'épais nuages, je crus lire dans le ciel un présage sinistre, et, pour m'en dérober la vue, je fermai les fenêtres. Je m'approchai du piano, et, y trouvant la partition de *Guillaume Tell* tout ouverte, et me montrant cette belle romance : *Sombres forêts*, qui venait de me ravir, un frisson de joie parcourut tout mon corps et me fit tressaillir. J'ouvris le piano pour qu'il me rendît la voix de l'inconnue. Je jouai cette pure mélodie sans bruit et comme en secret, pour que le parfum qui s'en exhalait ne se perdît pas autour de moi, pour le recueillir tout entier, pour m'en enivrer. Il me semblait qu'un orchestre invisible m'accompagnait doucement et jouait à mes côtés cette musique simple et vraie, avec des nuances délicieuses qui m'en faisaient sentir encore plus profondément tout le charme. Avec le doux murmure des *altos*, j'entendais le frémissement des feuilles, et je croyais voir sous l'ombrage des *sombres forêts* errer l'inconnue elle-même, qui m'appelait. Puis les souvenirs de la patrie absente vinrent tout à coup surgir dans ma pensée ; je jouai quelques-uns des airs que j'avais entendus au berceau. Tous mes amours se confondaient ainsi dans mon cœur et empruntaient tour à tour la voix des plus douces mélodies.

Je quittai le piano qui n'avait plus rien à me dire, et, guidé par une inspiration soudaine, j'allai troubler le repos d'un petit orgue que j'avais fait faire pour moi et que je n'avais pas encore touché ; je lui demandai les trésors d'harmonie qu'il recélait et que j'avais laissés dormir depuis si longtemps.

C'est dans cette nuit, c'est là, devant cet orgue solitaire que j'interrogeais discrètement, que je sentis et reconnus pour la première fois toute la puissance, toute la magie de l'harmonie.

J'avais mis les jeux les plus doux, et, sous l'impression du sentiment qui m'animait et du calme qui commençait à renaître dans mon âme, je formais de vagues accords, sans rhythme, qui se présentaient naturellement à ma pensée, et que mes mains suivaient dans leurs simples enchaînements. Une voix intérieure me parla, et j'écoutai d'une oreille plus attentive les sympathies des sons. Je laissais un accord expirer sous mes doigts ; mais, avant de s'éteindre, il allait se perdre et déposer son mystère dans l'âme d'un accord nouveau, et celui-ci déjà semblait appeler lui-même le groupe inconnu qui allait naître pour le remplacer. Je prenais plaisir à laisser vibrer et frémir un son, dernier vestige de l'accord qui venait de disparaître ; puis tout à coup ce son qui, tout à l'heure, n'était qu'une ruine plaintive et qu'un triste débris, devenait le sommet resplendissant d'un accord tout rempli de lumière ; je compris alors qu'il y avait dans l'harmonie, parlant avec sa seule voix et dépouillée du grand prestige de la mélodie, quelque chose de fort et de profond à la fois, et je vis que les accords vivaient de leur propre vie.

La mélodie, me disais-je, c'est la forme, le dessin, le contour gracieux ou énergique ; mais elle est mortelle, elle finit, car le rhythme qui l'anime est fils du temps, il lui mesure sa vie, et, comme un juge suprême, il compte ses jours, qu'il a marqués d'avance. Mais l'harmonie, lien mystérieux des sons qu'elle sait réunir en faisceau et combiner en purs rayons, est libre et sans bornes comme la pensée ; le temps n'a pas de prise sur elle ; c'est une lumière sans fin, et, dans le sillon qu'elle trace, rien ne meurt, car tout y peut renaître.

Et, pendant que je divaguais ainsi, ces idées se croisaient dans ma tête, bien plus confuses encore que je ne les exprime ainsi. La fatigue m'accablait ; j'étais brisé par ces émotions nouvelles pour moi, par cette longue nuit passée sans sommeil, car déjà le jour commençait à paraître. Et je murmurais tout au fond de ma pauvre tête :

— La mélodie est la musique du temps, l'harmonie celle de l'éternité... celle de l'âme..., la musique cachée..., la musique des rêves...

Mais, quand je disais ces derniers mots, l'harmonie s'était faite rêve tout à fait : je dormais, je rêvais.

Je rêvais que je voyais l'image de l'inconnue entourée d'accords lumineux, et, comme les musiciens un peu exercés comprennent et entendent en eux-mêmes la musique qu'ils voient écrite, j'entendais ces accords tracés dans la lumière. Je les entendais tour à tour, les uns suaves et tendres, d'autres sombres et menaçants. Quelquefois le même accord se transformait et semblait moduler par sa propre volonté, ou bien encore un accord s'animait, se détachait du groupe et s'avançait vers moi en vibrant avec une intensité toujours croissante. Je me rappelle encore aujourd'hui, après dix ans, la terreur que m'inspira un accord de septième diminuée qui marchait à pas lents et se dirigeait de mon côté avec des vibrations qui me glaçaient d'épouvante; mais un son mélodieux, s'exhalant de la bouche de l'image souveraine, arrêta le spectre frémissant dans sa marche, et je vis le lugubre accord se dissiper et se résoudre en une légère vapeur. Peu à peu les accords s'éteignirent, l'image elle-même se couvrit d'un voile, s'obscurcit et s'effaça. Tout disparut.

Je fus réveillé par l'arrivée de Daniel, qui entra dans ma chambre au moment où la pendule sonnait dix heures, suivant son habitude et selon sa consigne.

Je m'étais endormi dans un fauteuil, un pied sur la pédale de l'orgue, la main droite sur le clavier, appuyée sur des touches encore enfoncées à mon réveil sous la pression de mes doigts, et qui, par conséquent, avaient dû vibrer tant qu'il était resté un souffle de vent au cœur de l'instrument; et cela m'expliqua mon rêve bizarre, auquel s'était mêlé, comme on le voit, un peu de réalité.

Daniel, me trouvant encore dans cette attitude, crut que j'avais passé la nuit entière à jouer de l'orgue; il s'arrêta comme pétrifié, et sa figure avait une expression si singulière de profonde surprise, que, malgré moi, je ne pus m'empêcher de rire.

— Est-il possible? dit-il enfin d'une voix étouffée.
— Qu'est-ce, Daniel?
— M. le baron ne s'est pas couché?
— Non, Daniel.
— M. le baron a joué de l'orgue?
— Oui, Daniel.
— Toute la nuit?
— Oui, Daniel.
— Est-il possible?
— Oui, Daniel.
— M. le baron est donc malade?
— Non, — Daniel.

Ce dernier *Daniel*, prononcé avec une intention légèrement chromatique et après un petit moment de silence, après une sorte de demi-pause, indiquait que je n'étais pas disposé à soutenir longuement la conversation. Mais ce n'était pas cependant une condamnation sans appel, ce n'était pas un *non* final. Daniel se tut un instant; puis il reprit :

— M. le baron veut-il recevoir une dame qui se nomme Armide?

— Armide! quelle Armide? A-t-elle une baguette? Est-elle venue dans un char traîné par des dragons?

— Elle est venue en fiacre, et il n'y avait pas de dragons... ni d'autre troupe, dit Daniel étonné.

— Est-elle jeune? est-elle vieille? que dit-elle? que veut-elle?

— *Jeune*, elle a dû l'être autrefois. *Vieille*, pas encore. Elle *dit* qu'elle est pressée, et elle *veut* remettre quelque chose à monsieur, mais à lui seul.

Daniel s'était cru obligé de répondre ainsi à toutes mes questions dans l'ordre où elles s'étaient présentées, aussi nettement qu'il l'avait pu, et en appuyant fortement sur les mots essentiels pour me faire bien sentir qu'il répondait à tout.

— Allons, Daniel, fais-la entrer, puisqu'elle le *veut*.

Et j'attendis de pied ferme la grande magicienne, qui se présenta bientôt d'un air assez délibéré.

Daniel ne s'était pas trompé, elle avait été jeune autrefois; mais, comme on voyait encore en elle les traces d'une grande beauté, elle n'était pas vieille. Sa mise était convenable ; le chapeau seul, un peu équivoque, était, comme la personne, entre deux âges, mais plus enfoncé dans la décadence.

Elle s'installa d'abord, et tout à son aise, dans un fauteuil que je lui désignai d'un geste gracieux; puis elle me dit d'un ton grave, d'une voix fortement colorée et toute chargée de prosodie italienne :

— Monsieur, mes amis m'ont, depuis longtemps, nommée Armide, parce que je suis de Sorrente, comme notre grand poëte Torquato Tasso, voulant ainsi et tout à la fois m'honorer par un souvenir flatteur et consacrer ma profession de magicienne célèbre; mais je me nomme de mon nom Bérénice Querciaverde, ceci importe peu; je dis *magicienne*, parce qu'en effet (je puis l'avouer et m'en glorifier) je suis véritablement sorcière. Je dis la bonne aventure, monsieur, par les cartes, par le marc de café, par la chiromancie et par une divination musicale qui m'appartient et que j'ai inventée. Est-ce que Dardanelli, votre maître de musique, ne vous a pas quelquefois parlé de moi?

— Dardanelli! Vous connaissez Dardanelli, madame?

— Oh! depuis longtemps, monsieur; c'est mon compatriote et mon ami, un de mes bons amis. Tout le monde n'est pas de Sorrente, monsieur, et on ne s'oublie pas, on ne peut pas s'oublier, quand on a joué ensemble tout petits enfants, au doux bruit de la mer, lorsqu'on a solfié et vocalisé ensemble; car, moi aussi, je devais briller sur un théâtre, je voulais être *prima donna assoluta!* mais il n'y a d'absolu que les volontés du destin, monsieur, et voilà pourquoi je dis la bonne aventure. Mais cela importe peu. Oui, monsieur, Dardanelli a grande confiance en moi, il me consulte souvent, il me consulte sur tout, monsieur. Quelquefois, pour le convaincre, j'emploie la seule raison, et il ne me croit pas. Alors, j'ai recours à mon art et je trouve sur-le-champ Dardanelli aussi docile à mes conseils que plein de foi en mes prédictions. C'est un bon cœur, monsieur, et il vous aime bien.

L'accueil plein de sincérité de cette nouvelle Armide, ou de Bérénice Querciaverde, me toucha, et je me sentis pris d'un redoublement d'amitié pour mon maître de chant. D'ailleurs, il me semblait que cette conversation devait arriver à quelque chose d'intéressant pour moi.

— Or, Dardanelli, continua Armide, est venu ce matin

de très-bonne heure chez moi (rue Montmartre, n° 98, au premier, monsieur), me consulter sur une chose très-importante et qui le tracassait beaucoup.

» — Armide, m'a-t-il dit d'un ton pénétré qu'il n'a que dans les grandes occasions, j'ai pris un engagement téméraire, je le crois, du moins, et j'ignore encore si je dois, si je puis le remplir ; car je me demande, d'une part, si ma conscience me le permet; et, d'autre part, je crains d'avoir quelques risques sérieux à courir, et cela m'inquiète, et je n'ai pas dormi de la nuit.

» — Examinons, lui dis-je, cher Filippo : il faut être prudent et ne rien donner au hasard ; consultons le miroir (car j'ai un miroir très-véridique et très-lucide). C'est précisément aujourd'hui un excellent jour, très-propice aux conjurations, le jour de la nouvelle lune !

» Car je possède mon art à fond, monsieur, j'en sais le fort et le fin, et, de plus, je ne recule pas devant les cas les plus épineux, les consultations les plus difficiles. Mais cela importe peu, et il ne s'agit pas de cela ; il est temps, je le vois bien, de vous dire maintenant, et en peu de mots, quelle est la confidence que Dardanelli m'a faite : cela vous concerne, monsieur.

Et elle me regarda d'un air assez imposant.

Je m'attendais à quelque chose de semblable, et j'écoutai avec la plus vive attention et avec inquiétude.

— Dardanelli a promis à une dame de ne jamais trahir le secret de l'heure et du jour de ses leçons. Cette dame craint les indiscrets et veut prendre tranquillement sa leçon. Elle a raison; elle paye assez cher pour cela, car Dardanelli est cher, monsieur, et il a raison aussi. Le talent à bon marché n'est plus du talent. Il a donc promis à la dame tout ce qu'elle a voulu; mais voilà qu'hier au soir, il a promis à un jeune homme très-honorable, que M. le baron de Stora connaît beaucoup, de lui divulguer précisément ce que cette dame paraît avoir un si vif désir de laisser ignorer à tout le monde.

» — Comment faire, Armide? m'a-t-il dit. Tu vois mon chagrin, mon inquiétude et mon embarras! (Il me tutoie quand nous parlons italien.) Quelle promesse faut-il tenir? à quelle promesse puis-je manquer? J'ai gardé la première pendant trois mois; n'est-ce pas suffisant pour un honnête homme? D'un autre côté, l'autre est toute jeune, elle est née d'hier; ne peut-elle attendre encore? Mais, d'un autre côté encore, le jeune homme est si bon, si gentil (je vous demande pardon, monsieur), il paraît si pressé! que faut-il faire? que dois-je faire?

» Nous avons consulté tous les jeux, monsieur, et la réponse du sort vous a été favorable!

— Ah! madame! que vous êtes bonne et savante!

— Mais le sort a décidé aussi que M. Dardanelli devait prendre toute sorte de précautions pour ne pas se compromettre. Et voici, monsieur (elle regarda autour d'elle pour s'assurer que nous étions bien seuls), voici ce que Dardanelli vous envoie, et il m'a fait promettre que je le porterais moi-même, pour être bien assuré que des mains infidèles ou indiscrètes n'en abuseraient pas.

Alors elle me remit un paquet soigneusement cacheté; je l'ouvris avec empressement.

Sur une feuille de papier de musique se trouvaient, comme servant de titre à un morceau, ces mots ainsi disposés :

L'INCOGNITA

Romance *sans paroles*.

Puis suivaient trois ou quatre lignes de musique assez peu lisibles ; puis au bas et en manière de date :

« Vendredi 12 mars, cinq heures du soir. »

— Mais vendredi 12 mars, c'est aujourd'hui, aujourd'hui même, madame !

— Je n'ai rien de plus à vous dire, monsieur ; ma mission est terminée... jusqu'à un certain point, cependant, car Dardanelli vous prie de déchirer ou de me laisser déchirer cet autographe, qui n'a plus de valeur pour vous, du moment que vous l'avez lu.

Elle déchira le message et en jeta les débris au feu.

— Maintenant, monsieur, je vous prie, moi, Armide, ou Bérénice Querciaverde, d'écrire quelques mots insignifiants à Dardanelli pour le rassurer pleinement, et afin qu'il soit bien convaincu que j'ai fidèlement rempli ses intentions. Il est plein de confiance en moi, il est vrai, mais enfin ce qui abonde ne vicie pas, et il sera plus tranquille.

Je pris un papier et j'écrivis :

« O mon maître, mon cher maître, que tous les Scarlatti du monde, les Léo, les Jomelli, les Durante, surtout les Porpora répandent sur vous des flots d'harmonie et des trésors de vocalisation ! Vous êtes à vous seul plus fort, plus habile, plus grand qu'eux tous ! Vous sauvez les dissonances les plus hardies avec un art incomparable, et vous les changez en consonnances parfaites et accomplies. Mozart, Cimarosa, Paisiello n'ont rien écrit qui m'ait paru plus délicieux, plus frais, plus exquis que la charmante composition que vous avez bien voulu m'envoyer ce matin, et j'aime mieux votre *Armide* que l'*Armide* de Gluck.

» Votre élève devoué. »

Je remis cette lettre à l'enchanteresse en la remerciant de ses bons soins, en lui demandant la permission d'aller la consulter sur son trépied, en la chargeant d'une triple ration de bonbons pour mon maître.

— Oh ! me dit-elle, je connais ces bonbons ; ils sont parfaits et excellents pour la voix ! Adieu, monsieur le baron ! disposez de moi en toute occasion, ma science est à votre service ; rappelez-vous que mes prédictions s'accomplissent toujours. Je vous quitte, on m'attend, et, comme le dit l'Armide de l'opéra français :

J'ai besoin des enfers, je vais les consulter.

Je la vis, par la fenêtre, remonter dans son char et se diriger vers la rue d'Astorg.

V

L'ATTENTE — LA LETTRE

Quand la sorcière fut partie, je sautai de joie en pensant que, le jour même, à cinq heures, je reverrais l'Incognita. Malgré mon impatience, cet espoir ou plutôt cette certitude, mon déjeuner, ma toilette, mes ordres à Daniel, que je laissai causer tout à son aise sans l'interrompre, remplirent assez rapidement le reste de la journée, que la visite de Bérénice Querciaverde et ses longues explications n'avaient pas laissé que d'avancer ; j'entendis sonner quatre heures avec ravissement, et je sortis de chez moi, seul, à pied, me dirigeant par des voies détournées vers la terre promise.

A quatre heures et demie, je croisais dans la rue d'Astorg. J'eus tout le loisir d'étudier cette rue solitaire. Entré dans la rue du côté du midi, j'en sortis par son extrémité septentrionale, et recommençai vingt fois cette manœuvre avec une patience merveilleusement soutenue ; si le génie est l'aptitude à la patience, je ne désespère pas d'avoir un jour du génie. Si je ne m'étais vu dans une rue bien pavée, munie de becs de gaz, je me serais certes pris moi-même pour un navigateur courant des bordées, attendant le navire signalé et cherchant à le découvrir dans la haute mer. Je consultais à chaque instant ma montre, dont les aiguilles me semblaient immobiles, plein d'espoir quand une voiture s'engageait dans le défilé, plein de colère et d'angoisse quand elle passait sans s'arrêter devant la demeure prédestinée. Pendant cette longue exploration, mon cœur battait à me déchirer la poitrine. Il était cinq heures moins dix minutes, et mon impatience croissait avec mon espérance, lorsqu'en tournant sur moi-même pour commencer une nouvelle évolution, je me trouvai face à face avec Rosenwald.

— Ah! dit-il en souriant de son air tranquille et impassible, j'étais bien sûr de vous rencontrer ici; vous êtes exact. Voulez-vous un de mes bons cigares?

J'allais répondre à cette insupportable raillerie; il ne m'en laissa pas le temps.

— Pardonnez-moi, Gustave, je me hâte de vous le dire, mon dessein n'est pas de vous offenser; mais, en poursuivant ainsi, malgré ma prière, oui, ma prière, j'insiste sur ce mot, une entreprise insensée, vous ne savez pas quel mal vous me faites.

Ma colère tomba; j'étais désarmé, car je trouvais dans ses paroles, dans le son de sa voix, dans l'expression de ses regards, tous les indices d'une douleur profonde et véritable.

— Croyez-moi, Gustave, continua-t-il, quittons cette rue, où nous ne sommes à notre place ni l'un ni l'autre; donnez-moi le bras comme autrefois, et accompagnez votre ami Étienne jusque chez lui. Puis nous irons dîner ensemble, et, si vous n'avez rien à faire, nous passerons la soirée où vous voudrez. Moi, je suis libre et tout à vos ordres.

— Non, lui dis-je en rassemblant tout le sang-froid dont je pouvais disposer, comme un cocher habile rassemble entre ses mains les rênes des chevaux prêts à s'emporter : non, je vous remercie, je ne suis pas libre et je désire rester dans cette rue. Ne dit-on pas dans ce pays que le pavé du roi appartient à tout le monde? Je suis sur le pavé du roi, j'y reste.

— Vous avez tort, Gustave, croyez-le bien.

— Eh bien, voyons, causons amicalement, car je vous aime, Étienne, et, si je vous chagrine, c'est malgré moi. D'ailleurs, qu'êtes-vous venu faire ici, rue d'Astorg, si ce n'est pour me chagriner aussi? Nous sommes donc quittes en ce moment. Voyons, dites-moi, expliquez-moi bien pourquoi j'ai tort, et, si vous me donnez de bonnes raisons, Il n'est pas impossible que je m'y rende.

Il se tut un moment, et me dit ensuite plus lentement et d'une voix plus grave :

— Vous avez tort, Gustave, parce que la personne que vous attendez ne viendra pas.

— Qu'en savez-vous? m'écriai-je avec vivacité.

Et je me contenais à peine, je sentais que je pâlissais.

— Je le sais, puisque je vous l'affirme.

— Mais enfin...

— Vous ne me croyez pas? Eh bien, en croirez-vous ce papier?

Et il tira de son portefeuille et me remit un petit billet, évidemment écrit par une main de femme, et sur lequel je lus ces mots :

« M. le baron Gustave de Stora est instamment supplié de ne pas s'occuper plus longtemps d'une personne obscure dont il pourrait troubler la vie.

» L'Incognita. »

Je restai consterné; puis je regardai et retournai dix fois entre mes mains ce billet laconique.

— Mais qui me garantit...? dis-je à la fin.

— Allons, n'achevez pas votre pensée; me croyez-vous capable d'inventer ce petit moyen de vaudeville? me croyez-vous capable, en un mot, de mentir, de faire un faux? Vous ne le pensez pas! ce n'est pas possible.

J'allais répliquer, lorsque Dardanelli sortit de sa demeure, dont nous n'étions qu'à quelques pas. Il nous aperçut sur-le-champ et vint droit à nous, ne sachant pas qu'il se trouvait en présence d'un homme qu'il avait, sans le savoir, mortellement offensé.

— Bonjour, mon cher élève.

Puis, reconnaissant Rosenwald, que je lui avais présenté la veille, il le salua.

— Eh bien, messieurs, comment avez-vous trouvé ma première soirée, ma petite réunion amicale et musicale? Tout ne s'est-il pas bien passé? Ne trouvez-vous pas mon enseignement parfait et mes graniti délicieux? Quel goût! quel style! quel mécanisme! Je parle de mes leçons. Le goût, le style, messieurs, deux grandes choses, deux nobles qualités : qui les a, a tout. Mais c'est le ciel qui les donne, et le maître n'est plus là que le très-humble serviteur de la bonne nature. Et les sirops, le punch, les fruits glacés ont-ils été aussi à votre satisfaction? Peut-être n'avez-vous rien pris? Vous auriez eu tort, messieurs; tout cela venait du fameux glacier napolitain, vous savez...

Il aurait pu parler longtemps encore, si je n'avais mis un terme au débordement de sa faconde; il parlait avec une facilité, une abondance, un entraînement surprenants, comme pour se dédommager de ne plus pouvoir chanter, et Rosenwald le regardait avec curiosité, comme un lycéen regarde la girafe; il était en extase devant cette intarissable et confuse loquacité. Cette rencontre avait bien, dans la situation où nous étions, quelque chose de comique pour moi; Dardanelli me faisait l'effet d'un basso comico; il me semblait qu'il chantait un air bouffe, notes et paroles; mais je l'interrompis sans pitié.

— Où alliez-vous donc ainsi, cher maître?

— Je vais aux Tuileries me promener un peu, prendre l'air avant mon dîner. C'est comme une gamme que je ferais avant de chanter pour me mettre en voix. Je trouve que l'air des Tuileries, vers les cinq heures du soir, aiguise, perfectionne, corrobore l'appétit et fait trouver le macaroni meilleur. J'en ai de divin, d'exquis, messieurs, qui m'arrive de Naples en droite ligne, et d'excellent parmesan qui me vient aussi de la source. Quel pays que l'Italie! que de richesses, messieurs! la musique, le macaroni, la peinture, le parmesan! Terre bénie du ciel!

— Vous avez donc terminé vos leçons pour aujourd'hui, mon cher don Filippo?

— Oui ; j'attendais une élève à cinq heures, me dit-il d'un air entendu et malin ; mais elle m'a fait dire dans la journée qu'elle ne viendrait pas. Allons, bonsoir, chers messieurs. Mais j'y pense : ne voulez-vous pas vous reposer un peu chez votre serviteur, accepter l'hospitalité d'un moment chez le vieux musicien ? *Per Bacco !* sa cave n'est pas encore épuisée ! du lacryma-cristi ! vin du Vésuve, messieurs ! du vin de Syracuse et d'Agrigente, vin de l'Etna, messieurs ! car nous sommes ainsi, nous autres, nous ne procédons que par volcan ; nous buvons sur des volcans !... Eh ! eh ! cela ne vaut-il pas mieux que d'y danser ? Et, si vous voulez, pour conclure, nous voilà trois... monsieur chante, j'imagine... nous chanterons le trio des *Papatacci,* celui de *Guillaume Tell...* Monsieur doit avoir une basse-taille, il fera la partie de Walter... Que vous en semble ?...

— Merci ! merci, cher maître, de toutes vos offres obligeantes ; mais nous ne pouvons accepter. Monsieur n'aime pas la musique.

— Allons, allons, bonsoir, chers messieurs ! conservez-vous ; et vous, monsieur Gustave, à demain samedi, n'est-ce pas, notre leçon habituelle ? Si j'ai des nouvelles des pays étrangers, ajouta-t-il en me regardant de côté, je vous les apporterai toutes fraîches, ou plutôt toutes chaudes... Allons, bonsoir.

— Bonsoir, bon appétit, et à demain.

— Vous voyez, me dit Rosenwald quand le bavard eut pris le large, vous voyez que ce traître... oh ! ne craignez rien pour lui !... que cet imbécile, si vous l'aimez mieux, vient de confirmer et mon dire et la lettre que je vous ai remise; car vous ne me faisiez, et je l'ai bien vu, l'honneur de ne me croire que jusqu'à un certain point. Il fallait qu'un pareil cuistre vînt me servir de caution! Allons, je vous quitte et vous rends votre liberté. Mais, encore une fois, rayez de votre mémoire, de votre tête, de votre cœur, tout ce qui s'est passé depuis hier au soir. Supposez que vous ayez rêvé; soyez le Gustave d'hier matin; rappelez-vous notre déjeuner : nous étions si bons amis, si gais, si confiants! Est-il possible que quelques notes, qu'une romance... en *la bémol*, qu'une voix... comme il y en a tant, vous ait changé à ce point! Allons, Gustave, un peu de courage! reprenez votre existence d'opéra, de plaisirs faciles et mondains; renoncez à ce météore qui vous a ébloui; je renonce bien à mon diamant! Faites comme moi quand je me trouve face à face avec ma poussière de charbon. Allez, tout n'est que poussière et charbon. Vous verrez tout cela plus tard, je vous l'ai déjà dit, laissez faire le temps. Adieu, Gustave.

Il s'éloigna; je restai quelques instants immobile; puis je repris lentement et tristement le chemin de ma demeure.

VI

L'ALLIANCE. — LA DÉCOUVERTE.

Je dînai seul chez moi, pour réfléchir tout à mon aise sur ma situation, aviser au parti que j'avais à prendre, et me rendre compte surtout de la conduite que je devais tenir avec Rosenwald.

Il m'était impossible de rien trouver à reprendre dans sa manière d'agir à mon égard; je ne pouvais, sincèrement, le trouver en faute; je n'avais aucun grief à lui reprocher, et, raisonnablement, je ne voyais aucune raison de lui en vouloir. C'est moi qui tentais de m'introduire dans le mystère de sa vie, de ses affections, de ses amours sans doute (car je ne pouvais m'y méprendre). N'avait-il pas cent fois raison de ne pas le souffrir, de s'y opposer par tous les moyens imaginables? Et, d'ailleurs, ne mettait-il pas dans ses efforts pour m'éloigner toute la réserve, tout le bon goût, toute la discrétion possibles? N'employait-il pas tout ce qu'il avait de ressources dans l'esprit pour éviter de me froisser? Je me sentais comme enfermé dans un cercle sans issue, et je me heurtais de tous côtés contre des impossibilités.

Ce qui m'irritait par-dessus tout, c'est qu'au lieu des périls que j'avais souhaités et que j'attendais, je ne rencontrais jusqu'ici que les combinaisons d'une diplo·

matie polie, froide, astucieuse et pleine de détours. Au lieu de marcher l'épée à la main, il me faudrait avancer par la ruse, au milieu de piéges habilement tendus, et qu'il ne me serait pas possible de déjouer, puisque je ne connaissais en aucune façon le terrain sur lequel je m'aventurais; il me faudrait encore, et cela me désespérait, ménager un homme que j'attaquais, dont je venais troubler la paix, et qui semblait vouloir, par ses procédés, par sa conduite calme et réservée, mettre constamment tous les torts de mon côté. Il ne me restait qu'un seul moyen, lui chercher querelle sur tout autre sujet; mais qu'y gagnerais-je? et quelle lumière m'apporterait une rupture, un duel avec lui? Cette situation était intolérable, et je m'agitais vainement dans ma peine et dans mon inquiétude. Je mordais ma chaîne sans pouvoir l'étendre ni la briser.

J'étais dans cette anxiété, cherchant un fanal au milieu de ces ténèbres et une route parmi tant d'écueils, lorsque Daniel parut, une lettre à la main, en me disant :

— De la part de madame Armide; on attend la réponse.

Je me levai, et, avec un empressement fébrile, je me jetai sur cette lettre, certain d'avance qu'elle se liait à ma destinée. Armide était une alliée que le sort m'envoyait.

La lettre contenait ces mots :

« Une grande magicienne serait charmée de recevoir M. le B. de S. ce soir, vers neuf heures, pour lui parler de choses qui l'intéressent, dans son palais de la la rue Montmartre, 98. »

— Daniel, dis au messager que j'y vais sur-le-champ, que j'y serai à neuf heures précises, qu'on peut compter sur moi.

Il était huit heures, et, dans mon empressement de voir l'enchanteresse, de l'entendre, de causer avec elle, je partis à l'instant même. Pouvait-elle avoir à me parler *d'autre chose* que de l'inconnue? Peut-être aurait-elle un nouveau message à me transmettre de la part de Dardanelli. D'ailleurs, le silence que j'étais obligé de garder était pour moi une véritable torture. J'en souffrais à toute heure. Je cherchais en vain autour de moi un ami dévoué à qui je pusse me confier. Cette agitation qui me consumait, qui m'ôtait mon énergie, s'augmentait incessamment par les efforts que je faisais pour concentrer en moi toutes mes inquiétudes; j'allais donc trouver un grand soulagement à mes peines : Armide serait ma confidente, mon conseiller peut-être.

J'arrivai chez Armide avant l'heure prescrite; cependant elle m'attendait. Ce n'était plus la femme modestement vêtue que j'avais vue le matin, mais bien la sibylle de Cumes, ou la pythonisse d'Endor. Elle avait revêtu le plus brillant costume de son emploi. Un turban richement ajusté couvrait sa tête; de longues draperies disposées en plis harmonieux l'entouraient avec grâce et lui donnaient un grand air de majesté. Un peu de rouge habilement et finement distribué rendait à sa noble figure l'éclat que le temps en avait effacé. Elle était belle. Je la trouvai dans un salon bien éclairé et meublé avec un véritable luxe.

— Madame, lui dis-je, je vous remercie de m'avoir

appelé auprès de vous; vous voyez avec quelle promptitude je me rends à vos ordres. Vous avez donc bien voulu penser à moi?

— Monsieur, vous me plaisez, vous m'êtes sympathique, je vous aime. N'ayez pas peur, monsieur. Je vous aime pour vous servir, pour vous seconder, pour m'unir à vous dans vos recherches. Il m'a semblé, d'après ce que m'a dit mon ami Dardanelli, que vous éprouviez pour l'Incognita une passion véritable, quoiqu'un peu soudaine, il est vrai; mais nous autres Italiens nous croyons à l'amour, à l'amour vrai, à l'amour qui domine et enchaîne; je crois en voir en vous tous les symptômes, et cet amour-là, si rare dans vos froids climats, me touche profondément, moi qui ai aimé.

» Monsieur, ma vie a été très-agitée, et j'ai dû souvent, dans ma carrière d'artiste, jouer tous les rôles. J'ai quelquefois joué Tancrède, Arsace, Roméo, Malcolm, et cela a donné à la pauvre Bérénice plus d'énergie que le cœur d'une femme n'en doit peut-être contenir. En outre, plus je vieillis, plus je me sens disposée à compatir aux chagrins d'autrui. Je me sens bonne aujourd'hui et meilleure que dans ma jeunesse. La bonté, monsieur, c'est la maturité du cœur.

» Il me semble aussi que cette jeune femme qui se retire ainsi dans l'ombre n'est pas libre. Pourquoi cette femme si belle, que Dieu a comblée de ses dons, pourquoi craindrait-elle la lumière? La femme jeune et belle cherche le soleil. J'ai dans ma position, plus qu'on ne croit peut-être, bien des moyens de sonder les destinées humaines et d'en deviner les mystères. Eh bien, je vous le dis, tout ceci n'est pas naturel! D'ailleurs, si j'en crois quelques observations faites par Dardanelli depuis trois mois qu'il a occasion de la voir fréquemment, elle vit triste et solitaire, et il y a un malheur caché au fond de sa vie... un malheur, monsieur!...

Elle se tut un moment et je vis des larmes dans ses yeux. Cette femme exaltait encore mon ardente passion. Si vous mettez parfaitement d'accord deux instruments de musique, tous deux vibreront, et, par une sympathie secrète, confondront leur harmonie, lors même qu'un seul sera attaqué. Nous éprouvions cette sympathie secrète, et, pendant qu'elle parlait, mon cœur battait à l'unisson du sien.

Elle reprit ainsi :

— Écoutez bien ce que je vous propose : Nous allons tâcher de percer les ténèbres qui enveloppent l'existence de celle que nous nommons l'Incognita. Si elle est captive au milieu du monde, si, comme nous avons lieu de le penser, sa volonté n'est pas libre, si elle a besoin de vous, enfin, si elle accepte votre secours, je vous offre mon alliance ; ne la dédaignez pas, monsieur, elle peut vous être utile. Si, au contraire, nous nous trompons, vous serez le maître, monsieur, d'agir comme il vous conviendra. Je n'aurai aucun conseil à vous donner.

Cette alliance, que j'étais venu chercher, paraîtra peut-être bizarre ; mais, à cause de cette bizarrerie même, je l'acceptai sur-le-champ sans hésiter.

— Maintenant, continua-t-elle, parlons plus tranquillement. J'ai oublié, en vous recevant, de vous demander pardon de vous recevoir ainsi, avec cet appareil théâtral. J'ai des consultations ce soir, quand vous m'aurez quittée, et je porte d'avance, il le faut bien, le costume du rôle que je vais jouer tout à l'heure.

» Mais sachez bien, et pour toujours, qu'il y a trois femmes en moi : il y a Bérénice, d'abord, et Bérénice c'est moi, moi dans toute ma sincérité ; c'est elle que vous venez d'entendre. Il y a la sorcière Armide, qui n'a rien à vous dire en ce moment, et puis, enfin, il y a la bonne femme que vous avez bien voulu recevoir ce matin, l'humble messagère de M. Dardanelli. C'est elle qui va vous parler maintenant et vous dire ce qu'elle a déjà fait pour vous.

Elle prit alors une autre attitude. Et, malgré son costume, je retrouvai en effet en elle la bonne femme qui m'avait apporté le message de mon maître de chant.

— Monsieur, me dit-elle du ton vulgaire qu'elle avait le matin et qu'elle reprit facilement en comédienne consommée, en vous quittant je suis allée chez M. Dardanelli lui porter votre lettre. A peine étais-je entrée chez lui, qu'il me dit en regardant dans l'avenue qui mène à sa maison :

» — Voilà le domestique de notre inconnue.

» Je descendis à la hâte, et j'entendis cet homme dire à la servante :

» — Madame ne viendra pas prendre sa leçon à cinq heures ; prévenez-en M. Dardanelli.

» J'eus l'idée bien simple et bien vulgaire de suivre cet homme. Cela est bien mal, bien petit, j'en conviens ; mais je l'ai fait, et par intérêt pour vous, monsieur, je vous le jure.

» Cet homme entra dans une maison où demeure

l'accordeur de piano de M. Dardanelli. N'était-ce pas déjà là un coup du ciel ! Je le suivis, il allait droit chez M. Albrecht, chez notre accordeur ! J'entrai hardiment avec lui ; M. Albrecht me connaît bien. J'étais pleine de joie. Je voyais bien que nous allions bientôt apprendre quelque chose.

» — Monsieur Albrecht, lui dit-il, madame vous prie de venir demain accorder son piano.

» Et il se retira.

» — Je venais aussi vous prier, maître Albrecht, dis-je à mon tour, de passer chez M. Dardanelli. La soirée d'hier a terriblement détraqué son pauvre piano, et il a bien besoin de vous, grand médecin des claviers. (C'est ainsi que je l'appelle familièrement.)

» — Ah ! chère madame Armide, me dit-il avec son bon accent tudesque que j'aime et qui me fait rire, j'ai moi-même besoin du médecin, et ne puis en ce moment soigner aucun piano. Il faudra bien que mes chers pianos attendent ; je suis malade moi-même et je ne peux sortir !

» — Voilà qui est fatal, monsieur l'accordeur ; et qui vous a donné le droit d'être malade dans cette saison de concerts ? Cela est étrange ! Et M. Dardanelli ? et la dame qui vient de vous envoyer chercher ?

» — Mais vous la connaissez ; elle va chez Dardanelli.

» — Cela ne l'empêchera pas de vous attendre.

» — Elle attendra. J'attends bien quand je vais chez elle. Je sonne dix fois à la porte de son espèce de couvent ; je me promène une heure rue des Ursulines, et il pleut toujours... Et puis, ce n'est pas commode, d'aller à Saint-Germain malade comme je le suis.

» — Monsieur le baron, continua Armide, j'aurais embrassé Albrecht, s'il l'eût voulu, quoiqu'il soit bien laid! Concevez-vous ma joie! Comme en ce moment-là j'ai pensé à vous! Savoir tout d'un coup, sans effort, par hasard, tout naturellement, une chose de cette importance! Et Albrecht qui est malade! et elle qui attend un accordeur! Vous comprenez, n'est-ce pas, monsieur le baron? Un couvent à Saint-Germain, rue des Ursulines, un accordeur...

— Madame, lui dis-je, vous êtes une grande et habile magicienne. Hélas! j'aime cette belle inconnue de cet amour qui domine, qui enchaîne, dont vous parliez tout à l'heure. Je l'aie vue hier, hier seulement, pour la première fois, et déjà elle a pris toute ma vie. Je vous comprends et ne suis que trop disposé à faire toutes les folies imaginables!

— Ce n'est pas folie! dit-elle avec chaleur; c'est sagesse que de marcher droit dans le chemin que la fortune nous ouvre!

Comme elle disait ces mots, Dardanelli entra. Elle me fit signe de ne rien dire devant lui.

— Eh bien, monsieur le baron, s'écria-t-il en me voyant, nous avons été bien malheureux tantôt! Allez, Armide saura arranger tout cela. Qu'a dit le miroir, grande magicienne?

— Tout va pour le mieux : les cartes sont pour nous, nous avons beau jeu. Vous venez tard, monsieur Dardanelli; vous savez bien qu'à dix heures j'ai affaire, on m'attend dans mon cabinet.

Et, dans ce moment, en effet, un timbre d'un son

tout particulier venait de retentir dans l'appartement.

— Allons, adieu; la pythie va monter sur son trépied. Il faut que je vous quitte. Entendez-vous?

Et le timbre sonna de nouveau.

— Adieu, monsieur Dardanelli. Bonsoir, monsieur le baron; j'aurai, je l'espère du moins, l'honneur de vous revoir.

Au moment où je sortais avec Dardanelli, elle me prit à part :

— Ne lui dites rien de tout cela, il est un peu timide. Cela se conçoit; quand je jouais Tancrède, il jouait Orbassan. Quand je jouais Arsace, il jouait l'ombre de Ninus. — *Ombra di Nino*, ne courez pas si vite, vous allez tomber, lui cria-t-elle pendant qu'il descendait l'escalier. *Ombra adorata, aspetta !* M. le baron va vous rejoindre. Mais c'est égal, c'est un bien digne homme, et il vous aime bien. Bonne nuit, messieurs.

VII

LE PIANO.

Pendant la nuit qui suivit ma conférence avec ma nouvelle amie, je réfléchis mûrement au traité d'alliance qu'elle m'avait proposé, et plus j'y songeai, plus je me sentis disposé à entrer dans ses idées et à suivre la ligne qu'elle m'avait indiquée. Son plan me paraissait plein de raison, abstraction faite même de ce qui me concernait personnellement, et toute passion mise à part. Il fallait agir rapidement, et savoir profiter de la chance que nous offrait le hasard, sollicité, il est vrai, par l'activité intelligente de Bérénice. Ce qui me plaisait en Bérénice et me décidait tout à fait à lui livrer la direction de ma conduite, c'est qu'elle me paraissait douée à la fois du génie qui combine et de la résolution qui exécute, et que, par conséquent, elle saurait, dans l'occasion, inventer et mettre en œuvre. Elle avait le courage de son adresse. Son alliance deviendrait donc d'un grand prix. Elle pouvait être pour moi un guide hardi et prudent à la fois.

D'ailleurs, je sentais le poids de mon inaction s'aggraver d'instant en instant; j'en étais comme accablé, et je ne pouvais me résoudre à attendre plus longtemps les événements. Il ne s'agissait donc pas seulement d'agir comme un chevalier errant, et de me mettre en campagne pour délivrer une princesse tenue captive dans une tour enchantée par un mécréant; il fallait, pour moi-même, pour mon repos, savoir promptement à quoi m'en tenir. Si l'inconnue avait besoin de moi, il fallait tout tenter pour la secourir. Si, au contraire, j'acquérais la conviction que j'étais seul malheureux, que ma passion était insensée, je devais partir. Je quitterais Paris. J'irais en Italie, en Grèce, en Orient, que sais-je? je tenterais peut-être de rejoindre le docteur Claudien à Tombouctou.

Je pensai donc à employer le moyen que la sibylle m'avait laissé entrevoir, et, quoiqu'il ne me plût que médiocrement, je n'hésitai pas à m'en servir. C'était la seule porte ouverte à une attaque que je ne pouvais, que je ne voulait pas différer plus longtemps, et je résolus de tenter l'aventure le jour même.

Il fallait pour cela me mettre en mesure, et pourvoir à toutes les éventualités. Je me levai, quoiqu'il fût à peine jour; je sonnai Daniel, qui se hâta d'accourir, et je lui ordonnai d'enlever sur-le-champ le couvercle de mon piano. Il me regarda d'un air stupéfait, mais sans me demander si j'étais malade et si je voulais du thé. Je lui avais parlé avec l'intonation bien accentuée de ma gamme chromatique, qui exigeait une obéissance instantanée et qui ne permettait pas la réplique. Il se retira en silence, et d'un air affligé, après avoir toutefois accompli mes ordres, et laissant exposé à l'ardeur de mes investigations tout l'intérieur de mon piano.

C'était un noble instrument, ouvrage d'un des plus célèbres facteurs de Paris, et qui s'était signalé dans vingt de ces grandes batailles que livrent tous les ans nos pianistes renommés. Il était plein d'une puissante sonorité, d'une sonorité qui m'effrayait quelquefois, moi modeste baryton d'appartement, et j'en modérais ordinairement l'intensité au moyen d'une pédale caressante et veloutée, interposant ainsi un écran entre la lumière brillante de son harmonie et l'ombre craintive de ma voix d'amateur. Quant à Dardanelli, il n'en redoutait pas l'éclat, qui soutenait son intonation trop incertaine et en masquait parfois les égarements.

Mais, aujourd'hui, il ne s'agissait pas de la sonorité du magnifique instrument, c'est son corps tout entier que j'allais interroger. Il fallait bien prendre toutes les précautions nécessaires pour me tirer le moins mal possible du mauvais pas où j'allais m'engager, et j'avais peu de temps à ma disposition. J'étais comme un enfant qui veut briser son jouet pour voir ce qu'il contient, *ce qu'il y a dedans*, ce qui le fait mouvoir. J'aurais volontiers démonté pièce à pièce l'immense piano; mais je n'eus pas besoin d'en venir à cette extrémité.

Je me penchai sur les flancs du monstre, et je lus dans ses entrailles. Je vis et j'observai d'abord les cordes, couchées dans l'instrument sonore comme une harpe endormie, et je les laissai sommeiller. Dans ma soif d'étude et d'exactitude, j'en fis le dénombrement, comme un héros fait le dénombrement des troupes dont il va prendre le commandement. Je passai successivement en revue les grosses et longues cordes de cuivre, entourées d'une spirale d'argent, qui sonnent les fortes notes de la basse, et il me semblait voir défiler devant moi une noble escadron de puissante cavalerie. Puis, me dirigeant toujours vers la droite du corps d'armée, sans me faire grâce d'un seul demi-ton, j'arrivai ainsi jusqu'aux cordes subtiles, remplies d'élégance, fines, déliées, des octaves élevées, troupes légères et fugitives, aux évolutions faciles et rapides. Je fis ensuite un appel général pour m'apprendre à donner à chaque corde le nom du son qu'elle représente et qu'elle fait vibrer, car je voulais et je devais, comme César, savoir le nom de tous mes soldats. Je vis encore que les cordes étaient divisées par *triades*, et qu'il fallait, dans ces grands appareils, le concours fraternel de trois cordes réunies dans un irréprochable et parfait unisson pour produire un seul son ; car le son doit être plein, ample, intense, assez robuste pour soutenir un choc, et répondre à la pression du cavalier. Je remarquai aussi que, pour éviter la confusion, chaque triade se distinguait par un signe, soigneusement indiqué sur la lisière de ce vaste rassemblement, comme on voit, sur le front d'un camp, les guidons qui indiquent à chaque soldat la place occupée par sa compagnie, et j'exerçai mes yeux à reconnaître sur-le-champ ces guidons.

Lorsque je me sentis complétement affermi dans ces observations, lorsque je fus parvenu, en promenant mes regards sur cette armée, à trouver facilement, et par une rapide inspection, la place de chaque corde et le nom de chaque son, je passai à une autre étude, et je donnai toute mon attention à l'installation toute particulière du camp.

Je vis que chaque corde était solidement fixée à ses deux extrémités. Du côté du clavier régnait un triple rang de petits piliers de fer; c'est ce que le vulgaire nomme les chevilles. Chaque corde s'enroule autour de sa cheville protectrice en se dirigeant vers la pointe de l'instrument, rencontre dans son trajet une sorte de petit pont, de chevalet sinueux revêtu de brillantes pointes de cuivre, qu'elle franchit en s'y appuyant, et termine enfin sa course en allant s'enfoncer dans un crochet qui la reçoit et la retient fortement. Cet appareil nerveux, ce système si bien lié était encore maintenu par une puissante armature en fer, qui traversait le piano de part en part, et je compris que tout ce métal était nécéssaire pour former les fortifications d'un camp si souvent exposé à d'impétueuses attaques.

Je vis aussi au fond de l'instrument la surface unie et brillante du bois sonore et vibrant qui forme ce qu'on nomme la *table d'harmonie*. C'est l'âme de l'instrument, c'est par là qu'il respire et qu'il vit. C'est de là que le son rebondit, et qu'il s'élance plein de vigueur pour rejaillir et rayonner de toutes parts.

Enfin, je jetai un coup d'œil sur les marteaux souples et agiles qui provoquent les cordes et donnent la vie au son, et sur la ligne des étouffoirs, prudemment disposés pour l'éteindre à propos, en faire au besoin une étincelle rapide, et l'isoler dans une apparition fugitive, afin qu'il soit toujours soumis aux lois de l'harmonie et à la volonté du maître.

J'avais terminé mes études préliminaires, et pris une connaissance complète du terrain. Il fallait désormais passer de l'observation à l'action, c'est-à-dire devenir maître du son, savoir le modifier en ce qu'il avait de défectueux, relever les faibles et abaisser les orgueilleux.

Mais cela ne me parut pas aussi difficile qu'on le dit, et je vis que les cordes étaient dociles. La plus légère pression à gauche ou à droite opérée sur la cheville, à l'aide de la clef modératrice, tempérait l'orgueil du son ou soutenait sa faiblesse. J'interrogeais, au moyen des touches, les cordes qui subissaient ainsi mes épreuves, et j'admirais leur exquise sensibilité et leur prompte soumission aux lois sévères et inflexibles de la résonnance. Là, pas d'insurrection, pas de résistance; le son gémissait, il est vrai, mais il obéissait à l'intant même au moindre mouvement de ma main souveraine. Seulement, je pus remarquer que la corde à laquelle j'imposais une trop grande tension, et que je voulais ainsi élever au delà de ses mérites, confessait son impuissance et cassait sur-le-champ. Tout ce piano me paraissait rempli d'excellentes moralités.

Je pouvais aussi, à mon gré, produire dans cet empire les perturbations, les vicissitudes les plus bizarres et les plus inattendues. Je me plaisais, par exemple, à prendre un son élevé, et à le précipiter par une soudaine impulsion, par un choc rapide, au fond d'un abîme; mais bientôt je le ramenais par degrés à la lumière du jour, et, sortant peu à peu de cet abîme où je l'avais plongé, il reparaissait, pur et sans tache, à la place qui lui appartenait, et qu'un caprice de la fortune, c'est-à-dire de ma main, lui avait ravie pour un moment.

Après un nombre suffisant d'épreuves de tout genre, que je répétai plusieurs fois, je me sentis capable de jouer, pour quelques moments du moins, et si cela devenait absolument nécessaire, le rôle dont la sagesse entreprenante d'Armide voulait me charger. Je pris donc à l'instant même toutes les dispositions nécessaires pour entrer en campagne. Je préparai mon équipage de guerre. Je déposai dans une petite trousse une clef de piano et quelques bobines de cordes de différentes dimensions soigneusement marquées du chiffre qui devait me guider dans l'emploi que je pourrais avoir à en faire. Puis je complétai le costume du personnage que j'allais représenter en m'habillant très-convenablement, mais modestement, et de façon à ne laisser rien paraître de l'allure de *dandy* modéré qui pouvait m'être naturelle, et qui aurait pu me gêner et me trahir dans l'exercice de mes nouvelles fonctions. Je joignis encore à tant de précautions une autre précaution que je jugeai non moins indispensable. Je me munis d'une excellente paire de petits pistolets, soigneusement chargés, que je cachai dans mes poches, car il fallait tout prévoir et se trouver en mesure de défendre le faux accordeur, s'il venait à être démasqué, reconnu et attaqué. J'étais porteur, en outre, d'un petit poignard qui ne me quittait jamais.

Tous ces préparatifs terminés, je sortis de chez moi, recommandant à Daniel de recouvrir soigneusement le piano que j'avais si cruellement disséqué, et qui allait désormais rentrer dans la tranquillité dont il avait grand besoin pour se guérir des plaies que je lui avais faites. Il n'était pas encore neuf heures; je voulais arriver à Saint-Germain assez tôt pour avoir la chance de rencontrer l'inconnue chez elle, sauf à me représenter à une heure plus avancée de la journée si j'arrivais trop tôt. Je ne pouvais songer à prendre le chemin de fer, ne voulant pas être vu. Je ne pouvais non plus, par conséquent, faire ce voyage avec ma voiture. Je me rendis chez un loueur, pris un léger coupé attelé de deux bons chevaux, baissai les stores, et, ayant séduit le cocher par la promesse d'une généreuse gratification, j'arrivai à Saint-Germain un peu après dix heures. Je fis arrêter ma voiture au sommet de la côte, et me dirigeai sur-le-champ à pied vers la rue des Ursulines,

VIII

LA PRAIRIE — BADA-BENE

Je découvris bientôt les murs dans lesquels je devais pénétrer sans combat, sans bruit, sans assaut ni escalade, et je m'avançai vers la forteresse, vaste bâtiment entouré de jardins, demeure à l'aspect morne, qui répandait au loin comme un reflet de solitude et de silence. Une herbe courte et menue croissait déjà, malgré la saison peu avancée, au pied des hautes murailles. Le grand portail, fortement défendu par de larges barres de fer, comme mon piano, semblait avoir fait vœu d'immobilité, et je me demandais dans quelles occasions solennelles il devait rouler sur ses gonds tout chargés de rouille. Mais, non loin de ce portail, barrière infranchissable, se trouvait une poterne étroite, seule voie ouverte aux communications avec le monde, seul chemin désigné à l'introduction des profanes. C'est là que je sonnai humblement.

J'attendis ; mais tout demeura silencieux, et aucun mouvement dans la maison ne vint me révéler qu'on se disposât à répondre à mon appel.

Patient et résigné, je sonnai encore deux fois, et ne fus pas plus heureux ; le tintement de la clochette se perdait vainement dans la profondeur du bâtiment. Je vis bien qu'on allait me traiter comme celui dont j'usurpais les qualités, et je compris que, dès ce moment, je commençais à exercer mes modestes fonctions; mais j'étais décidé à tout souffrir, et je me trouvais moins à plaindre que M. Albrecht, puisqu'il ne pleuvait pas.

Je me demandais si je devais lutter plus longtemps contre ce silence obstiné, persévérer dans ma patience et dans ma résignation, continuer à me mortifier par la pratique de ces vertus nouvelles pour moi, ou s'il n'était pas préférable de quitter la place, si superbe dans son dédain, pour revenir plus tard solliciter de nouveau le passage qu'on me refusait maintenant avec tant de rigueur, lorsqu'une bonne femme qui venait de tourner le coin d'une petite rue, et dont les pas troublaient seuls le repos de ce désert, s'arrêta devant moi et me dit :

— On ne vous ouvrira pas à présent, mon bon monsieur; c'est l'heure de la messe, toutes les dames sont à la chapelle. Il vous faudra revenir à onze heures, c'est la règle, et on est sévère à Sainte-Ursule.

Cette bonne femme portait au bras un panier à moitié rempli de petites herbes. Elle déposa ce panier à quelques pas de moi, s'assit à terre, et se mit en devoir d'arracher le petit gazon clair-semé qui courait tout le long du mur et tapissait ensuite par intervalles la rue des Ursulines. Elle continuait ainsi sa récolte commencée; l'endroit où nous nous trouvions lui avait paru probablement assez riche en végétation, assez touffu, pour qu'elle y fît une station et qu'elle y pratiquât une coupe nouvelle. Nous étions, en effet, au centre d'une petite prairie jonchée de pavés, de pavés propres et luisants, témoins impassibles de la tranquillité de la rue, de la rareté des passants, et disposés bien à l'aise, de façon que chacun d'eux était librement encadré d'un petit carré de verdure.

— N'est-il pas vrai, mon bon monsieur, me dit-elle tout en moissonnant, qu'il ne faut pas laisser perdre l'herbe du bon Dieu? C'est pour Babet, ma chèvre; tout le monde la connaît dans le pays.

Je lui donnai une petite pièce d'argent qu'elle accepta avec joie et reconnaissance.

— Mon bon monsieur, c'est encore pour Babet, et je vous remercie pour elle.

Et, comme cette légère gratification l'avait bien disposée en ma faveur, elle se mit à causer avec moi.

— Monsieur voudrait parler à la sœur Marthe, peut-être?

— Qu'est-ce que la sœur Marthe, ma bonne?

— Oh! fit-elle d'un air important, en se dressant à demi sur son panier, ne parle pas qui veut à la sœur Marthe, et on ne la dérange pas comme ça. Mais, si monsieur, qui est si bon, a une petite commission, je la ferai volontiers, et de tout mon cœur. Moi, je lui parle quand je veux.

— Mais qu'est-ce donc que la sœur Marthe? la supérieure, peut-être?

— C'est la portière, monsieur.

— Eh bien, nous verrons cela plus tard, quand les dames seront revenues de la chapelle. Mais, dites-moi, connaissez-vous aussi une jeune dame qui demeure à Sainte-Ursule, et qui, à ce que je crois du moins, y réside seulement comme pensionnaire?

— Si je la connais? Oh! oui, mon bon monsieur! D'abord, il n'y a qu'une dame pensionnaire, je ne peux donc pas me tromper. Une brave et bonne et belle jeune femme! Et comme elle chante, monsieur! un vrai rossignol!

— Vous l'avez entendue chanter?

— A l'église, monsieur, les jours de fête. Elle monte dans la tribune de l'orgue, où personne ne la voit, et, là, comme un oiseau dans un arbre, elle chante, et en même temps elle joue de l'orgue elle-même, avec ses petits doigts. Je pleure rien que d'y penser. Tout le monde dit dans le pays qu'on ne chante pas mieux que ça à l'Opéra... Et bonne et charitable! Oui, monsieur, je la connais, et vous pouvez lui parler de la mère Pacot.

En achevant ces mots, la mère Pacot, qui avait aussi achevé sa petite moisson, se leva pour aller chercher une autre oasis et y transporter sa tente, c'est-à-dire son panier. Je la suivis, en lui donnant une nouvelle gratification pour Babet, la chèvre.

Elle fit quelques pas, et, ayant bientôt trouvé une autre riche prairie à dépouiller, elle s'installa de nouveau, le plus commodément qu'elle put, à côté de son panier, et me dit :

— Est-ce que monsieur la connaît, la jeune femme pensionnaire?

— Oh! un peu, de vue seulement; je ne me rappelle pas même son nom.

— Ah! pour son nom, je ne le sais pas; nous l'appelons tout bonnement mademoiselle.

— Mademoiselle?

— Oui, monsieur, mademoiselle.

— Et voit-elle beaucoup de monde? n'a-t-elle pas des parents à Paris? reçoit-elle des visites?

— Pour des parents à Paris, monsieur, j'en ai, moi qui vous parle, mais je ne les vois pas. Alors, n'allant jamais à Paris, vous voyez que je ne peux savoir si mademoiselle en a; la ville est si grande! Mais, si elle en a, il se peut qu'elle les voie, car elle va à Paris de temps en temps, deux ou trois fois par semaine, mais jamais en chemin de fer, monsieur; elle a sa voiture à elle; pour des visites, jamais, au grand jamais elle n'en reçoit. Je le saurais bien, moi qui vais tous les jours à la maison de Sainte-Ursule, au couvent, comme nous disions dans ma jeunesse. Non, jamais personne de Paris n'est venu la demander. Ah! si : il y a quelquefois un monsieur, une espèce d'horloger, qui vient remonter sa grande boîte à musique quand elle ne va plus, son piano, comme on dit. Je l'ai rencontré, comme je vous rencontre là, se promenant rue des Ursulines; mais il n'avait pas l'air de bonne humeur, tant s'en faut, et il n'était pas aussi gentil que vous, car il ne m'a rien donné pour Babet.

— Eh bien, ma bonne madame Pacot, recevez encore ceci pour elle; mais, cette fois, de la part de l'horloger... Et dans le pays, dites-moi, mademoiselle a-t-elle beaucoup de connaissances?

— Monsieur, mademoiselle est allée une fois ou deux dans un château du côté de Marly, chez une vieille dame très-respectable qui est venue la voir aussi et qui se nomme madame d'Elby.

Or, j'étais très-lié avec madame d'Elby : c'était une ancienne amie de ma mère, qui était Française, et cette nouvelle découverte me combla de joie. Dans cette reconnaissance que je poussais autour du camp ennemi, je voyais petit à petit s'agrandir le cercle de nos moyens d'action. Grâce au bon conseil d'Armide, à son initiative intelligente, nous sortions enfin des ténèbres, et de côté et d'autre commençaient à briller quelques jets de lumière. La mère Pacot elle-même pouvait, dans l'occasion, apporter aussi son petit tribut et travailler sans le savoir à notre œuvre de délivrance. Je bénissais Armide et me sentais plein de courage et d'une ardeur nouvelle, lorsque j'entendis sonner onze heures à l'horloge de Sainte-Ursule.

— Voilà onze heures, me dit la vieille; je crois que maintenant on vous ouvrira peut-être... oui, cela n'est pas absolument impossible... Mais la sœur Marthe, mon bon monsieur, n'est pas toujours là; elle est très-occupée, et cela prend sur sa porte, où je la remplace quelquefois, parce qu'on sait qu'on peut avoir grande confiance en la mère Pacot. Si vous le voulez, je ferai le tour par l'entrée des jardins, je saurai bien la trouver dans la maison, et je la préviendrai; ce serait l'affaire d'une petite demi-heure, et, pendant ce temps-là, vous pourriez sonner tranquillement.

— Non, merci, ma chère madame Pacot; et, puisque vous êtes si bonne et si obligeante, je vous prie, au contraire, de ne pas parler du tout de moi ni de notre rencontre à la sœur Marthe, non plus qu'à personne de la maison : j'ai des raisons pour cela que je vous dirai une autre fois, à vous seule, entendez vous; car, moi aussi, je suis plein de confiance en vous.

— Ah! monsieur, vous pouvez compter sur moi! Jamais je ne parle, et Babet n'est pas plus discrète que moi.

— Eh bien, voilà encore quelque chose pour sa discrétion, et pour la vôtre, chère madame Pacot, voilà deux beaux louis tout neufs qui pourront bien vous en amener d'autres. Je me sens beaucoup d'amitié pour vous, et j'espère bien vous revoir.

— Ah! que je le désire bien aussi, et de tout mon pauvre cœur, cher bon monsieur! Allez! le Ciel vous conduira et vous fera réussir dans toutes vos petites entreprises! Un si brave jeune homme! si généreux et qui a de l'or plein ses poches! Ah! vous pouvez compter sur Louise Pacot et sur Babet sa chèvre!

Louise Pacot s'éloigna toute joyeuse, admirant et comptant son trésor, et se retournant de temps en temps pour m'envoyer de sa main sèche et ridée des baisers pleins de tendresse. Mes deux pièces d'or l'avaient métamorphosée. Sa figure était radieuse; ses petits yeux gris s'étaient illuminés et me dardaient des regards pleins d'étonnement, de reconnaissance et de cupidité satisfaite. Moi, je revins vers Sainte-Ursule, et, cette fois, je sonnai d'une main plus ferme et plus hardie; car, je l'avouerai à ma honte, la joyeuse bénédiction de la vieille, tout intéressée qu'elle était, m'avait donné du courage.

J'entendis alors distinctement qu'on venait vers moi.

Un petit grillage pratiqué dans le haut de la porte se démasqua d'abord, un œil encapuchonné y parut comme pour s'assurer de l'opportunité d'ouvrir la porte tout entière, puis enfin cette porte s'entre-bâilla, et une femme vêtue de noir, au visage assez refrogné, la sœur Marthe, probablement, se montra dans l'espace laissé libre, et attendit que j'eusse parlé.

— Je viens pour accorder le piano de mademoiselle.

C'était la première fois de ma vie que je mentais, et toute la loyauté de mon sang se révolta. Mais il n'était plus temps de reculer, et je n'en avais pas le désir.

La femme vêtue de noir me regarda, et je me hâtai d'ajouter :

— L'accordeur ordinaire est malade.

Et, comme passe-port, je montrai ma trousse.

Alors la femme noire, disons tout de suite la sœur Marthe, car je vis, quelques instants après, qu'en effet c'était elle, parut convaincue, se décida à ouvrir plus largement la bienheureuse porte, si longtemps défendue, et me laissa passer. Elle referma et verrouilla ensuite soigneusement l'entrée que je venais de franchir, se dirigea vers une cloche équipée dans l'angle d'un mur, et, après avoir sonné deux coups vigoureux et sonores de ce tocsin, de cette cloche d'alarme, pour annoncer sans doute à la communauté la présence d'un étranger et préserver les pieuses filles de l'approche d'un profane, elle me fit signe de la suivre; tout en marchant, elle choisissait et préparait, dans un pesant trousseau de clefs de toute espèce, véritable arsenal, les clefs dont elle allait avoir besoin, mettant à ce choix difficile beaucoup d'importance, de gravité et une sorte de coquetterie sérieuse, pour bien me montrer combien son secours m'était nécessaire et comment on faisait bonne garde à Sainte-Ursule.

Traversant une partie du jardin, elle me guida, toujours sans dire un mot, vers un pavillon séparé, défendu par une grille qu'elle ouvrit, et qui nous donna accès sous une voûte assez sombre. Les sinuosités d'un long corridor nous conduisirent au pied d'un escalier protégé par une nouvelle grille. Arrivés au premier étage, nous nous arrêtâmes sur le palier. Elle s'approcha discrètement d'une porte basse, en chêne sculpté, encadrée dans une arcade surbaissée, y frappa légèrement, appliqua son oreille sur la porte en écoutant avec attention, et appela enfin à demi-voix et d'un ton contenu qui semblait troubler à regret le silence profond qui nous entourait :

— Monsieur Bada-Bene ! monsieur Bada-Bene !

La porte en chêne s'ouvrit, et le personnage que Marthe appelait de ce nom bizarre parut et s'arrêta sur le seuil.

M. Bada-Bene était un assez gros homme, vêtu de noir et cravaté de blanc; ses yeux bruns, surmontés d'épais sourcils tout grisonnants, semblaient se conformer à cet uniforme. Il y avait en lui du sacristain et du majordome.

— On vient, lui dit Marthe, toujours à demi-voix, pour accorder le piano de mademoiselle.

M. Bada-Bene me regarda d'un air de défiance, et,

se postant devant sa porte dans une attitude de résistance passive :

— Je ne connais pas ce monsieur, dit-il à la sœur avec l'accent soutenu et retentissant malgré lui d'un trombone qu'on modère, et d'un ton qui justifiait parfaitement son nom [1] ou son surnom.

Marthe, probablement pour se mettre à couvert, et comme un douanier qui tendrait à se justifier d'avoir laissé passer un paquet qui sent la fraude, ou un voyageur suspect, m'épargna l'ennui de la réponse.

— L'accordeur ordinaire est malade, monsieur Bada-Bene.

— Ah! c'est vrai, dit celui-ci quittant sa position défensive et prenant une physionomie plus engageante; oui, je l'avais oublié, M. Albrecht est malade, on me l'a dit; entrez, monsieur l'accordeur; cela se trouve très-bien. Sœur Marthe, continua-t-il, mademoiselle, après la messe, est allée se promener dans le jardin avec Souveraine : faites-lui savoir, et sur-le-champ, à l'instant même, entendez-vous, que l'accordeur est là.

J'entendis ces paroles avec ravissement, prévoyant qu'elle avait à donner à son accordeur quelque instruction spéciale.

— J'y vais, j'y vais moi-même et tout de ce pas, monsieur Bada-Bene.

Et elle redescendit les degrés, me laissant en présence de M. Bada-Bene, qui me fit passer sous son arcade, me fit traverser une grande pièce, espèce de réfectoire aban-

---

1. *Bada-bene,* en italien : *Prends bien garde.*

donné, souleva une épaisse portière en tapisserie qui masquait l'entrée d'une petite galerie, et m'introduisit enfin dans le sanctuaire, où je pénétrai plein d'espoir et de joie. J'étais dans le salon de l'inconnue, ou plutôt dans son cabinet d'étude, dans l'asile qu'elle devait préférer, dans sa prison peut-être, et devant son piano, son ami, captif comme elle ! Je le savais déjà, par ma propre expérience, et je l'ai encore appris depuis, le piano est le compagnon du musicien, le dépositaire de ses plus secrètes pensées, ami fidèle, dévoué dans ses accents comme dans son silence, toujours discret, qui sait se taire à propos et n'interroge jamais.

Je devais donc à mon excellente alliée Armide le bonheur d'être admis dans la retraite intime de notre mystérieuse beauté ; je respirais l'air qu'elle avait respiré, je marchais sur le tapis qu'elle avait foulé, j'y cherchais la trace de ses pas. Tout ce salon était rempli d'elle. En disposant son piano pour m'y établir, pour m'en emparer, je dus prendre les partitions qu'elle y avait déposées, les transporter moi-même sur sa table, chargée de livres et de papier de musique tout couvert de notes mélodieuses qu'elle y avait sans doute tracées de sa main. Par malheur, la présence de Bada-Bene, qui n'avait pas quitté le salon, et qui paraissait vouloir m'honorer d'une surveillance peu flatteuse, m'empêchait, à mon grand regret, de pousser bien loin mes inquiètes investigations. En faisant tous ces préparatifs, en touchant ces objets qui étaient à elle, qu'elle avait touchés, il me semblait que je commençais à prendre part à sa vie, que je lui appartenais.

J'ouvris son piano avec joie, et la mission que j'avais à remplir, et qui, jusque-là, m'avait paru assez ridicule, prit tout à coup un autre aspect dans ma pensée et se revêtit des couleurs les plus séduisantes. Il me sembla que j'allais accomplir un devoir tout rempli de charmes. Je promenais avec joie mes doigts sur ces touches sonores qu'elle avait animées de son jeu charmant, de sa grâce, de son élégance. En transportant ses partitions, j'étais entré dans le secret de ses préférences, j'avais pu voir quels étaient les maîtres objets de ses prédilections. Je jouai, comme pour essayer l'instrument, quelques fragments de ces partitions choisies, pour évoquer les sons qu'elle avait évoqués, et vivre de la même musique qu'elle. Je me disais aussi que ce piano allait former comme un lien mystérieux et sympathique qui nous unirait tous les deux; que les cordes que j'allais modifier à mon gré conserveraient quelques traces de mon souvenir, qu'elles lui parleraient de moi, de la tendresse profonde et dévouée que je sentais respirer au fond de mon cœur, qu'elles sonneraient peut-être plus douces et plus harmonieuses à son oreille; et puis n'allais-je pas la voir? Elle allait rentrer dans son appartement; elle me reconnaîtrait, elle ne pouvait avoir oublié ces regards si ardemment fixés sur elle pendant son apparition chez Dardanelli, elle avait dû remarquer l'extase où m'avait jeté son chant si pur. Que lui dirais-je alors? Le surveillant incommode qui me gardait en son absence s'éloignerait sans doute; je parlerais, j'ouvrirais mon âme, et peut-être apprendrais-je enfin le mystère de sa destinée. Elle saurait du moins qu'elle pouvait compter sur un ami fidèle, qui mettait à ses pieds son obéissance et son dévoûement, qui lui offrait sa vie tout entière.

— Vous n'avez pas besoin de tant vous presser, me dit gravement Bada-Bene, enfoncé dans un vaste fauteuil auprès de la cheminée, dont il attisait le feu, et qui, de ses regards profonds toujours dirigés vers moi, remarquait probablement dans mes mouvements une agitation à laquelle le tranquille M. Albrecht ne l'avait pas habitué. Ne vous pressez pas, prenez-en à votre aise, vous avez tout le temps d'accorder ce piano.

— Je ne me presse pas; bien au contraire, je crois convenable d'attendre mademoiselle. Vous lui avez fait dire que l'accordeur était là, elle a sans doute quelques recommandations à me faire, quelques ordres à me donner. Elle veut probablement me dire d'accorder son piano un peu plus bas; car, en effet, le ton en est un peu élevé.

Et je faisais sonner mon diapason, que j'écoutais en le laissant vibrer longuement, et en le comparant au son du piano, pour gagner du temps d'abord, pour me donner une contenance aux yeux de mon Argus, et surtout pour avoir l'air d'un praticien habile et consommé dans son art, car la voix mordante de Bada-Bene, qui était venue tomber au milieu de mon rêve, m'avait éveillé en me rappelant à mon devoir, à la prudence, au rôle modeste que j'avais à remplir, et m'avait fait sentir la nécessité de rentrer tout à fait, et d'une manière complète, dans l'exercice de mes fonctions, dont je ne voulais plus m'écarter.

— Du tout, du tout, du tout, du tout, me répondit

Bada-Bene en montant d'un ton à chaque nouveau *du tout*. J'ai fait prévenir mademoiselle que vous étiez là, c'est vrai, mais c'est pour qu'elle ne vienne pas. Elle est folle de musique, c'est encore vrai, mais elle a horreur des accordeurs et du tapage qu'ils font. Tenez, si elle était là, si elle vous avait vu, si elle vous avait entendu surtout, il y a longtemps qu'elle se serait sauvée. Moi, je suis comme elle, et toutes vos affreuses tapoteries me font mal à la tête ; mais je reste pour vous tenir compagnie. Ainsi donc ne l'attendez pas ; faites sonner votre petite paire de pincettes tant que vous le voudrez (c'est mon diapason qu'il qualifiait ainsi), et tiraillez, tortillez, débrouillez vos cordes tant qu'il vous plaira ; vous pouvez même en casser, si cela vous amuse, pourvu que vous les remettiez aussi bien que le fait notre ami Albrecht. A propos, qu'a-t-il donc, ce pauvre homme ? J'ai envoyé de nouveau Joseph chez lui ce matin, on a répondu qu'il était malade ; est-ce que c'est sérieux ?

— Non..., rien, un rhume, une courbature.

— Toutes les fois que le brave homme s'en va, nous entrons en bas à l'office, et nous y trouvons toujours, par hasard, une bonne bouteille de bordeaux ; si vous voulez faire comme lui, je suis votre homme, et nous boirons à sa santé : que vous en semble ?

— Merci, une autre fois.

— C'est donc lui qui vous a envoyé ?

Je me dispensai de répondre à cette question en suivant le conseil que venait de me donner Bada-Bene. Je tendis brusquement et outre mesure une grosse corde.

qui éclata et se rompit avec un bruit terrible ; je donnais ainsi une sorte de satisfaction à ma colère et à mon impatience, car le bavardage grossier de cet homme, sa familiarité qu'il me fallait subir, m'exaspéraient ; et la certitude que je venais d'acquérir que je ne verrais pas l'inconnue comme je m'en flattais encore un moment auparavant, m'avait mis le désespoir dans l'âme. Je sentais qu'un plus long séjour dans cette maison me devenait impossible. Le rôle que je jouais me paraissait insupportable ; j'étouffais maintenant dans ce salon, auprès de ce rustre qui me traitait en ami, et j'avais hâte de m'éloigner au plus vite. Mais je venais moi-même de m'imposer une tâche nouvelle, et le remède que j'avais employé pour donner une issue à ma mauvaise humeur me devenait fatal ; car, avant de songer à la retraite, il me fallait nécessairement réparer le désastre dont j'étais l'auteur, et ce ne fut pas sans travail et sans peine que j'y parvins. Trois fois la corde nouvelle se brisa entre mes mains malhabiles, à la grande joie de M. Bada-Bene, que ma contrariété semblait remplir d'un contentement qu'il ne se mettait pas en peine de cacher, et qu'il manifestait par de longs et bruyants éclats de rire.

J'avais enfin terminé tant bien que mal ma pénible besogne, et j'allais me retirer lorsque Bada-Bene, qui avait fini par s'endormir dans son fauteuil, se leva et vint à moi.

— Allons, allons, me dit-il, vous n'êtes pas fort, et M. Albrecht est plus habile que vous. Il faut travailler, jeune homme ; ce n'est pas l'oreille qui vous manque, je m'y connais un peu, je pourrais dire beaucoup; j'ai été souffleur d'orgue, et je puis dire que je m'en acquittais bien. J'étais de première force, n'ayant jamais soufflé que dans des cathédrales, à Saint-Pierre de Rome, au dôme de Milan, à Vienne, à Prague, à Strasbourg; car j'ai beaucoup voyagé, soufflant partout. Eh bien donc, ce n'est pas l'oreille qui vous manque, c'est la main, l'habitude; mais cela viendra, vous me paraissez avoir des dispositions et surtout beaucoup de conscience, et, avec de la conscience et de bonnes cordes, on est bien fort. Mais Albrecht est plus fort que vous, et il va plus vite, il a plus d'aplomb, plus de coup d'œil. Après cela, ne vous gênez pas, et, si vous n'êtes pas entièrement satisfait de votre ouvrage, ce qui, entre nous, ne m'étonnerait guère, vous pouvez rester tant qu'il vous plaira dans ce salon, et tout recommencer si vous voulez. Mademoiselle ne rentrera pas de sitôt : c'est l'heure de sa promenade dans la forêt, et je viens de la voir sortir tout à l'heure avec Souveraine.

Je me demandais, pendant ce long discours, si Bada-Bene parlait sérieusement ou s'il me connaissait, si j'étais trahi, s'il se moquait de moi. Plus il parlait, plus il me devenait odieux, et je me promettais bien, si jamais il me tombait sous la main, de lui administrer une solide correction; cependant j'avais gagné vers la porte, et j'allais enfin voir la fin de mon supplice, lorsqu'il m'arrêta de nouveau :

— Eh bien !

— Eh bien..., que voulez-vous encore..., monsieur... Bada-Bene?

— Eh bien, quoi ! vous vous en allez ainsi, sans être payé ! Vous êtes donc bien riche, monsieur... Mais comment donc vous appelez-vous ?

Le sang me monta violemment à la tête, et ma haine contre cet homme, ma rage devinrent si fortes, que j'éprouvai une violente tentation à laquelle heureusement je sus résister. Je venais de me rappeler que j'avais des pistolets dans ma poche, et, involontairement, je me mis à les caresser pour me consoler de tout ce que je souffrais.

— Ah ! que je suis bon ! continua-t-il sans attendre ma réponse, vous êtes Léonard ! son élève Léonard, dont il m'a parlé souvent ! Assez bonne tête, n'est-ce pas ? Exact, fidèle, consciencieux, à ce qu'il dit du moins, mais maladroit ! maladroit ! Et quelle main ! quelle lourdeur ! quelle gaucherie ! Oh ! c'est bien cela, il a raison. Il faut travailler, Léonard ; vous êtes jeune, cela viendra. Tenez, voilà vos dix-huit francs, c'est le prix qu'on donne à M. Albrecht, à cause du voyage et du temps perdu, et c'est bien payé.

Je ne sais comment je vins à bout de me contenir ; mais j'eus assez d'empire sur moi-même pour lui dire qu'étant venu à la place de M. Albrecht, je priais qu'on lui réservât cet argent.

— Comme vous voudrez, Léonard ; mais c'est bien, c'est bien à vous. Allons, Albrecht a raison, je vois qu'il vous a bien jugé, et, si vous êtes maladroit, vous êtes au moins un honnête garçon. Il faut continuer comme ça, et ne pas vous laisser gâter par le monde. Bada-Bene vous estime, pas comme accordeur, mais comme homme. Allons, bon voyage ! Trouverez-vous bien votre chemin dans tous ces corridors ?

Et le manant me tendit la main. Je m'enfuis au plus vite, descendis rapidement l'escalier, et, rencontrant heureusement, et comme à point nommé, sœur Marthe au pied de l'escalier, je me hâtai de franchir tous les obstacles qu'elle aplanissait devant moi. Je me vis libre enfin, heureux de me retrouver dans la rue des Ursulines, de revoir les prairies moissonnées par madame Pacot, de n'être plus oppressé par toutes ces grilles, ces serrures, ces clefs grinçantes, d'être surtout délivré du monstre Bada-Bene.

Mais je plaignais plus que jamais, et de toutes les forces de mon âme, la malheureuse obligée de vivre et de se cacher au fond de cette solitude, derrière tant de portes amoncelées qui la séparaient de l'air et de la liberté, et dont le poids devait l'étouffer, et forcée, pour comble de maux, de subir les services, et sans doute la surveillance de son odieux majordome. Ce dernier malheur me semblait le plus cruel de tous.

Et cette *Souveraine* dont j'avais entendu parler plusieurs fois, qui pouvait-elle être ? Quelque Bada-Bene femelle, sans doute. J'éprouvais toutes les angoisses de l'infortunée. Armide avait raison ; il me paraissait impossible qu'elle acceptât volontairement et de son plein arbitre ces chaînes si pesantes et cette triste vie ; il fallait la délivrer : il me semblait l'entendre invoquer mon secours.

Bada-Bene m'avait dit l'avoir vue sortir pour faire sa promenade habituelle, c'était peut-être un mensonge du rusé majordome; je n'en résolus pas moins de prendre ma voiture et de parcourir la forêt; peut-être un hasard favorable me permettrait-il de rencontrer la malheureuse que je voulais secourir.

Je me hâtai donc de courir vers ma voiture; mais, lorsque j'arrivai à l'endroit où je l'avais laissée et où elle devait m'attendre, je ne la trouvai plus, elle avait disparu.

IX

MADAME D'ELBY.

La disparition de ma voiture me causa une vive contrariété. J'aurais voulu pouvoir entreprendre sur-le-champ une course à travers la forêt; puis, si mes recherches avaient été infructueuses, comme je n'avais que trop lieu de le craindre, je voulais, profitant de tous les renseignements que m'avait donnés madame Pacot, aller trouver madame d'Elby dans son château de Blamont. Je pris quelques rapides informations dans les environs; mais personne ne put me donner de renseignements. Je pensai que le cocher et les chevaux, fatigués de leur longue station et ennuyés de m'attendre, avaient cherché un asile dans quelque cabaret hospitalier, et, sans poursuivre plus longtemps mon enquête, je me dirigeai vers la terrasse, bien certain d'y trouver une voiture à ma disposition.

J'avais à peine fait quelques pas dans l'avenue de boulingrins, que je vis une voiture arrêtée au milieu de la chaussée; mais ce n'était pas la mienne et elle était occupée : devant une des portières se tenait debout ma nouvelle connaissance, madame Pacot, accompagnée cette fois de Babet la chèvre, et dans l'attitude d'une conversation animée. J'étais trop discret pour chercher à troubler cet entretien; d'ailleurs, je n'avais plus rien à apprendre de la vieille moissonneuse, et je ne me souciais nullement de recommencer ma causerie du matin. Je me contentai donc de jeter un regard curieux dans l'intérieur de la berline; il me suffit d'un coup d'œil pour m'assurer que celle que je cherchais n'était pas là, et je passai rapidement.

Mais j'entendis bientôt que j'étais poursuivi. Un galop léger faisait retentir derrière moi la terre desséchée. Je tournai la tête : Babet la chèvre courait après moi, suivie de madame Pacot, faisant force de jambes et excitant de sa voix cassée son agile avant-courrière. Craignant d'être vaincu dans cette chasse, redoutant le danger, facile à prévoir, d'une rencontre involontaire et d'un choc par trop brusque; curieux, d'ailleurs, de connaître la cause de cette poursuite animée, je fis volte-face et m'arrêtai. Pendant ce temps, la voiture, se dirigeant vers la contre-allée où j'attendais Babet de pied ferme, s'approchait de moi, et, cette fois, je reconnus, et avec une vive satisfaction, madame d'Elby penchée à la portière; m'adressant avec chaleur et vivacité toute sorte de gestes empressés et affectueux et me faisant signe de l'attendre.

— Quoi! s'écria-t-elle dès que je fus à la portée de sa voix, quoi! mon cher Gustave, vous ici, à Saint-Germain, au mois de mars et devançant le printemps! Vous êtes donc ici pour une partie de chasse et tout à fait remis des suites de votre blessure? Et vous ne venez pas me voir à Blamont! Mais c'est fort mal; mais je vous ai écrit ce matin : auriez-vous déjà reçu ma lettre?

Ce qui m'avait fait négliger madame d'Elby, dont j'avais reçu dès mon arrivée à Paris toute sorte de témoignages d'une amitié et d'une affection que je devais à sa liaison avec ma mère, c'était son infatigable, son impitoyable activité. Elle avait conservé dans sa verte et pétulante vieillesse un amour pour le plaisir que chaque jour semblait développer et consolider davantage. Elle donnait incessamment des fêtes dans son hôtel à Paris ou dans son château de Blamont, et il fallait que tous ses amis fussent à ses ordres pour la servir dans ses joyeuses dispositions. Connaissant ma réputation bien établie de *dilettante* et mes assiduités dans quelques théâtres, elle m'avait souvent demandé de la seconder dans l'administration difficile des nombreux concerts qu'elle offrait à sa société; mais ma blessure avait bientôt mis un terme à ses affectueuses importunités et placé à couvert ma bonne ou peut-être ma mauvaise volonté; et, comme elle avait l'esprit inventif, qu'elle se piquait d'innover, chaque fête nouvelle était l'occasion d'une véritable alerte et d'un terrible sauve-qui-peut chez ses amis les plus dévoués.

Je lui répondis que j'étais ravi de la rencontrer, que

les médecins m'ordonnaient le grand air, des courses matinales à la campagne, que j'étais guéri, que je me disposais précisément à aller, le jour même, lui faire une visite à Blamont, que j'avais perdu ma voiture et que je n'avais pas reçu sa lettre.

— Vous avez perdu votre voiture? Voilà qui est bizarre. Eh bien, tant mieux, montez dans la mienne, nous causerons.

Et comme je désirais beaucoup moi-même causer avec elle, j'acceptai sans me faire prier, prévoyant un déluge de paroles, mais résigné d'avance à l'essuyer, bien certain de pouvoir ensuite mettre la conversation sur le chapitre de la pensionnaire de Sainte-Ursule, et décidé à décocher à mon tour à madame d'Elby une foule de questions auxquelles elle serait certainement enchantée de répondre. Il était possible, d'ailleurs, qu'elle vînt au-devant de ma pensée, et qu'elle me parlât la première de la pauvre esclave de M. Bada-Bene. Tout était donc pour le mieux, et je franchis légèrement le marchepied, préparé à tout écouter sans sourciller, jusqu'à ce qu'il me fût permis de prendre la parole. Ce n'était plus qu'une affaire de temps, et je consentis en moi-même à faire le sacrifice d'une heure de ma vie, dont je mis les soixante minutes à la disposition de la loquace mais aimable vieille. Cette heure me parut au moins nécessaire pour l'entier écoulement de la faconde d'une bavarde que je n'avais pas vue depuis deux mois. Par un mouvement machinal, suite de ma supputation intérieure, je tirai ma montre.

— Qu'avez-vous? me dit-elle, que faites-vous?

Voulez-vous me tâter le pouls, ou bien êtes-vous pressé? Avez-vous quelque rendez-vous que vous n'osez confier à votre vieille amie? Vous savez cependant que je suis indulgente.

— Non, chère madame d'Elby, je suis libre; mais il est deux heures, et je vous préviens qu'à trois heures je vous demanderai la parole.

— Quoi! vous me donnez une heure, une heure entière! C'est généreux, j'en conviens; mais vous devez bien cela à la pauvre madame d'Elby depuis le temps que vous ne l'avez vue, c'est-à-dire entendue; et pourtant une heure ce n'est guère pour un orateur de ma force. Allons, je vais m'efforcer d'être brève.

» Sachez, Gustave, que, dans huit jours, je marie ma nièce Adrienne, que vous connaissez bien, et qui vous aime bien, cette chère enfant. Nous vous aimons tous, ingrat que vous êtes! Vous pressentez déjà, sans que j'aie besoin de vous le dire, que c'est l'occasion toute naturelle d'une fête, et quelle fête! Vous ai-je jamais dit que feu mon arrière-grand'mère, qui est morte fort vieille, et j'espère bien faire comme elle, était de son vivant dame d'atours de la duchesse de Bourgogne, et que le grand roi ne dédaignait pas de la consulter pour les fêtes de Versailles et les voyages de Marly? Eh bien, depuis cette époque, l'amour des spectacles brillants est entré dans ma famille; si vos ancêtres ont gagné des batailles, les miens, Gustave, ont donné de nobles fêtes, et se sont illustrés dans les carrousels et les bals de la cour; d'ailleurs, je puise dans le voisinage de Marly des souvenirs qui me pressent et m'inspirent. Je vais donc offrir de magnifiques divertissements à mes amis, et vous savez si je compte sur eux, sur leur zèle pour me seconder. Mais, dans cette occasion solennelle, j'ai plus que jamais besoin de vous, de vous, surtout, mon cher enfant, et voilà pourquoi je vous ai écrit ce matin. Écoutez-moi bien, je parle très-sérieusement : je vous destine un rôle, personnage important, et vous pouvez choisir entre Orphée, Pluton ou Caron.

— Vous me confondez. Permettez-moi, au moins, quelques instants de réflexion avant de me décider entre des personnages aussi illustres ; ou plutôt, non, mon choix est fait, et si vous faites Eurydice, je choisis Orphée.

— Ne plaisantons pas ; je vous donnerai une Eurydice, Gustave, dont vous ne vous plaindrez pas.

— Nous allons donc chanter le grand opéra ?

Et je ne sais quel vague espoir me disait que madame d'Elby, sans le savoir et sans le vouloir, s'avançait sur mon terrain.

— J'ai fait bâtir à Blamont une salle de spectacle, une vraie salle, avec un théâtre, un orchestre, un parterre et des loges à salon, comme à l'Opéra et à l'Opéra-Comique, pour me conformer au goût du jour. Voilà pourquoi vous ne m'avez guère vue à Paris cet hiver. Je suis restée à Blamont pour tout diriger, tout surveiller moi-même. Vous allez voir cela, car je vous emmène à Blamont, n'est-ce pas, et vous dînez avec nous ?

— Je vous suivrais jusqu'au bout du monde, chère madame d'Elby, mais ma toilette...

— J'enverrai quelqu'un à Paris, vous donnerez un mot pour votre valet de chambre. Cela me regarde, laissez-moi faire. Vous resterez avec nous, et, avec le secours d'Adrienne et d'Eurydice, vous choisirez votre rôle.

— Mais au moins mettez-moi au courant, dites-moi quelle est cette Eurydice?

— C'est Eurydice elle-même enlevée aux enfers. Vous verrez, vous verrez, c'est un mystère; il vous sera dévoilé.

— Elle est donc à Blamont?

— Elle doit y être maintenant; car je n'ai pu vous dire encore, vous m'interrompez sans cesse, que je fais aujourd'hui ma première répétition. Tout le monde m'attend; mais, comme ma salle n'est pas encore terminée, que les menuisiers, les tapissiers, les serruriers, les peintres travaillent encore, il n'y a pas de mal que toute la besogne s'achève pendant que nous causons ici tranquillement. J'ai, d'ailleurs, encore quelques acquisitions indispensables à faire. On doit bien cogner à Blamont maintenant.

Pendant tous ces discours, la voiture avait eu le temps de faire le tour de la terrasse; mais elle était rentrée dans la ville et venait de s'arrêter à la porte d'un magasin. Madame d'Elby descendit, y resta quelques minutes, se fit conduire chez plusieurs marchands, bouleversa tout, et, malgré mes préoccupations, je dus m'associer à sa dévorante activité.

Je ne pouvais cependant m'empêcher d'espérer que l'Eurydice de madame d'Elby était ma chère inconnue;

21

et je me rappelai alors qu'en rentrant chez moi, après l'avoir vue pour la première fois, j'appelai l'Incognita de ce nom mystérieux! Était-ce donc un présage, une inspiration, un avertissement secret de la destinée? Il me semblait que je n'en pouvais douter, et le désir ardent qui me poursuivait de voir se réaliser mon espérance, la crainte de la voir déçue, étaient autant d'aiguillons pour mon impatience, qu'il me fallait pourtant soumettre aux exigences de mon guide.

— Maintenant, Tony, dit madame d'Elby quand nous eûmes enfin terminé les emplettes et rempli la voiture de paquets, à Blamont, et sans nous arrêter. Voyez-vous, continua-t-elle, Gustave, à mon âge, on connaît le prix du temps, et je ne crains pas la fatigue, surtout quand elle doit amener pour mes amis un plaisir qui devient un bonheur pour moi. Ne fais-je pas tout cela, d'ailleurs, pour le mariage de ma chère Adrienne? Je me hâte pour qu'elle soit heureuse plus tôt. Et puis à quoi voulez-vous que j'emploie mes heures, mes jours, tout le vieux temps qui me reste? Je me rajeunis en m'agitant, et, chaque jour, je trompe ainsi honnêtement mes cheveux blancs. A propos, quelle heure est-il? montrez-moi votre montre. Trois heures; vous le voyez, Gustave, l'heure est écoulée, mais il n'y a pas une minute de plus. Eh bien, ai-je abusé de la parole? vous ai-je ennuyé, comme vous le redoutiez positivement, convenez-en?

— Ah! vous ne le croyez pas! vous ne pouvez le croire! Vous m'avez vivement intéressé, et je suis heureux, plus heureux que je ne saurais vous le dire, du hasard propice qui m'a envoyé vers vous, et je le bénis mille fois.

— Mais vous m'aviez dit qu'à trois heures, à trois heures précises, vous vouliez parler à votre tour ; vous l'avez dit en toutes lettres, et voilà trois heures qui sonnent au château de Saint-Germain. A mon tour, j'exige que vous preniez la parole, et je vous la cède avec empressement. Voyons, avez-vous quelque chose à me dire, quelque conseil à me demander? Vous savez combien je vous aime, combien je vous suis dévouée, et, si je puis vous être utile...

— Merci, ma chère et bonne amie! c'était une plaisanterie, je n'ai rien à vous dire, si ce n'est que je sais que je puis compter sur votre amitié. Non, j'aime mieux vous entendre ; et maintenant, c'est moi qui vous supplie de me rendre votre charmante conversation. Tenez, parlez-moi de vos projets d'opéra, de votre répétition, de votre Eurydice.

— Non, vous en causerez tout à votre aise avec Adrienne. Ces deux jeunes filles s'adorent. Moi, je veux me reposer un peu, et, jusqu'à Blamont, je ne dirai plus un mot : cela vous affligera peut-être, mais c'est un parti pris.

Je n'étais pas fâché de cette trêve, qui me laissait à toutes mes pensées. Nous restâmes tous les deux silencieux. Une demi-heure après, nous entrions à Blamont.

X

EURYDICE.

La première chose que je vis dans la cour, ce fut ma voiture, paisiblement dételée, et ayant l'air de se soucier fort peu de son légitime propriétaire. Mais je ne m'occupai nullement de chercher la solution de ce problème. Je suivis madame d'Elby, qui me conduisit sur-le-champ vers son théâtre. La cour du château était toute pleine d'un mouvement qui semblait ravir de joie l'inquiète *impressaria*. Des ouvriers de toute sorte s'y agitaient au milieu de matériaux de toute espèce. J'entendais au loin les bruyants marteaux, animés de rhythmes divers et discordants, frapper les uns après les autres à coups précipités, comme pour témoigner, par cet ensemble assourdissant, d'un empressement général à terminer ces importants travaux. Chacun se hâtait. On sentait qu'une grande œuvre allait s'accomplir; on voyait, à l'air affairé de tout le monde circulant et se croisant dans la vaste cour, que l'heure était venue, et qu'il fallait désormais livrer le monument, objet de tant de soins, à de plus nobles travailleurs.

Le trajet était long; le nouveau théâtre était tout au bout du parc, une galerie couverte y conduisait; madame d'Elby avait sagement tout prévu pour l'agrément et la sécurité de ses hôtes, et avait voulu mettre sa fête à l'abri d'un caprice du temps. Tout en cheminant, elle me donna encore de nombreux détails. Sur chaque pièce d'eau voguerait une île flottante, étincelante de lumière, pleine de musique, de chœurs suaves et doux. L'orangerie deviendrait un riche et vaste bazar ; chaque allée du parc recèlerait sa surprise et aurait sa magie.

— Quant à l'opéra, et dans lequel vous aurez un rôle, mon cher Gustave, Adrienne vous en parlera mieux que moi. Je lui ai délégué la direction absolue de la partie musicale. Je sais seulement que ce sera merveilleux, quelque chose de rare, une musique oubliée, inconnue, un débris charmant d'un autre âge. Vous dire au juste ce que c'est me serait impossible ; et puis, franchement, ça m'est égal ; il me suffit que ce soit piquant et neuf à force de vieillesse. Habeneck lui-même, Habeneck, entendez-vous, viendra conduire l'orchestre, où vous verrez briller toutes les étoiles du Conservatoire. Seulement, ce qui me contrarie, et ce qui contrarie encore bien plus ma pauvre Adrienne, c'est que nous avons déjà trois chanteurs enrhumés ; cela est inquiétant : Proserpine est au lit, Orphée tousse, et Pluton est pris de la gorge.

— Et Caron ?

— Caron est à la chasse. La répétition ira tout de travers, je le vois d'avance. Ah ! le métier de directeur de théâtre a bien ses épines. On ne sait pas assez cela dans le monde ; mais tout cela s'arrangera, parce que tout s'arrange ; c'est mon système, et je ne m'inquiète jamais outre mesure. Nous avons aussi un ballet, un ballet délicieux, sept jeunes néréides, toutes de l'Opéra et choisies parmi les plus brillantes. Tenez, les voilà.

Nous avions quitté la galerie couverte pour rentrer dans le parc, et, au moment où madame d'Elby prononçait ces dernières paroles, la troupe des néréides passait, en effet, gaiement au bout de l'allée. Il me sembla voir en tête une petite figure de connaissance ; et, comme je regardais avec plus d'attention, je recueillis de loin un léger signe de tête plein d'intelligence, un salut amical et gracieux, adroitement dissimulé et imperceptible pour tout autre que moi ; mais j'avais assez d'habitude de la pantomime et une connaissance suffisante de la scène pour apprécier toute la valeur de ce jeu muet et en comprendre la portée. C'était Amanda, l'élève de Terpsichore, la jeune débutante, cause involontaire de mon premier coup d'épée, qui m'envoyait ainsi, tout en continuant sa course à travers le jardin, un témoignage d'amitié et de bon souvenir. La rencontre d'Amanda fut pour moi un trait de lumière, et je devinai sur-le-champ, quoique incomplétement, le mystère de ma voiture ; mais je dois avouer que je ne conçus contre la néréide aucun ressentiment, tant je lui sus gré d'avoir assaisonné son signe de reconnaissance de tant de convenance et de discrétion, et d'être restée avec moi dans les limites de la mythologie.

Enfin, le monument élevé par madame d'Elby nous apparut.

— Voilà mon ouvrage, mon cher enfant : n'ai-je pas bien fait de vous amener ici ? Regrettez-vous vos pas, et cela ne mérite-t-il pas une course à Marly ? Figurez-vous un petit palais du meilleur temps de la renaissance, découvert dans une fouille, encore tout rempli de chants mélodieux : voilà ce que sera mon théâtre au jour solennel de la première représentation. L'année prochaine, si je veux, je l'habillerai d'un autre costume.

Il nous fallut ensuite visiter l'intérieur de la salle, elle, donnant aux ouvriers qui la remplissaient encore, ses dernières instructions, n'épargnant ni les conseils, ni les ordres, ni les recommandations, ni les prières ; moi, cherchant du regard Adrienne et Eurydice, les attendant partout, les espérant toujours et les appelant du fond de ma pensée. Lorsqu'elle eut enfin épuisé et fatigué mon admiration, madame d'Elby se décida à m'abandonner.

— Maintenant, Gustave, allez trouver Adrienne, elle aura besoin de vous, et vous allez lui être bien utile. Vous la trouverez là tout près, dans l'orangerie, avec notre Eurydice sans doute, dans un petit atelier que je lui ai ménagé à côté de nos travaux, afin qu'elle m'aide plus facilement dans ma surveillance.

Je ne connaissais Adrienne, comme sa tante d'Elby, que depuis mon arrivée à Paris ; mais, par une sorte d'héritage anticipé, l'ancienne amitié qui avait lié et liait encore madame d'Elby et ma mère était sur-le-champ descendue jusqu'aux rejetons des deux familles. J'éprouvais pour Adrienne une sincère affection qu'elle partageait ; nous étions convenus de nous traiter de cousins, et je l'aimais comme une sœur. Je n'avais donc aucune raison de lui cacher les sentiments qui remplissaient mon âme, et je vous laisse à penser si je désirais que la mystérieuse Eurydice de madame d'Elby fût aussi la mystérieuse Incognita de Dardanelli.

Je courus vers l'orangerie avec un terrible battement de cœur. Je gravis légèrement un étroit escalier qui disparaissait sous les fleurs, et me trouvai devant une porte, armée d'une petite clef que j'interrogeai avec précaution ; la clef obéit, la porte céda, et je pus l'entr'ouvrir sans bruit et sans que rien annonçât ma présence.

Je découvris un charmant réduit tapissé de mille rameaux de verdure, courant tout au travers de légères arabesques. Au milieu de ce petit salon, je vis Adrienne assise à une table et copiant de la musique. Elle était tournée vers la porte et tout à fait absorbée dans son travail. Vis-à-vis d'elle, me tournant le dos par conséquent, était assise une jeune femme dont je crus reconnaître la magnifique chevelure et la taille élégante : un nuage me passa devant les yeux, et, tout plein d'espérance et de joie, j'entrai dans le salon.

Adrienne leva les yeux, et, dès qu'elle m'aperçut, quittant sur-le-champ son travail, elle vint à moi en me tendant la main. Sa compagne se contenta de regarder de mon côté. Je ne m'étais pas trompé, c'était elle, Eurydice, l'inconnue, et plus jolie, plus ravissante encore que la première fois que je l'avais vue.

— Venez donc, Gustave, me dit Adrienne, venez donc ! nous vous attendons ; ma tante vous a écrit ce matin.

— Adrienne, j'étais parti avant de recevoir sa lettre, je devançais son appel ; c'est moi qui accours vers vous.

— Approchez, mon cousin, et faites tout de suite connaissance avec mon amie. Chère Orazia, je vous présente M. le baron Gustave de Stora, notre parent par une bonne et solide alliance, par alliance d'amitié.

Orazia leva sur moi ses beaux yeux ; et, après un moment de silence :

— Adrienne, dit-elle, je connais monsieur.

Les paroles d'Orazia avaient retenti jusqu'au fond de mon cœur.

— Quoi ! dit Adrienne étonné, vous vous connaissez, et sans ma permission ? Et depuis quand, s'il vous plait ?

— Hélas ! depuis trois jours seulement, dis-je à mon tour.

— Voyons, asseyez-vous et contez-moi cela, mon beau cousin.

— L'histoire n'est pas longue, ma belle cousine. J'ai vu mademoiselle et je l'aime.

Adrienne resta stupéfaite. Orazia ne témoigna en rien que je l'eusse offensée ou qu'elle fût même surprise de ma hardiesse.

Je m'étais assis entre ces deux charmantes femmes ; j'étais profondément ému, et j'appréciais avec ravissement le bonheur de cette rencontre si désirée.

— Vous êtes vif, Gustave, et concis dans vos narrations ; mais, en vérité, je ne puis me contenter de cette brève exposition ; il me faut des détails.

— Eh bien, j'étais chez Dardanelli, mon maître de chant ; on y faisait de la musique ; une inconnue, dont personne ne put alors me dire le nom, est venue; elle a chanté comme les anges chantent dans le ciel; puis elle est partie, emportant ma vie avec elle. Je sais maintenant qu'elle se nomme Orazia.

Il y eut encore un moment de silence. Adrienne nous regardait tous les deux d'un air de plus en plus étonné. Orazia copiait, ou du moins feignait de continuer à copier sa musique, qu'elle n'avait pas quittée un instant.

— Oui, chère Adrienne, voilà tout ce que je sais; et, pour ce qui me touche du moins, je n'ai rien de plus à vous dire. Quant aux secrètes pensées de votre amie, j'avoue que mon plus vif désir, mon souhait le plus ardent, est de parvenir à les pénétrer. Vous êtes bonne, Adrienne; vous nous aimez tous deux; souffrez que je m'empare de cette amitié, que je m'en fasse une sauvegarde, un appui, et permettez aussi qu'au nom de l'amitié sincère et dévouée que j'éprouve pour vous, et dont vous ne pouvez douter, je parle ici sans réserve. C'est la première fois depuis trois jours que je retrouve une personne que j'ai ardemment cherchée, et les instants sont précieux.

Alors, je pris le billet qu'Orazia m'avait adressé, que Rosenwald m'avait remis de sa part dans la rue d'Astorg, et que j'avais toujours porté sur moi depuis.

— Est-ce bien vous, mademoiselle, qui avez écrit cette lettre, adressée au baron Gustave de Stora, et qu'on lui a remise de votre part?

— Elle vous a écrit! s'écria Adrienne en joignant les mains.

Orazia prit la lettre, y jeta un coup d'œil et la donna à Adrienne.

— Oui, j'ai écrit à M. de Stora, et vous pouvez lire, Adrienne.

— Que veut dire ceci? s'écria encore Adrienne après avoir lu; que veut dire *une personne obscure dont on trouble la vie?* Que signifie cette signature : *l'Incognita?* Quel est donc ce mystère? Êtes-vous la Dame blanche? En vérité, je le crois, Gustave, c'en est fait, je me mets de votre parti. Concevez-vous que, depuis deux mois que je vois mademoiselle, que je la rencontre tous les jours dans les bois où nous nous promenons solitaires toutes deux, je ne sache rien d'elle, si ce n'est qu'elle se nomme Orazia, en italien encore, qu'elle est charmante et bonne, qu'elle m'aime un peu et qu'elle chante à ravir? Si je la croyais heureuse, du moins, je serais plus patiente et parviendrais peut-être à m'habituer à ce silence...

Quelques coups, légèrement frappés à la porte, pour annoncer une visite, bien importune en ce moment, arrêtèrent Adrienne au milieu de sa période, qu'elle dut suspendre pour dire : « Entrez. »

La porte s'ouvrit, et je vis paraître M. Bada-Bene.

— Qu'y a-t-il, Bada-Bene? lui dit Orazia.

— Je venais voir si mademoiselle n'avait besoin de rien, savoir si elle dînerait aux Ursulines, si mademoiselle demande sa voiture.

— Merci, Bada-Bene, je dînerai ici : dites à Souveraine de m'attendre. Vous enverrez la voiture ce soir.

— On est venu accorder le piano de mademoiselle,

Ah! voici l'accordeur. — Monsieur Léonard, si j'avais su vous rencontrer ici, je vous aurais apporté votre trousse, que vous avez oubliée sur le piano.

Les jeunes filles me regardèrent avec un étonnement facile à concevoir. Moi, je ne dis rien.

— Mademoiselle Adrienne, continua Bada-Bene, serait-elle assez bonne pour me dire où je pourrais trouver M. de Stora ?

— Que lui voulez-vous, Bada-Bene ? Je me charge de vos commissions pour lui.

— Madame la comtesse d'Elby m'avait chargé de dire à M. de Stora que son valet de chambre venait d'arriver avec tout ce qui lui était nécessaire, et qu'elle le priait de s'habiller tout de suite, parce qu'on doit dîner de bonne heure à cause de la répétition. Madame voudrait savoir aussi si mademoiselle Adrienne avait bien mis M. de Stora au fait de tout pour la répétition.

— Oui, Bada-Bene; dites, je vous prie, à ma tante qu'elle peut être tranquille, que tout est arrangé. Je vous remercie.

— Monsieur l'accordeur, monsieur Léonard, me dit Adrienne lorsque le majordome fut parti, si je ne craignais de faire un mauvais calembour, je vous demanderais la *clef* de cette énigme. Est-ce que par hasard vous auriez embrassé une carrière nouvelle ? Êtes-vous venu en France pour cela ? Mon piano est faux, je vous en préviens.

— Je ne sais ce que veut dire cet homme, Adrienne, je vous l'assure. Quelque ressemblance l'abuse,

— Ah! dit Adrienne, que vous êtes heureuse, ma chère Orazia! voilà de la vraie passion : s'introduire dans un couvent sous un déguisement! Mais, malheureux, vous avez dû casser toutes les cordes de cet infortuné piano!

— Léonard a pu casser des cordes; quant à moi, ma cousine, je suis innocent. Mais laissons cela. Vous étiez en train de dire de bien bonnes choses à mademoiselle Orazia, quand ce maladroit est venu vous interrompre.

Orazia se leva alors. Sa noble figure brillait d'une animation extraordinaire.

— Oui, Adrienne, vous aviez raison, le silence que j'ai gardé avec vous jusqu'ici est une mauvaise récompense de la bonne amitié que vous voulez bien avoir pour moi. Je vous dirai de moi tout ce que j'en sais moi-même, et, si M. de Stora, qui est votre ami, veut bien partager l'intérêt que semble vous inspirer ma destinée, je n'aurai pas non plus de secret pour lui.

— Quel malheur qu'il soit si tard! dit avec chagrin Adrienne, et qu'il faille rejoindre ma tante! Voilà déjà l'insupportable cloche du dîner.

— Mais, ce soir..., dis-je.

— Oui, c'est cela, ce soir, reprit Adrienne à demi-voix, comme si nous conspirions contre un ennemi inconnu. Nous nous retrouverons seuls tous les trois; soyez tranquilles, j'arrangerai cela, comptez sur moi. Ah! chère Orazia, lui dit-elle en l'embrassant, aimez-moi et ayez confiance en mon bon cousin Gustave!

XI

ORPHÉE.

Il y eut beaucoup de monde au dîner. Le théâtre de Blamont commençait à faire du bruit, sa renommée s'étendait au loin, et il était venu de Saint-Germain, des environs, de Paris, quelques amis, aussi indiscrets qu'intimes, empressés de jouir par anticipation des merveilles qu'on y préparait. On décida que Blamont effacerait Marly, et on appela madame d'Elby Louis XIV.

Elle se servit de ce surnom glorieux pour exercer sur nous un pouvoir absolu. J'essayai en vain, lorsqu'on fut sorti de table, de proposer une promenade dans le parc, espérant en profiter pour dire quelques mots à Adrienne et à Orazia; car, pendant tout le temps qu'avait duré le dîner, il m'avait été impossible de leur adresser la parole. Madame d'Elby s'opposa à toute tentative de sortie. Il faisait froid, elle craignait d'enrhumer ceux de ses chanteurs que la grippe n'avait pas encore atteints, et, comme elle me comptait, disait-elle, au nombre de ses fidèles, elle me témoigna la plus vive sollicitude et m'empêcha de quitter le salon. Le théâtre était prêt, on allait nous le livrer complètement terminé, brillamment éclairé; il lui tardait d'en prendre possession, d'en entendre l'harmonieuse sonorité. Dans une demi-heure, on se rendrait en corps au théâtre, et la répétition commencerait.

On devine avec quelle impatience j'attendais qu'Orazia remplît sa promesse. Cette répétition annoncée avec tant d'assurance m'inquiétait beaucoup; il me semblait difficile qu'elle pût se concilier avec notre réunion projetée. Je savais qu'Orazia devait se retirer de bonne heure. Adrienne, qui voyait mon anxiété, me rassura par un regard.

— Mais, ma tante, dit-elle à madame d'Elby, est-ce que vraiment vous espérez faire ce soir une bonne répétition, une répétition réellement digne de ce nom? Je conçois qu'il vous tarde de faire acte de souveraineté et de planter votre bannière au milieu de votre nouveau domaine, je conçois que cela vous séduise et vous amuse; mais moi, sur qui pèse une responsabilité immense, tout m'inquiète et m'effraye. L'*influenza*, la grippe, puisqu'il faut appeler par son nom le monstre qui nous entoure et nous menace tous, s'est déjà abattue au beau milieu de votre personnel...

— Je sais, je sais; oui, Pluton, Caron, déités de second ordre...

Un nouvel interlocuteur, le futur d'Adrienne, avec qui je venais de faire connaissance, M. de Puysieux, jeune attaché d'ambassade, prit alors la parole.

— Si on daignait nous mettre dans la confidence, nous pourrions peut-être avoir un avis; nous sommes ici plusieurs qui ne savons rien de rien. Quoi? qu'est-ce? que va-t-on faire? quel opéra va-t-on représenter? Si vous tenez ainsi votre public à l'écart, si vous le laissez

dans l'ignorance, croyez-vous pouvoir compter sur lui ?
Il vous trahira à chaque instant. Le public n'aime pas
les surprises; il demande à être choyé, caressé, échauffé,
trompé même d'avance, pourvu qu'il soit lui-même
complice de la tromperie qu'on lui prépare. Moi, par
exemple, moi qui suis public, et bon public, indulgent, très-disposé à me laisser faire, il m'est impossible
de m'amuser si on ne m'a bien prévenu, bien affirmé,
bien prouvé même que je dois nécessairement m'amuser; protégée par de bonnes autorités, ma conscience
est tranquille, mon plaisir va son train, et je suis heureux, sans crainte et sans souci de l'avenir. Cela est
naturel, cela est juste et légitime, nous n'aimons pas à
nous compromettre. Quoi ! vous voulez me contraindre
à avoir une opinion à moi et à l'exprimer ? Mais vous
n'y pensez pas! Autant vaudrait être juré à la cour
d'assises. Non, non, apportez-moi votre procès tout
gagné, je ne veux pas le juger... Permettez-moi une
petite anecdote.

» L'année dernière, j'étais dans une grande ville où
on se pique d'aimer la musique, et que je ne nommerai pas pour ne pas lui faire de chagrin. Il faut que
vous sachiez que, dans ce temps-là, il y avait à Paris
deux chanteuses, deux sœurs, que nous appellerons
Faustine, si vous voulez. L'une chantait bien, très-bien : c'était une grande artiste; l'autre abritait sa médiocrité sous le nom et sous le talent de sa sœur. Une
des deux Faustine vint à passer dans la ville : elle y
chanta admirablement. Cependant le public restait
froid et insensible ; elle prodiguait en vain ses perles

les plus fines. Moi, j'étais transporté et j'applaudissais, mais tout seul. Je ne pouvais m'expliquer cette froideur, et cependant, le croiriez-vous? je sentais cette froideur, cette glace tomber sur moi petit à petit, m'envahir peu à peu et menacer d'éteindre mon ardeur. Dans l'entr'acte, un assez gros monsieur, bien vêtu, forte tête de l'endroit, vint à moi comme en députation :

— Monsieur, vous avez applaudi la chanteuse?
— Oui, monsieur.
— Vous la connaissiez? vous l'aviez déjà entendue?
— Oui, monsieur.
— A Paris?
— Oui, monsieur.
— Elles sont deux sœurs? continua-t-il d'un ton plus timide.
— Oui, monsieur.
— Celle-ci, monsieur, est-ce la bonne?
— La bonne, oui, monsieur.
— Ainsi, c'est la vraie Faustine?
— La vraie Faustine, la grande Faustine, la Faustine authentique, patentée, oui, monsieur.
— Vous en êtes bien sûr?
— Parfaitement sûr.
— Mille remercîments, monsieur.

Et la députation s'éloigna. Eh bien, au second acte, la vraie Faustine eut un succès prodigieux, effréné. On l'eût sifflée si j'avais dit que c'était l'autre. Voilà des gens prudents, je les admire et je les imite. Je veux savoir si vous nous donnerez de la vraie Faustine, et je demande le nom de votre opéra et l'âge du compositeur.

Cette petite allocution fut assez généralement goûtée; on fut de l'avis de M. de Puysieux. Madame d'Elby lui répondit sur-le-champ :

— Voilà un long discours, mon cher neveu futur, et je vous trouve bien curieux! Eh bien, je vais vous parler franchement et vous ouvrir mon cœur sans détour. Sachez que je partage entièrement votre curiosité, et que je ne serais pas fâchée d'apprendre moi-même ces choses-là. Allons, Adrienne, allons, ma nièce, parlez, et instruisez-nous. Vous avez bien étudié la question, je le sais.

— Mais, ma tante...

— Allons, ma chère enfant, mettez-vous là, dans le fauteuil, au milieu du cercle, et faites-nous une petite notice, une manière de discours d'ouverture; vous devez cette satisfaction à votre futur époux. Seulement, soyez brève, si vous le pouvez. Allons, Adrienne, courage, parlez, nous attendons, nous écoutons.

Un assentiment général, un chœur de supplications accueillirent la demande de madame d'Elby. La pauvre Adrienne, ainsi adjurée de toutes parts, dut céder. Tout le monde se tut, et elle prit la parole.

— Messieurs, mesdames, dit-elle (et, avant de s'asseoir dans le fauteuil désigné, elle fit trois saluts à la façon d'un régisseur qui va faire une annonce), l'ouvrage que nous aurons très-incessamment l'honneur de représenter devant vous est un opéra italien intitulé *Orfeo*. Je me flatte que nous possédons tous assez profondément l'harmonieuse langue du Tasse, que nous sommes tous assez versés dans la littérature italienne pour que chacun ici comprenne sans hésiter que cela veut dire Orphée. La musique de cet opéra a été écrite par un jeune compositeur né à Crémone. Crémone, messieurs, ville célèbre, toute musicale, patrie des bons violons, et que nous connaissons parfaitement, au moins par les contes d'Hoffmann. Permettez maintenant, on paraît d'ailleurs l'exiger, que j'entre dans quelques détails sur la composition de cet ouvrage, dont nous ne pouvons nous flatter d'avoir tout à fait la primeur, puisqu'il a déjà été représenté à Venise, et que, de là, il s'est répandu dans toute l'Italie ; je suis heureuse et fière de pouvoir affirmer qu'il a partout obtenu le plus brillant succès. Je dis ceci pour rassurer entièrement M. de Puysieux et ceux d'entre vous dont la conscience serait aussi timorée que la sienne.

» Mais, me direz-vous, cet opéra est-il en cinq actes? Non, messieurs, rassurez-vous, il n'est pas même en quatre actes, pas même en trois, pas même en deux. C'est un humble petit acte, précédé, il est vrai, d'un petit prologue.

» Je vais vous dire maintenant quels sont les personnages qui agissent dans ce petit acte et dans ce petit prologue.

» Le prologue est rempli par un seul personnage, la Musique; oui, messieurs, la Musique en personne; mais la Musique douce, modeste, comme il convient à une Musique dont l'horizon est aussi borné, et qui n'a qu'un petit acte devant elle.

» Les personnages du drame sont d'abord, et comme vous le pensez bien, Orphée et Eurydice, puis l'Espérance, Caron, Proserpine, Pluton et Apollon. Il y a encore un chœur de nymphes, un chœur d'esprits infernaux, et enfin, pour terminer l'ouvrage, un chœur de bergers qui dansent la moresque.

» Tout ceci n'a rien que d'ordinaire, rien que de facile à prévoir. On pourrait cependant trouver la moresque un peu dépaysée, si le ballet, qui a ses lois, n'avait aussi ses libertés. Mais voici où brille dans tout son éclat le génie du jeune compositeur :

» Ce jeune homme s'est dit : Puisque chaque personnage a son interprète, que chacun de ces interprètes a sa voix bien caractérisée, ténor ou basse, soprano ou contralto, pourquoi chaque personnage n'aurait-il pas aussi son orchestre propre, un orchestre toujours composé des mêmes éléments? qui n'appartiendrait qu'à lui et serait sa propriété particulière? Chacun de ces orchestres bien distincts accompagnerait exclusivement le personnage auquel il serait assigné, chantant quand il chante, gardant le silence quand il se tait, le suivant dans tous les contours de la partition. C'est ainsi que, dans une cour bien organisée, chaque prince, chaque personnage important a ses gardes, ses chambellans, ses pages et ses dames d'honneur.

» Non-seulement notre jeune maître a conçu ce hardi projet, mais encore il l'a exécuté ; et je vais vous dire comment, dans cet opéra que nous préparons avec tant de soins et de peines, se compose la garde de chaque prince, c'est-à-dire l'orchestre spécial de chaque personnage. Ne vous étonnez pas du nom et du choix de quelques instruments qui vous paraîtront peut-être bizarres et singulièrement appropriés. La cause de cette bizarrerie vous sera révélée plus tard.

» La Musique, personnage du prologue, est simplement accompagnée par deux clavecins, deux pianos, si vous l'aimez mieux.

» Deux lyres à treize cordes accompagnent Orphée.

» Eurydice a pour cortége dix dessus de viole, qui murmurent avec grâce, et distribuent tendrement leur sonorité voilée.

» L'Espérance, qui compte sur l'avenir, se contente de peu : elle n'a que deux violons.

» Caron a pour lui seul deux grandes guitares. Proserpine commande à trois violoncelles. Pluton dispose de quatre trombones, et Apollon d'un petit orgue. Le chœur des nymphes a pour accompagnement une harpe double; celui des esprits infernaux, deux grandes orgues à tuyaux de bois; enfin le chœur final des bergers qui dansent la moresque est secondé par deux petits cornets, un flageolet, un clairon et trois trompettes munies de sourdines.

Chacun se récria sur la nouveauté incomparable de ces orchestres séparés, sur la composition exquise, originale de chacun de ces orchestres, sur les effets piquants et variés qui ne pouvaient manquer d'en résulter. « Mais c'est un grand homme ! — Quel retour admirable à la simplicité des premiers âges ! — Dites-nous son nom, son nom ! — Il faut qu'il vienne à

Paris écrire un opéra, je vais dès demain le demander au ministre. — Je le couronnerai de mes propres mains, en plein théâtre ! »

— Messieurs, reprit Adrienne, quand le silence fut rétabli, notre jeune compositeur se nomme Claudio Monteverde ; je dis jeune, parce qu'il n'avait guère plus de trente ans quand il a trouvé et accompli toutes ces merveilles. Mais il est un peu plus âgé aujourd'hui, et le ministre, malgré sa puissance, aurait quelque peine à le faire venir à Paris. Claudio Monteverde est à Venise, messieurs ; il y repose depuis deux siècles, et il avait quatre-vingts ans quand il est mort.

Là, il y eut un peu de brouhaha.

— Quelle perte ! s'écria madame d'Elby.

On rit, on murmura ; quelques esprits chagrins, il y en a partout, ne trouvèrent pas l'artifice d'Adrienne de bon goût ; d'autres regrettaient leur enthousiasme, la démarche promise auprès du ministre, le couronnement en plein théâtre. Les gens raisonnables comprirent que Monteverde était un génie plein de clairvoyance, croyant à l'avenir ; que, bien loin de vouloir retourner vers le passé, il marchait en avant d'un pas hardi et ferme, ouvrant les voies nouvelles à ses contemporains, et léguant au génie de ses successeurs et ses richesses et son exemple.

— Maintenant, ma bonne tante, continua Adrienne, je déclare hautement, et j'en prends tout le monde à témoin, qu'il est impossible de faire ce soir une répétition quelconque de votre opéra. Nous n'avons, vous ne le savez que trop, ni Orphée, ni Proserpine, ni Pluton, ni Caron. Nos chœurs de nymphes, de bergers et d'esprits infernaux sont incomplets. Je vois dans ce salon six nymphes, trois bergers, et peu d'esprits infernaux. Faites une nouvelle convocation qui donne à chacun le temps de se rendre à son poste. Quant à moi, le long discours que vous m'avez forcée de prononcer m'a fait mal à la gorge, et je me sens dans l'impossibilité absolue de chanter maintenant. Dans votre propre intérêt, je me crois obligée de vous refuser mon service. Mon amie Orazia, qui veut bien représenter Eurydice, ne sait pas son rôle par cœur. Écoutez donc avec attention ce que je vous propose. Vous avez un délicieux ballet de néréides. Eh bien, partez pour votre beau théâtre! que tout le monde vous suive, installez-vous à l'orchestre, et faites répéter vos charmantes néréides. Moi, je vous demande la permission de me retirer dans mon cabinet d'étude, et d'emmener Orazia. Nous travaillerons, nous répéterons tranquillement et avec soin. Si M. de Stora, qui accompagne convenablement, veut bien venir avec nous, il nous sera utile; après cela, convoquez-nous tous pour après-demain, nous serons pleins d'ardeur, et nous ferons une vaillante répétition.

Cette proposition, chaudement appuyée par M. de Puysieux, qu'Adrienne avait prévenu et mis dans nos intérêts, ne fut pas trop combattue par madame d'Elby. Moi, je pensai à me fortifier et à réunir tous mes alliés autour de moi.

— Madame, lui dis-je, je trouve que mademoiselle Adrienne a parfaitement raison. Je suis à ses ordres pour l'accompagner ce soir; je pense comme elle que ce petit travail sera utile; j'ai, en outre, une proposition à vous faire, si j'osais, je dirais un conseil à vous donner... Vous feriez bien, j'ose le croire du moins, pour vous mettre désormais à l'abri d'une absence prolongée ou d'un rhume opiniâtre, d'augmenter vos forces par l'adjonction de quelques *doubles,* comme cela se pratique dans les vrais théâtres. Cela est d'une sage prévoyance, et c'est vraiment une précaution indispensable. J'espère que Proserpine se rétablira, et que Caron, qui est à la chasse, reviendra et vous rapportera du gibier, mais enfin, si tous deux vous manquaient plus longtemps, il serait bon de pourvoir à leur remplacement. Eh bien, pour ce cas extrême et désespéré, je mets à votre disposition deux artistes expérimentés.

Je pensais à Armide, qui ferait une belle Proserpine, et la voix ténébreuse de Dardanelli, l'*Ombra di Nino*, me paraissait convenir merveilleusement à Caron.

Madame d'Elby accepta ma proposition avec reconnaissance, et je lui promis de lui présenter le plus tôt possible mes nouvelles recrues. Elle se leva alors, réunit toute la société autour d'elle, se fit précéder par des valets portant des flambeaux, et l'on se dirigea en grande pompe vers le théâtre. La foule me sépara d'abord d'Adrienne et d'Orazia; mais je sus bientôt les rejoindre, et je les suivis avec ravissement. Quand les flambeaux qui éclairaient la marche nocturne de madame d'Elby et de sa suite eurent disparu sous la voûte du théâtre, notre trio mystérieux montait le petit escalier pratiqué dans l'orangerie.

Adrienne avait donné des ordres; tout était prêt pour nous recevoir dans sa charmante retraite. Les bougies étaient allumées, le piano ouvert était surmonté de la partition. Un feu agréable rayonnait dans la cheminée. Adrienne me fit mettre au piano :

— Faites quelques accords bien nourris, bien sonores, bien bruyants, un peu faux même ; qu'on nous croie bien occupés, si quelque importun a la fantaisie de nous écouter.

Mais les violons que nous entendîmes résonner au loin, et dont les sons venaient mourir contre les parois de l'orangerie, nous apprirent bientôt que la répétition des néréides venait de commencer.

— Maintenant, Orazia, nous sommes à l'abri des indiscrets ; parlez, nous vous appartenons, dit Adrienne.

— Chère Adrienne, vous êtes un ange ! et comme vous seconderez bien M. de Puysieux dans sa diplomatie !

— Ma diplomatie, Orazia, c'est mon amitié pour vous, pour mon cousin Gustave. Parlez; ne voyez-vous pas comme ses regards vous implorent ! et puis le temps peut nous manquer.

Orazia se recueillit un moment.

— Eh bien, dit-elle, je vais parler de moi, puisque vous le voulez.

XII

RÉCIT.

— Il y aura bientôt dix-huit ans (c'était, m'a-t-on dit, en 1826) que, par une nuit sombre et pluvieuse du mois de décembre, une femme enveloppée d'une large pelisse descendit d'un voiturin qui arrivait de Padoue et venait de s'arrêter à Fusina. Fusina, comme vous le savez peut-être, est le point de la terre ferme le plus rapproché de Venise. Cette femme, qui était seule dans le voiturin, entra sur-le-champ dans une des gondoles amarrées au rivage, et se fit conduire à Venise. Elle descendit sur le quai des Esclavons et s'éloigna rapidement. Le vent commençait à souffler avec force et une tempête se déchaînait sur la lagune. Le batelier, avant de s'en retourner à Fusina, où il demeurait, alla s'agenouiller devant une statue de madone qui s'élevait tout près du rivage, et lui adressa une fervente prière. Une lampe brûlait aux pieds de la madone. Il venait d'achever sa prière, il avait repris sa place à l'avant de sa barque, qui déjà commençait à tourner sous la pression de l'aviron, lorsqu'un rayon de la lampe vint tout à coup éclairer le fond de la gondole et lui montrer un spectacle auquel il était loin de s'attendre. Sur les coussins de la gondole, un jeune enfant, soigneusement enveloppé et tout entouré de cette pâle lueur, reposait profondément endormi. La femme qu'il avait conduite à Venise avait sans doute tenu cet enfant caché sous sa large pelisse et venait de l'abandonner. Le batelier se hâta de parcourir le quai et les environs; mais ce fut en vain, il ne put rien découvrir. Il revint vers sa gondole et se prit de pitié pour la faible créature ainsi délaissée. Trop pauvre pour s'en charger lui-même, comme il en avait eu d'abord la pensée, il songea sur-le-champ à lui trouver un asile.

» Il y avait alors à Venise un collége destiné uniquement à l'éducation des jeunes filles : c'est le collége des *Salesiane*. Le batelier connaissait le gardien d'une des portes de ce collége, laquelle s'ouvrait sur un des innombrables petits canaux qui circulent dans l'intérieur de la ville. Sans troubller le sommeil de l'enfant abandonné, il dirigea sa barque à travers l'obscur dédale et alla réveiller Fulgenzio le gardien.

» Ces hommes étaient de braves gens et avaient de bonnes âmes. Le batelier ne craignait pas de retarder son retour sous son pauvre toit, où l'attendait sa famille, pendant que l'orage soulevait la lagune. Le gardien ne murmura pas de ce qu'on venait ainsi troubler son repos; il accepta le dépôt, recueillit l'enfant, et dit au batelier de venir le lendemain s'informer de ce qu'il aurait pu faire.

» Le batelier revint le lendemain. Fulgenzio lui apprit qu'il avait, dès le matin, porté l'enfant à une des dames directrices du collége, que l'excellente dame s'était sur-le-champ chargée de l'orpheline que Dieu lui envoyait, qu'elle avait promis de veiller sur elle, de l'élever pieusement, pour la rendre à ses parents s'ils venaient la réclamer, pour la garder et se charger de son avenir s'ils devaient rester inconnus. Il lui dit encore qu'on avait trouvé à son cou une petite chaîne d'or, et qu'on avait appris par un écrit attaché à ses vêtements qu'elle se nommait Orazia et qu'elle avait environ deux ans.

» Vous savez maintenant quelle était l'orpheline ainsi sauvée par la charité d'un gondolier, par la bonté du gardien Fulgenzio, par la piété de l'excellente madame Pisani.

» Je passai six ans dans ce noble asile, et les circonstances qui accompagnèrent ma sortie sont encore aujourd'hui aussi inexplicables pour moi que celles qui m'y avaient conduite.

» Vous, chère Adrienne, vous, monsieur de Stora, votre vie s'est passée au grand jour, et, depuis vos premiers ans, vous marchez dans des sentiers pleins de lumière. Vous ne pouvez comprendre l'angoisse d'un cœur qui vit dans les ténèbres ; j'attends en vain que Dieu, dans sa bonté, dans sa clémence, déchire le voile qui m'oppresse, qui me cache ma destinée. Il est des maux, dit-on, auquel l'âme s'habitue. Pour moi, plus je vis, plus je souffre ; il me semble que l'heure qui s'écoule augmente l'épaisseur de la nuit profonde qui m'environne. Rendez-moi la lumière, mon Dieu, et montrez-moi ma vie !...

» Madame Pisani me voua l'amour d'une mère et ne cessa de m'entourer des soins les plus tendres et les plus éclairés. Elle dirigea ma jeune intelligence et se

plut à la former; elle m'apprit à aimer l'étude, en me
faisant chérir les leçons qu'elle me donnait; elle mit
mes petits doigts sur le clavier, et j'aimai la musique
parce qu'elle l'aimait, parce qu'elle chantait bien, parce
je prenais plaisir à l'écouter et à chanter avec elle. Il
me semble encore aujourd'hui que ma petite existence
s'était confondue avec la sienne : je lui avais donné
tout l'amour que Dieu avait mis dans mon cœur pour
cette mère qu'il ne m'a pas encore été donné de connaître, et que je cherche vainement autour de moi.

» Après madame Pisani, ceux que j'aimais le mieux
étaient Fulgenzio le gardien et Lazzaro le batelier, qui
venait souvent me voir et me racontait, chaque fois,
comment il m'avait trouvée endormie dans sa gondole,
comment il m'avait apportée chez son ami Fulgenzio,
et, chaque fois aussi, j'écoutais ce récit avec la plus vive
émotion.

» Mais celle qui avait la part la plus grande dans
mon affection, toujours après ma chère madame Pisani, c'était Marietta. Marietta était une paysanne de
Murano, qui, depuis mon admission aux *Salesiane*, y
venait assez souvent pour vendre des fruits, des fleurs
et quelques-unes de ces verroteries qu'on fabrique à
Murano. Elle s'était prise d'une vraie passion pour moi,
et ne manquait pas de m'offrir les plus riches échantil-
lons de sa corbeille. C'était une jeune et belle femme,
à la figure expressive et pleine de bonté. Elle était si
affectueuse, elle me parlait avec des accents si pleins
de tendresse, que je l'aimai bientôt de ce naïf amour
d'enfant qui éclate en joyeux transports. Elle n'em-

ployait jamais, dans nos longues causeries, que le doux dialecte vénitien, qu'elle parlait avec beaucoup de grâce. Madame Pisani, au contraire, se servait toujours, dans nos leçons comme dans nos entretiens, lors des charmantes promenades qu'elle me faisait faire avec elle, du plus pur toscan ; et, comme je me plaisais à assister à tous les exercices de mes compagnes et que j'entendais ainsi autour de moi du bon français, de l'excellent allemand, mon oreille se façonna de bonne heure et je m'habituai à parler facilement et presque indifféremment ces diverses langues, qui entrèrent de bonne heure dans ma jeune tête avec la musique, qui, je ne sais pourquoi, me semblait leur servir de guide.

» Mais le deuil vint frapper la sainte maison : la mort de madame Pisani fut ma première douleur. Je vois encore la chapelle tendue de noir, et, au milieu de ce sombre appareil, le triste éclat des pâles candélabres ; j'entends encore les chants des funérailles, le murmure lointain des cloches et les profonds accords de l'orgue. Ma douleur, qui touchait tout le monde, fut plus forte que toutes les caresses qu'on me prodiguait, que toutes les marques de sympathie qui venaient m'entourer. Cette douleur m'éclaira et devança ma raison. Je compris que je restais seule au monde, et que je devenais orpheline une seconde fois. Ma jeune âme s'était donnée tout entière à celle que la mort nous enlevait, et que tous les yeux pleuraient avec des larmes sincères.

» Marietta devint alors mon seul amour. La mort de madame Pisani l'avait aussi profondément touchée.

J'attendais avec impatience les jours de sa venue, et toute ma tendresse se reporta sur elle.

» Une nuit, je dormais profondément, lorsque je fus réveillée avec précaution. Tout près de mon oreille une voix m'appelait doucement, une main serrait la mienne : j'ouvris les yeux, et la faible lueur de la lampe à demi éteinte qui éclairait les vastes dortoirs me montra Marietta debout près de mon lit.

» Je couchais dans une petite pièce où dormaient seulement quatre des élèves les plus jeunes ; cette chambre n'était éclairée que par la lumière qu'elle recevait d'une longue galerie disposée en dortoir. Marietta, sans me dire un seul mot, me fit signe de garder le silence ; elle m'habilla à la hâte, m'enveloppa dans les plis de son manteau, s'assura que je portais à mon cou la chaîne d'or qui pouvait servir à me faire reconnaître, et m'emporta dans ses bras.

» Elle sortit par une porte qui communiquait avec les escaliers extérieurs et dont elle s'était procuré la clef. Elle descendit silencieusement les degrés. Une petite lanterne sourde, qu'elle démasqua seulement alors, lui servit à se diriger dans les fréquents détours des obscurs corridors. Tout l'intérieur de la maison, dans laquelle elle était admise familièrement, et où elle venait depuis plusieurs années, lui était d'ailleurs parfaitement connu. Nous nous trouvâmes bientôt devant la porte confiée à Fulgenzio, mais elle n'éveilla pas le gardien ; elle ouvrit encore cette porte sans bruit, et je sentis l'air froid de la nuit et de la lagune. Une gondole nous attendait ; elle y descendit, me portant toujours dans ses bras. L'étonnement m'avait rendue muette, et ce fut seulement lorsque je fus assise sur ses genoux au fond de la noire gondole, que je pus lui adresser la parole :

» — Marietta, lui dis-je, où allons-nous et où me conduis-tu dans la nuit? Voilà onze heures qui sonnent, et tout le monde dort aux *Salesiane*.

» — Chère enfant, tu sais que je t'aime?

» — Oui, Marietta.

» — Je t'aime de ce même amour qu'avait pour toi la chère madame Pisani, Orazia, et, maintenant que la pauvre et sainte femme n'est plus, je crois que tu as pour moi la bonne amitié que tu avais pour elle.

» — Oui, Marietta, cela est vrai, et la pauvre Pisani te connaissait bien, puisqu'elle m'avait permis de t'aimer.

» — Eh bien, chère enfant, il faut me suivre sans m'adresser aucune question, comme tu aurais suivi la sainte femme elle-même, et avoir confiance en ta bonne amie Marietta, quoiqu'elle ne soit qu'une pauvre paysanne.

» Et, tout en parlant ainsi, tout en me couvrant de ses baisers où je sentais vivre sa tendresse pour moi, elle me faisait revêtir un petit costume de paysanne semblable au sien. Quand je sortis de la gondole, j'étais métamorphosée, et aucune de mes compagnes n'aurait pu me reconnaître. La gondole nous conduisit à un bateau à vapeur qui allait partir pour Trieste. Il n'y avait qu'un petit nombre de passagers. Marietta alla s'asseoir dans un angle peu éclairé de la chambre des voyageurs, me prit sur ses genoux, m'entoura de ses bras. La nouveauté de cette scène, l'étrangeté de cette aventure l'emportèrent quelque temps encore sur la fatigue que j'éprouvais, et je luttai d'abord contre le sommeil; mais je finis par m'endormir profondément et ne m'éveillai qu'au moment où le bateau s'arrêtait dans le port de Trieste. Je m'aperçus alors que Marietta avait aussi changé non-seulement de costume, mais encore d'apparence; elle avait pris l'aspect d'une femme qui commence à vieillir. Sa chevelure noire avait disparu, et des touffes grisonnantes s'échapaient d'une sorte de coiffe qui cachait en partie son visage. Il était à peu près dix heures du matin; Marietta me prit par la main, monta avec moi sur-le-champ dans une voiture de place, et nous fit conduire rapidement dans un quartier isolé, à l'extrémité de la ville. La voiture s'arrêta devant une auberge où nous passâmes la journée tout entière renfermées dans notre chambre, et sans avoir vu personne. Marietta semblait inquiète et agitée, s'informant souvent d'une lettre qui n'arriva pas. Quand la nuit fut venue :

» — Allons, Orazia, me dit Marietta, tu as promis de m'obéir, il faut partir. Faisons une bonne prière et embrasse-moi.

» Nous étions au mois de mars, il y a douze ans maintenant, et je n'avais que huit ans; cependant toutes ces choses, toutes ces paroles sont restées profondément gravées dans ma mémoire. La saison n'était pas clémente comme aujourd'hui; l'hiver avait été rude et faisait sentir ses dernières rigueurs; la neige tombait à gros flocons. Mais je veux désormais abréger, autant que possible, les détails qui n'ont aucun intérêt pour vous, sur lesquels j'insiste souvent presque à mon insu, et qui se présentent trop facilement à mon souvenir, parce que ma jeune imagination avait été vivement frappée de ces événements étranges. J'aime d'ailleurs à me rappeler ce passé, à en rechercher les traces, à y pénétrer curieusement, et pourtant, à vrai dire, il n'y a pour moi ni passé ni présent, tout se confond dans l'obscurité d'une seule et même énigme, que le temps me dévoilera peut-être.

» Nous sortîmes de la maison, et alors commença un long voyage qui n'a plus laissé dans ma pensée qu'une espèce d'ombre confuse. Il me semble aujourd'hui que je voyageais dans un rêve; tous les jours de mon enfance si pénible sont, pour ainsi dire, écrits et marqués dans ma mémoire, et je les y retrouve avec leur aurore et leur crépuscule; mais il m'est impossible de compter ceux qu'a emportés ce voyage. Je sais seulement que quelquefois nous faisions à pied, et par des sentiers détournés et difficiles, des trajets qui me semblaient bien longs. Quand j'étais fatiguée, Marietta me prenait dans ses bras, malgré la fatigue qu'elle éprouvait elle-même et qu'elle tâchait de me cacher. Souvent nous marchions la nuit; nous rencontrions aussi de temps en temps des voitures dans lesquelles on nous permettait de monter. Je me rappelle un orage qui nous assaillit à l'entrée de la nuit, au sommet d'un chemin escarpé, et la terreur qui remplit mon âme à la vue des éclairs qui déchiraient la nue et lançaient leurs flèches de feu dans la lugubre profondeur du ciel. Je m'arrêtai, saisie d'un invincible effroi ; je tombai sur le sol, et, embrassant les genoux de Marietta, éplorée à la vue de mon épouvante, je cachai ma tête dans les plis de son manteau ; elle essayait en vain de me calmer ; l'ouragan emportait ses paroles, étouffées d'ailleurs par les roulements du tonnerre, que les échos perdus dans les montagnes nous renvoyaient sans relâche et plus terribles encore. Elle réussit enfin à me soulever dans ses bras, m'emporta à travers la tempête, et ne s'arrêta, exténuée de fatigue, brisée par sa terreur et par la mienne, qu'à la porte d'une petite auberge dont nous voyions depuis quelques instants briller les lumières au milieu des ténèbres.

» Nous étions dans un assez gros bourg, dont j'ai aujourd'hui oublié le nom. Marietta me laissa deux jours de repos. Un matin, elle soigna ma toilette, ma toilette de paysanne, releva avec soin mes cheveux, qui déjà baignaient mes épaules, me donna une jolie paire de chaussures toutes neuves, à la mode du pays, et qu'elle venait de m'acheter, ainsi que quelques petits ornements dont elle me para avec beaucoup de coquetterie ; et, me mettant devant un petit miroir cassé qui ornait notre chambre :

» — Regarde, Orazia, comme tu es gentille ainsi avec ce costume tout nouveau ! comme tes petits pieds font bien sous ces boucles brillantes ! Avec ta croix blanche au cou, tu as vraiment l'air d'une petite fille de ce pays. Si on te demande où tu es née, mon enfant, il faut dire que tu es de ces environs, du côté de Trieste. Il est inutile de parler de Venise, de la chère madame Pisani. Tu sauras plus tard pourquoi je te dis tout cela.

Tu connaîtras aussi un jour, je l'espère du moins, la pauvre femme qui t'a abandonnée dans la gondole de Lazzaro. Je dis la pauvre femme, Orazia, car je la plains : elle a dû bien souffrir, elle a dû verser bien des larmes avant de se décider à abandonner une enfant, sa fille peut-être, à la garde, à la pitié d'un batelier ! Elle y a été forcée sans doute, pauvre femme !...

» Et j'allai essuyer de mes baisers les larmes qui coulaient de ses beaux yeux tout pleins de tendresse.

» — Eh bien, Orazia, cela est fini, te voilà une petite paysanne; tu es pour les gens de ce pays ma filleule bien-aimée, et, pour eux, tu t'appelles Fabriziella, ma petite Fabriziella; n'oublie pas ce nom, chère enfant, et pardonne-moi ces petits mensonges : ils sont nécessaires, crois-le bien, à notre commune sûreté. Et, à présent, dis-moi, as-tu du courage, Fabriziella?

» — Du courage? Oui, j'en aurai; je tâcherai d'en avoir; nous prierons Dieu de m'en donner, surtout s'il survient un orage comme celui de l'autre nuit... Mais que faut-il faire, Marietta?

» — Me suivre, faire ce que je te dirai et ne pas t'étonner. Viens, mon enfant, marchons, Dieu aura soin de nous. Fabriziella, m'entends-tu?

» J'avais remarqué, pendant qu'elle me parlait ainsi, deux guitares posées sur une table, et je les regardais avec curiosité. Je ne les avais pas vues jusqu'alors dans notre appartement. Marietta se les était sans doute procurées le matin, pendant que je dormais encore, en même temps qu'elle avait acheté les petits objets de toilette qu'elle venait de m'apporter. Elle prit une gui-

tare et me donna l'autre, qui était d'un format plus
commode pour moi; elle m'avait quelquefois entendue
exercer ma petite voix d'enfant en m'accompagnant de
la guitare, dont j'avais appris à jouer assez facilement,
dans l'heureux jardin des *Salesiane,* où on se plaisait à
entourer, à encourager, à applaudir la jeune et auda-
cieuse virtuose, que ce succès rendait joyeuse, mais
n'enorgueillissait pas, permettez-moi de lui rendre aujourd'hui cette justice. Marietta me conduisit sur la
place du Marché; c'était un jour de foire, et la place
était pleine de monde. Je la suivis, décidée à lui obéir
aveuglément, n'ayant aucune idée de ce qu'elle allait
me demander, et lui promettant, dans le fond de mon
cœur, le sacrifice de ma vie si elle le jugeait nécessaire.
J'avais en Marietta plus que de la confiance, j'avais foi
dans ses paroles, dans sa tendresse, et, tout enfant que
j'étais, je comprenais que l'amour qu'elle me témoignait,
l'ardente sollicitude dont elle m'entourait nuit et jour
lui donnait le droit de tout exiger de moi. Je la suivis
donc, parce que je l'aimais sincèrement, et, en même
temps, pour obéir à un sentiment tout nouveau que je
sentais pour la première fois s'élever en moi, et qui
cependant parlait déjà avec autorité à ma jeune conscience. La dure épreuve de cette éducation éveillait et
développait dans mon âme le sentiment du devoir et
l'exaltait du premier coup jusqu'à ses dernières limites. Je suivis Marietta comme un soldat courageux
et dévoué suit son chef, lorsqu'il va sur ses pas affronter un danger qu'il ignore, et qu'il a noblement fait
d'avance l'abandon de ses jours.

» C'était l'heure où le marché finissait. Les paysans chargeaient les voitures et attelaient les équipages. D'autres buvaient en comptant leur argent. De jeunes femmes, de jeunes filles se pressaient devant quelques boutiques, que je regardais moi-même d'un œil d'envie. Marietta s'arrêta au milieu de la place, à l'endroit où la foule était la plus grande, et, accordant rapidement et d'une main exercée sa guitare et la mienne :

» — Fabriziella, me dit-elle à haute voix, chante *Michelemmà, Michelemmà.*

» La foule s'était sur-le-champ arrêtée aux premiers accords de Marietta; on nous entoura. L'air que Marietta me disait de chanter est une délicieuse chansonnette napolitaine, d'une mélodie exquise, pleine de grâce et de charme. Je la chantai avec une grande émotion, produite surtout par le désir de satisfaire Marietta, mais sans trouble, sans peur, d'une voix juste et accentuée, et en prononçant, m'a-t-on dit depuis, comme un vrai *lazzarone*, comme un enfant de *Chiaja* ou *del Carmine*, le dialecte napolitain dans lequel est écrite cette poésie populaire. C'était Marietta elle-même qui, autrefois, m'avait appris ce petit air, ainsi que d'autres charmantes chansonnettes napolitaines qu'elle chantait merveilleusement bien. Il m'avait semblé, lorsque je les entendis pour la première fois de la bouche de Marietta, qu'elles éveillaient en moi je ne sais quel vague souvenir, et qu'on me les avait déjà, longtemps auparavant, chantées dans quelque rêve de ma première enfance.

» La jeunesse de la chanteuse, la sûreté de son exécution, l'étrangeté du dialecte napolitain, le charme de ce refrain singulier, *Michelemmà, Michelemmà,* tout cela eut un grand succès et produisit une vive impression sur cet auditoire naïf, déjà demi-allemand et encore à demi italien, car nous étions entre Trieste et Vienne, sans que je puisse vous dire aujourd'hui quel était précisément le lieu de la scène. Je regardai Marietta, et, voyant dans ses yeux, qu'elle abaissait sur moi avec une tendresse triste, qu'elle était contente de Fabriziella, je fus pleine de joie, et ne m'occupai plus des braves gens qui faisaient cercle autour de nous. Cependant la foule augmentait sans cesse ; Marietta alors chanta à son tour, et, avec une voix expressive, avec un accent animé, que je ne lui connaissais pas encore, elle fit entendre quelques airs des opéras les plus nouveaux en Italie ; puis nous mariâmes nos deux voix dans quelques chansonnettes vénitiennes.

» La séance se termina au bruit des applaudissements. Il me sembla alors que Marietta s'armait d'un grand courage, qu'elle venait de prendre une résolution pénible.

» Elle me laissa seule au milieu du cercle, et, faisant le tour de l'auditoire, elle demanda le prix de nos chants. Je vis sa main trembler sous ces aumônes. Pendant ce temps aussi, on déposait devant moi d'abondantes offrandes. J'étais restée debout, quoiqu'un banc de bois fût près de moi, et je regardais, d'un air étonné mais calme, ce qui se passait autour de nous. Je me rappelai malgré moi les jardins des *Salesiane*, et me demandai comment je me trouvais là et pourquoi il m'avait fallu chanter au milieu de tout ce monde que je ne connaissais pas. Je me rappelai aussi que, quand je passais dans les rues de Venise avec mes compagnes, je me croyais plus riche que les paysans que nous rencontrions, et je me demandai alors comment il se faisait qu'aujourd'hui des paysans me donnaient de l'argent.

» Tout cela cependant devait être bon, puisque Marietta était avec moi et que je me conformais à ses instructions; d'ailleurs, les bonnes gens qui m'entouraient me regardaient avec un intérêt qui me paraissait sincère et me témoignaient une sorte d'admiration ; et pourtant, malgré tous mes efforts, malgré tous les raisonnements qui se croisaient dans ma tête, je me sentais humiliée, et mon cœur était plein de tristesse; je comprenais que je venais d'entrer dans la pauvreté.

» La foule se dispersa quand nos chants eurent cessé. Beaucoup de gens vinrent me parler, me demander mon nom, mon âge, mon pays. Fabriziella répondit assez bien, et sans trop se troubler, à toutes les questions qui venaient l'assaillir, et cependant ces petites tromperies lui répugnaient; il lui semblait que ces mensonges troublaient la pureté de son cœur; mais Marietta l'avait voulu. Quelques femmes, quelques enfants nous suivirent d'abord, puis s'éloignèrent peu à peu, et nous restâmes seules dans la rue. Marietta alors m'entraîna avec rapidité vers la petite auberge où nous demeurions. Je vis qu'elle avait hâte de se retrouver avec moi, de pouvoir me parler, me remercier peut-être. Elle me serrait la main avec une tendresse pleine d'inquiétude et de frémissements ; je connaissais déjà assez bien Marietta pour qu'il me fût donné de comprendre, par cette agitation profonde que je ne lui avais jamais vue, qu'elle s'imposait quelque grand effort sur elle-même. Un instinct précoce me disait qu'elle voulait me cacher une peine, une douleur secrète ; à travers l'étreinte de sa main fiévreuse, il me semblait sentir passer les larmes qu'elle étouffait, et qui retombaient goutte à goutte sur son cœur. J'avais vieilli depuis que j'avais quitté Venise, et mon voyage avec Marietta avait mûri ma raison.

» Lorsque nous fûmes enfin de retour, et seules dans notre appartement, elle se jeta sur une chaise, me prit sur ses genoux, m'étreignit contre sa poitrine encore haletante, et, me regardant avec une tendresse indicible :

» — Merci, chère Orazia ! me dit-elle ; car, ici, dans cette chambre qui nous appartient, tu es redevenue Orazia, je puis te nommer mon enfant, l'enfant d'adoption de la pauvre paysanne Marietta, qui veillera toujours sur toi, sur tes jeunes années, et qui te préservera, si Dieu le lui permet du moins, des maux qui pourraient te menacer. Je te dis merci, Orazia, parce que tu as été calme et courageuse ; il faut que tu le saches, mon enfant, je comptais sur des ressources qui m'ont manqué ; on ne m'a pas envoyé à Trieste l'argent que j'y devais recevoir et que j'ai attendu une journée entière. Tu le vois bien, tu m'as sauvée, tu nous as sauvées. Sans toi, qu'aurais-je fait ? Ta gentillesse, ta grâce, nous ont valu tout cet argent, qui va nous aider à continuer notre voyage, car nous allons loin, Orazia ; il nous faut arriver à Vienne, et la route est longue. Eh bien, quand cette somme sera épuisée, nous donnerons encore un petit concert, si l'argent que j'attends ne nous rejoint en route. Il faut conserver soigneusement nos guitares ; c'est maintenant notre gagne-pain ; plus tard, ce sera un souvenir charmant, et, lorsque tu seras heureuse comme tu mérites de l'être, quand tu seras riche, comme je suis sûre que tu le deviendras un jour, tu te sentiras pleine de ravissement et de reconnaissance envers Dieu, en regardant cet humble instrument ; il te rappellera la place du Marché, et ta petite toilette de paysanne, et tes petits airs vénitiens et napolitains, et *Michelemmà*, que tu as si bien chanté tout à l'heure. Tu conserveras aussi cette petite croix de bois que je t'ai apportée ce matin, et, si Marietta n'est plus près de toi, si elle a été rejoindre la bonne Pisani, tu penseras à elle en regardant tout cela. Mais ne pleure donc pas, chère petite ; au contraire, sois fière, sois rayonnante ! Tiens, regarde cet argent, c'est toi qui l'as gagné par ton travail, par ton talent, par ton courage, et avec toute la fermeté que je te souhaitais, et que, moi, je n'avais pas. Orazia, ah ! tu es un noble cœur !...

» Mon Dieu, Adrienne, que je m'en veux de me rappeler aussi bien tout ce bavardage adressé à un enfant ; mais l'enfant a grandi, et tous ces souvenirs, qui ont grandi avec elle, tiennent aujourd'hui beaucoup de place dans son cœur, et s'en échappent sans cesse et quoi qu'on fasse. J'ai suivi le conseil de Marietta, Adrienne ; j'ai gardé la guitare de la place du Marché ; quand vous viendrez me voir, je vous la montrerai ; elle attend encore avec moi le bonheur que Marietta m'a promis.

» Mais je reprends mon récit que j'ai hâte de terminer, car l'heure nous presse.

» Marietta alors étala et fit briller devant moi tout l'argent que nous avions récolté : c'étaient des monnaies de toute sorte, des sous de tous les pays, des *kreutzer* autrichiens, des *batz* suisses, et puis quelques pièces d'argent, témoignages parlants de l'enthousiasme que nous avions excité ; elle me montra des francs, des livres italiennes, des florins.

» — Maintenant que tu travailles, me dit-elle, que tu es obligée de gagner ta vie, il faut connaître tout cela et apprendre les affaires ; te voilà commerçante, il faut savoir faire tes comptes ; mais, quand nous serons riches, nous rendrons tout cet argent aux pauvres. Sois tranquille et confiante, chère enfant : Orazia payera un jour les dettes de Fabriziella.

» Le lendemain, de bonne heure, nous nous mîmes en route.

» L'hiver avait dit son dernier mot, le soleil radieux annonçait le printemps, j'endossai résolûment ma guitare, et, pour la première fois depuis mon départ de Venise, je sentis revivre ma gaieté d'enfant et ma joyeuse humeur. Mais Marietta me paraissait triste et soucieuse.

» — Marietta, lui dis-je, veux-tu m'en croire ? Vivons

toujours ainsi. Si c'est à cause de moi que tu t'attristes tu as tort : je vois que cette vie me plaira ; bien plus, je te le dis sincèrement, et en vérité, elle me plaît déjà. Regarde ces petits oiseaux qui volent là-bas et qui traversent la vallée en chantant ; eh bien, nous serons libres et nous chanterons comme eux. Vois comme le ciel est pur ! comme l'air est doux ! Restons dans ce pays. Pourquoi encore un voyage et aller à Vienne, qui est si loin, me dis-tu?... Tiens, ôte tes vilains cheveux blancs qui me font peine à voir ; redeviens ma bonne amie Marietta, la jolie Marietta de Venise ; sois gaie, et chantons, non pour les autres, mais pour nous, cette fois ; j'aime ma petite guitare ; elle a un joli son.

» Et je me mis à faire quelques accords et à répéter ma chanson napolitaine avec son refrain favori :

> È nuato miezo mare,
> Michelemmà, Michelemmà,
> È nuato miezo mare,
> Michelemmà, Michelemmà,
> Una scarola, una scarola [1].

Je chantais ainsi pour égayer Marietta ; mais je n'y pus parvenir ; elle resta triste malgré tous mes efforts. Je la voyais livrée à une préoccupation douloureuse... »

Orazia s'interrompit tout à coup. Dix heures son-

---

[1]. Cette chanson, populaire à Naples, est très-naïve. On peut en juger par le couplet que chante Orazia, et dont voici le sens : *Au milieu de la mer, ma petite Michelette, une laitue vient de naître.*

naient aux horloges lointaines. Au même instant, la porte s'ouvrit.

— Je suis prête, Souveraine, je vous suis. Excusez-moi, Adrienne, vous savez qu'à dix heures il faut que je vous quitte; je devrais être déjà de retour aux Ursulines. C'est la règle. Voulez-vous, Souveraine, voir si la voiture est prête, et m'attendre un moment?

Souveraine se retira en silence.

— Voilà donc votre duègne, dis-je à Orazia, votre gardienne, le lieutenant de M. Bada-Bene! Elle a cependant une physionomie honnête!

— Ah! ne dites pas de mal de Souveraine! Elle m'aime!...

— Eh bien, ne pouvez-vous rester encore? faut-il en effet que vous partiez sur-le-champ? Pauvre enfant! vous savoir sur une grande route, une guitare à la main, seule avec Marietta! Au nom du ciel, continuez, un seul quart d'heure encore!...

Adrienne joignit en vain ses instances aux miennes.

— C'est impossible, dit Orazia, il faut que je parte. Si le récit de mes aventures d'enfant vous a réellement assez intéressés pour que vous désiriez en connaître la suite, nous pourrons nous retrouver après-demain ici, puisqu'on doit pour tout de bon répéter l'*Orfeo* du jeune compositeur Claudio Monteverde. Adieu, chère Adrienne. Adieu, monsieur de Stora...

Souveraine reparut à l'entrée du petit salon. La voiture venait de s'approcher de l'orangerie; Orazia descendit à la hâte; je l'accompagnai avec Adrienne. M. Bada-Bene ouvrit respectueusement la portière;

Orazia nous serra la main, monta dans la voiture avec Souveraine, et les chevaux partirent au grand trot, pendant que M. Bada-Bene se hissait à grand'peine sur le siége.

. . . .

Cette nouvelle n'a pas été terminée; elle était en cours de publication quand Halévy fut appelé à remplir les fonctions de secrétaire perpétuel de l'Académie des beaux-arts; ces occupations nouvelles, ajoutées aux travaux du théâtre, obligèrent l'illustre compositeur à ajourner l'achèvemen' du *Baron de Stora*. (*Note des Éditeurs.*)

FIN.

Sur la demande de l'Académie des beaux-arts, et sur la proposition de Son Excellence le comte Walewski, ministre d'État, l'empereur décida que le conseil d'État serait saisi d'un projet de loi portant attribution à madame Halévy d'une pension exceptionnelle à titre de récompense nationale. Ce projet de loi fut approuvé par le conseil d'État, puis adopté par le Corps législatif et le Sénat. Nous reproduisons l'exposé des motifs qui fut rédigé à l'appui du projet de loi par M. le vicomte de Rougé, conseiller d'État.

PROJET DE LOI

Tendant à accorder à madame Rodrigues-Henriquès, veuve de M. F. Halévy, une pension de cinq mille francs, à titre de récompense nationale, précédé du décret de présentation et de l'exposé des motifs, transmis, sur les ordres de l'empereur, par le ministre d'État, au président du Corps législatif.

NAPOLÉON,

Par la grâce de Dieu et la volonté nationale, empereur des Français,

A tous présents et à venir, salut;

Avons décrété et décrétons ce qui suit :

PROJET DE LOI.

ARTICLE PREMIER.

Sera envoyé au Corps législatif, par notre ministre d'État, le projet de loi délibéré en conseil d'État, et tendant à accorder à madame Rodrigues-Henriquès, veuve de M. F. Halévy, une pension de 5,000 francs, à titre de récompense nationale.

ARTICLE 2.

MM. le vicomte de Rougé, de Lavenay et Eug. Marchand, conseillers d'État, sont chargés de soutenir la discussion de ce projet de loi devant le Corps législatif et le Sénat.

ARTICLE 3.

Notre ministre d'État est chargé de l'exécution du présent décret.

Fait au palais de Fontainebleau, le 14 juin 1862.

Signé : NAPOLÉON.

Par l'empereur :

Le ministre d'État,

Signé : A. WALEWSKI.

Pour ampliation :

Le conseiller d'État, secrétaire général,

Signé : EUG. MARCHAND.

EXPOSÉ DES MOTIFS

D'un projet de loi tendant à accorder à madame Rodrigues-Henriquès, veuve de M. F. Halévy, une pension de cinq mille francs, à titre de récompense nationale.

Messieurs,

Le gouvernement propose au Corps législatif d'accorder une pension de cinq mille francs à madame Léonie Rodrigues-Henriquès, veuve de M. Fromental Halévy, à titre de récompense nationale. Il est de principe que ces témoignages exceptionnels de la reconnaissance du pays ne doivent être décernés qu'à des mérites exceptionnels; aussi la proposition que nous soumettons au Corps législatif s'appuie-t-elle tout d'abord sur l'éclat incontestable des œuvres musicales qui ont illustré F. Halévy. A ce titre fondamental, on peut ajouter plus de quarante années de services dans l'enseignement, et surtout le mérite des travaux littéraires qui vinrent compléter sa réputation, en variant et multipliant ses couronnes. F. Halévy a présenté, en effet, la réunion peut-être unique de ces trois qualités, le génie du compositeur, l'excellence de l'enseignement et tous les dons du grand écrivain.

Personne ne peut méconnaître, au milieu du mouvement progressif des sociétés modernes, ce que l'éclat des arts ajoute à la puissance et à la richesse d'une nation; en sorte que les grands succès obtenus dans leur domaine s'élèvent incontestablement jusqu'à la hauteur de services rendus au pays. Aussi l'opinion publique comprend-elle facilement ce que la France doit aux hommes qui l'ont placée au premier rang sous ce rapport et qui l'aident à marcher sans cesse en avant.

L'impression profonde produite par les grandes œuvres musicales d'Halévy est encore présente à toutes les mémoires; nous pouvons donc nous borner à mentionner ici ceux de ses opéras que la faveur publique a consacrés d'une manière plus éclatante et plus durable.

La Juive, Guido et Ginevra, la Reine de Chypre, Charles VI, l'Éclair, les Mousquetaires de la Reine, le Val d'Andorre, telles sont les plus remarquables entre toutes les œuvres du maître : œuvres éminemment françaises, une des expressions les plus pures de cette grande école musicale, non moins savante que l'école allemande, aussi riche de mélodie que l'école italienne, et possédant au plus haut degré la variété des rhythmes et la puissance dramatique.

Halévy est incontestablement un des plus illustres représentants de l'école française ainsi définie, et c'est surtout ce titre que le gouvernement de l'empereur prétend avant tout mettre en lumière, et qu'il propose au Corps législatif de récompenser d'une manière exceptionnelle.

Ce ne serait pas néanmoins rendre justice à F. Halévy que de passer sous silence la longue série de ses services administratifs. Né en 1799, il fut nommé professeur adjoint à l'âge de dix-sept ans; en 1827, il obtint la chaire d'harmonie et fut nommé, en 1833, professeur de composition. Nos premiers artistes réclament aujourd'hui l'honneur d'avoir été ses élèves, rendant ainsi un témoignage éclatant tout à-la fois à son enseignement et à son caractère.

Un talent d'un autre ordre valut bientôt à F. Halévy la plus insigne distinction. Il avait été admis à l'Académie des beaux-arts en 1836. La mission du secrétaire perpétuel exige, dans cette Académie, une généralité de connaissances si difficiles à concilier avec les études spéciales de l'artiste, que ce corps illustre en avait toujours confié les fonctions à un littérateur choisi dans une autre classe de l'Institut. C'est à la place qu'avaient occupée des hommes comme Quatremère de Quincy et Raoul-Rochette, que fut appelé F. Halévy; et, comme l'a dit un critique excellent, « pour son premier choix, l'Académie eut la main heureuse. » Les éloges et les notices d'Halévy eurent bientôt conquis tous les suffrages : sentiment vif et profond de l'art, critique sûre et élevée, style brillant, animé, châtié cependant et portant l'empreinte de la recherche opiniâtre de l'expression juste et correcte : telles sont les qualités qui, dans cette seconde face de son talent, l'avaien de nouveau placé au rang des maîtres.

L'Académie fut justement fière d'avoir rencontré, dans un de ses membres, la science de la critique et les grâce du style qui semblaient convenir plus particulièrement à celui qui portait la parole au nom des beaux-arts. Ce choix fut un honneur exceptionnel et qu'elle n'a pas renouvelé, malgré les talents littéraires qu'elle compte dans son sein.

Elle a voulu témoigner plus spécialement encore en quelle estime elle tenait la mémoire de F. Halévy. Elle savait que, par suite des changements survenus à différentes époques dans les règlements du grand Opéra, les services que ses nombreux ouvrages avaient rendus à notre première scène lyrique n'avaient pas été rémunérés dans une juste proportion. Par une délibération prise à l'unanimité, l'Académie a prié M. le ministre d'État d'être son interprète auprès de l'empereur : elle demandait qu'une proposition tendante à faire obtenir à la veuve de M. F. Halévy une pension exceptionnelle, fût soumise au Corps législatif.

Ce vœu, non moins honorable pour ceux qui l'ont formé que pour celui qui en est l'objet, le gouvernement de l'empereur l'a accueilli avec empressement, montrant ainsi avec quelle justice il apprécie toutes nos gloires.

Nous avons la confiance que vous reconnaîtrez avec lui que cette récompense nationale sera justement accordée à la mémoire d'un homme chez qui le génie du compositeur fut encore rehaussé par le talent de l'écrivain, par l'honneur constant de la vie privée et par la dignité du caractère.

Signé à la minute :

Le conseiller d'État, rapporteur,

Vicomte DE ROUGÉ.

LES COMMISSAIRES DU GOUVERNEMENT SONT :

MM. le vicomte DE ROUGÉ
     DE LAVENAY } conseillers d'État.
     MARCHAND

Certifié conforme :
Le conseiller d'État,
Secrétaire général du conseil d'État,
Signé : F. BOILAY.

PROJET DE LOI

Tendant à accorder à madame Rodrigues-Henriquès, veuve de M. F. Halévy, une pension de cinq mille francs, à titre de récompense nationale.

ARTICLE PREMIER.

Il est accordé, à titre de récompense nationale, à madame Rodrigues-Henriquès (Hannah-Léonie), veuve de M. Jacques-Élie-Fromental Halévy, une pension de cinq mille francs.

ARTICLE 2.

Cette pension sera inscrite sur le livre des pensions du trésor public, avec jouissance à partir du 17 mars 1862, jour du décès de M. Halévy.

Ce projet de loi a été délibéré et adopté par le conseil d'État, dans sa séance du 11 juin 1862.

Le ministre, président du conseil d'État,
Signé : J. Baroche.

Le conseiller d'État,
Secrétaire général du conseil d'État,
Signé : F. Boilay.

Certifié conforme :
Le conseiller d'État,
Secrétaire général du conseil d'État,
Signé : F. Boilay.

TABLE

F. Halévy... v

Mozart... 1

Le baron Boucher-Desnoyers..................................... 67

Simart 97

Adolphe Nourrit... 123

Berton.. 205

Lettres sur la musique.. 219

Le baron de Stora.. 261

Projet de loi tendant a accorder une pension a madame veuve Halévy, suivi de l'exposé des motifs............................ 407

Paris. Imprimerie Pillet fils aîné, rue des Grands-Augustins, 5.

www.ingramcontent.com/pod-product-compliance
Lightning Source LLC
Chambersburg PA
CBHW052235220526
45471CB00001B/54